从头学起,
手把手地教你

你会理财,财会理你;
你不理财,财不理你

严行方◎著

农民理财小知识

厦门大学出版社 国家一级出版社
XIAMEN UNIVERSITY PRESS 全国百佳图书出版单位

代 序
你不理财,财不理你

俗话说,"你不理财,财不理你;你会理财,财会理你"。理财就是这样的神奇和受用,它与每个人和每个家庭息息相关。

所谓理财,是指对你的财富进行科学的管理。不用说,每个农民朋友都有一定数量的财富需要打理,从而使得未来的生活安排更有计划。一般认为,理财和投资是两个不同的概念,两者之间有联系,但不能混为一谈。总体来看,理财的范围较广;理财的目的是为了合理安排未来收支,赚钱不是最重要的,所以,在作出理财决策时应该考虑到方方面面;理财的结果是把未来的生活安排得更好,生活更富有、更有质量,家人更健康、更快乐;由于理财规划不当导致生活质量下降的情形较少。而投资的范围较窄;投资的目的就是为了赚钱,别无其他,所以,投资决策的主要依据是回报率高低;投资的结果不是赚钱就是亏损,风险与收益同在,有可能一夜暴富,也可能血本无归。

在西方国家,理财的概念全都围绕着金融,大学里有专门的课程教个人理财和家庭理财,并且专业还分得很细。总体来看是这样三个步骤:一是从特定的个人和家庭状况出发,主要考察收入、支出、赡养人口等。二是合理量化理财目标,进行精确计算。例如,如果你准备5年后要把孩子送到国外去读书,那么从现在开始就要考虑是去美国还是英国,然后结合未来家庭年收入的增长和通货膨胀因素,算一算到时候大概需要多少钱、现在已经有多少、还要筹集多少……三是怎么去筹集这些资金,在现实和目标之间找平衡。

在这个过程中,少不了要请教书本。因为对于普通人来说,要对未来5年的经济形势和物价上涨做一个较好的把握,一般无能为力。在这其中,你会发现有许多地方和投资有关。即使在这些准备让孩子出国读书的家庭中,也未必现在就有这笔钱放在那里专款专用,更不用说那些尚未做好这种准备的家庭了。可以说,如果缺少了投资行为,有这种打算的家庭,将来的计划多数要落空。退一步说,即使某些家庭现在已经准备好了这笔钱,将来也会把目标调得更高的。

这就像买房中的一个有趣现象:买房者手中如果有100万,他的置业目标会瞄准价值150万元的;如果他手上有200万,目标就绝不会再停留在这150万身上,余下50万元做装修用,而是很可能会考虑买一套价值300万元的。他们考虑的首先是怎样利用各种理财渠道来平衡其中的差额,家庭理财的作用和奥妙就在于此。

本书从我国农村实际出发,全面而有针对性地介绍了各种适合农民理财的手段,具体包括银行储蓄、债券、民间借贷、质押抵押与按揭、典当与贴现、股票、基金、期货、外汇、黄金、珠宝金银首饰、收藏、保险、房产等。目的只有一个,那就是让你能尽可能地综合运用这些手段来合理安排家庭资产,让生活过得更甜美,让生产秩序井井有条。

千里之行,始于足下。农民理财从我做起、从现在做起!

严行方

目 录

第一课　农民理财及环境……………………………………… 1
　　所谓农民理财,是指农村居民家庭及个人的一系列理财行为及其结果,它与企业理财和城镇家庭理财有着显著区别。在探讨农民理财之前,有必要首先厘清一些概念和特点。
1. 什么是理财………………………………………………… 1
2. 什么是农民家庭理财……………………………………… 2
3. 什么是农民创业理财……………………………………… 3
4. 理财与投资是一回事吗…………………………………… 3
5. 农民理财的基本途径……………………………………… 5
6. 农民理财与城镇家庭理财的不同………………………… 6
7. 农民理财的宏观环境……………………………………… 7
8. 为什么说农民理财很重要………………………………… 9

第二课　储蓄…………………………………………………… 14
　　储蓄是一种最常见的理财活动,它最大的好处是几乎没有风险。这表现为两点:一是它面对的是银行的金字招牌;二是它具有被爱因斯坦称为"世界第八大奇迹"的神奇复利效应。
9. 什么是储蓄………………………………………………… 14
10. 储蓄有哪些特征…………………………………………… 15

11. 什么是复利的魅力 ·· 17
12. 怎样办理活期储蓄 ·· 19
13. 怎样办理零存整取储蓄 ······································ 19
14. 怎样办理整存整取储蓄 ······································ 21
15. 怎样办理定活两便储蓄 ······································ 23
16. 怎样办理存本取息储蓄 ······································ 23
17. 怎样办理教育储蓄 ·· 24
18. 怎样办理通知储蓄 ·· 26
19. 怎样办理智能通知储蓄 ······································ 28
20. 储蓄怎么和其他理财方式相衔接 ························· 31
21. 怎样提高储蓄收益率 ··· 33

第三课 债券 ·· 36

每位投资者的风险偏好不同,在选择债券品种与期限组合方面的要求也不一样。与国际市场相比,目前我国可转换债券的价格颇具竞争力,但这方面的知识要求也相对较高。

22. 什么是债券 ··· 36
23. 债券有哪些品种 ·· 37
24. 债券的特点是什么 ··· 39
25. 怎样购买债券 ·· 40
26. 到哪里去买债券 ·· 43
27. 债券的风险在哪里 ··· 45
28. 什么是可转换债券 ··· 48
29. 债券与股票有什么不同 ····································· 48
30. 债券与基金有什么不同 ····································· 49
31. 债券与信托有什么不同 ····································· 50

第四课 民间借贷 ··· 52

民间借贷比较容易产生纠纷,但它仍不失是一种合理而实用的理财方式,能对调剂资金余缺、合理安排生产和生活能起到积极的作用。避免纠纷的主要措施是知法、守法。

32. 什么是民间借贷 ……………………………………… 52
33. 民间借贷合法吗 ………………………………………… 54
34. 民间借贷的利息标准 ………………………………… 56
35. 民间借贷怎样签合同 ………………………………… 58
36. 借条和欠条一样吗 …………………………………… 60
37. 民间借贷怎样预防纠纷 ……………………………… 61

第五课 质押、抵押与按揭 ……………………………………… 63

质押、抵押与按揭,都是企业最常见的融资方式。可是殊不知,这些同样也是家庭或个人临时调度资金、合理安排开支、解决长期资金周转困难的一大法宝,非常值得关注。

38. 什么叫质押 ……………………………………………… 63
39. 什么是质押有效期 …………………………………… 64
40. 究竟向谁质押 ………………………………………… 66
41. 什么叫抵押 …………………………………………… 66
42. 质押和抵押有什么区别 ……………………………… 67
43. 什么叫按揭 …………………………………………… 67
44. 买房按揭要注意些什么 ……………………………… 68
45. 按揭与质押有什么不同 ……………………………… 71
46. 按揭与抵押有什么不同 ……………………………… 71
47. 按揭与让与担保有什么不同 ………………………… 73
48. 哪些东西可以用来质押或抵押 ……………………… 74
49. 抵押贷款与无抵押贷款
    有什么不同 …………………………………………… 76

第六课 典当和贴现 ……………………………………………… 78

典当和贴现有两大共同特点:一是"把明天的钱拿到今天来用",二是手续简单、来钱快。这就注定它们非常适合在急需资金、合理调度资金时使用,非常灵活而方便。

50. 什么是典当 ………………………………………… 78
51. 哪些物品可用来典当 ……………………………… 80
52. 为什么说典当行是第二银行 ……………………… 81
53. 举例说明典当理财 ………………………………… 83
54. 什么是票据 ………………………………………… 84
55. 什么是票据贴现 …………………………………… 85
56. 哪些票据可以贴现 ………………………………… 86
57. 什么是商业票据融资 ……………………………… 87
58. 什么是商业承兑汇票融资 ………………………… 88
59. 举例说明票据贴现 ………………………………… 89

第七课　股票 ………………………………………… 90

股市有风险，入市需谨慎。这是一句风险提示，也是一句广告语。因为有风险的地方才会有风险收益。数以亿计的股民绝不是飞蛾扑火的傻瓜。股票投资风险大，收益也高。

60. 什么是股票 ………………………………………… 90
61. 什么是股市 ………………………………………… 91
62. 股票有哪些特点 …………………………………… 91
63. 为什么要发行股票 ………………………………… 92
64. 什么是普通股 ……………………………………… 93
65. 什么是优先股 ……………………………………… 96
66. 什么是股票指数 …………………………………… 97
67. 股票价格是怎么来的 ……………………………… 99
68. 什么是涨跌幅限制 ………………………………… 101
69. 怎样进行股票交易 ………………………………… 102
70. 什么叫派发股息 …………………………………… 104
71. 什么叫低吸高抛或高抛低吸 ……………………… 105
72. 股票投资的风险在哪里 …………………………… 107
73. 怎样进行基本面分析 ……………………………… 111
74. 怎样进行技术分析 ………………………………… 115

第八课　基金 ·· 120

基金投资属于集合理财，所以要特别强调根据自己的风险偏好和理财规划，在高风险高收益、风险适中、低风险稳收益这三种产品之间进行科学组合，以达到分散投资风险的目的。

75. 什么是基金 ···································· 120
76. 基金有哪些品种 ································ 123
77. 基金和股票有什么不同 ·························· 126
78. 基金和债券有什么不同 ·························· 128
79. 基金投资有哪些原则 ···························· 130
80. 怎样购买基金 ·································· 131
81. 基金投资怎么赚钱 ······························ 135
82. 基金投资的风险在哪里 ·························· 138

第九课　期货 ·· 142

期货并不是像有些人所说的那样是"赌一把"，它既适合于纯粹为获利而进行的投机，也适合于为规避风险而进行的套期保值，堪称是一种真正的高风险、高收益的理财方式。

83. 什么是期货 ···································· 142
84. 期货有哪些类型 ································ 145
85. 我国有哪些期货品种 ···························· 146
86. 什么是商品期货 ································ 148
87. 什么是金融期货 ································ 149
88. 什么是期货保证金 ······························ 151
89. 期货投资有哪几种方式 ·························· 152
90. 期货投资怎么赚钱 ······························ 154
91. 什么是期货投资的基本面分析 ···················· 157
92. 什么是期货投资的技术分析 ······················ 160
93. 期货投资的风险在哪里 ·························· 163

第十课　外汇……………………………………… 168

外汇投资或许会让你感到有些陌生或无从下手；但在全球经济一体化背景下，只要能掌握相关知识及技巧，选择优质的交易平台，获得较高收益是有可能的。

94. 什么是外汇 …………………………………………… 168
95. 什么是汇率 …………………………………………… 169
96. 什么是外汇市场 ……………………………………… 170
97. 外汇投资有哪些品种 ………………………………… 172
98. 什么是外汇交易 ……………………………………… 176
99. 外汇交易有哪些方式 ………………………………… 177
100. 怎样进行外汇交易 …………………………………… 178
101. 什么是外汇保证金交易 ……………………………… 182
102. 现钞和现汇有什么不同 ……………………………… 183
103. 为什么要特别关注汇率变动 ………………………… 185
104. 外汇投资有哪些风险 ………………………………… 187

第十一课　黄金……………………………………… 191

黄金既是商品，又是投资品，是可以用于投资理财的。黄金投资最重要的是踏准涨跌节拍。如果仅仅是为了获利而不是收藏或馈赠亲友，购买纸黄金会显得更加简单而方便。

105. 什么是黄金投资 ……………………………………… 191
106. 黄金有哪些特点 ……………………………………… 192
107. 黄金投资的特点是什么 ……………………………… 193
108. 黄金投资有哪些品种 ………………………………… 197
109. 什么是实物黄金交易 ………………………………… 200
110. 什么是 K 金 ………………………………………… 202
111. 什么是纸黄金交易 …………………………………… 204
112. 什么是现货保证金交易 ……………………………… 208
113. 现货保证金交易有哪些特点 ………………………… 210
114. 现货和期货交易有什么不同 ………………………… 211

115. 抢购黄金就是黄金投资吗………………………… 213
116. 为什么说黄金首饰不适合投资………………… 215

第十二课　珠宝……………………………………… 217

珠宝首饰人见人爱,现已越来越多地进入农民理财组合中去。投资得当,不但能保值增值,而且能使你的家产迅速翻番。不过它对投资者的知识面要求也高,并非人人适合。

117. 什么是珠宝……………………………………… 217
118. 珠宝有哪些特性………………………………… 219
119. 珠宝投资有什么特点…………………………… 221
120. 什么是珠宝的自然升值………………………… 224
121. 怎样投资珠宝…………………………………… 226
122. 珠宝投资有哪些风险…………………………… 229
123. 珠宝投资的诀窍………………………………… 233

第十三课　收藏……………………………………… 238

有人说,世界上最富有的不是银行家,而是收藏家。目前我国正在掀起有史以来的第四次收藏热,收藏与股票、房产一起构成三大投资领域。但它显然对鉴赏力的要求极高。

124. 什么是收藏……………………………………… 238
125. 藏品有什么特点………………………………… 239
126. 收藏投资有哪些特点…………………………… 240
127. 哪些物品值得收藏……………………………… 243
128. 藏品从哪里来…………………………………… 248
129. 什么是藏品的自然升值………………………… 251
130. 收藏投资怎样获利……………………………… 253
131. 收藏投资的风险在哪…………………………… 255
132. 收藏有什么诀窍………………………………… 259
133. 收藏最忌讳什么………………………………… 261
134. 为什么不要收藏金银首饰……………………… 262

135. 农民怎样收藏……………………………………… 264

第十四课 保险 ……………………………………… 267

人生在世,不如意事十有八九,风险随时存在。财富积累就像一场游戏,要考虑的事情实在太多。为此就非常需要通过购买保险来保障未来,并把它与其他理财方式相融合。

136. 什么是保险……………………………………… 267
137. 有关保险的几个概念…………………………… 269
138. 什么是商业保险………………………………… 271
139. 什么是政策性保险……………………………… 273
140. 什么是财产保险………………………………… 274
141. 什么是企业财产保险…………………………… 277
142. 什么是家庭财产保险…………………………… 279
143. 什么是人身保险………………………………… 282
144. 什么是社会保险………………………………… 283
145. 什么是"新农保"………………………………… 283
146. 商业保险和社会保险有什么区别……………… 285
147. 为什么要买保险………………………………… 286
148. 买保险要遵循什么原则………………………… 287
149. 怎样选择保险公司……………………………… 290
150. 买保险要避免哪些误区………………………… 292

第十五课 房产 ……………………………………… 294

俗话说,"一铺养三代"。意思是说,投资一间商铺,足以让子孙三代人衣食无忧。其实,无论是投资商铺还是住宅或者是房地产股票,都是可以作为农民理财组合的一部分的。

151. 什么是房产投资………………………………… 294
152. 房产投资有哪些特点…………………………… 295
153. 怎样投资现房…………………………………… 298
154. 怎样投资二手房………………………………… 301

155. 怎样投资期房……………………………………… 303
156. 怎样投资尾房……………………………………… 305
157. 怎样投资门面房…………………………………… 307
158. 怎样投资待拆迁房………………………………… 309
159. 哪些房产是限制买卖的…………………………… 311
160. 农民买房也能贷款吗……………………………… 317
161. 房产投资的风险在哪里…………………………… 321

第一课 农民理财及环境

所谓农民理财,是指农村居民家庭及个人的一系列理财行为及其结果,它与企业理财和城镇家庭理财有着显著区别。在探讨农民理财之前,有必要首先厘清一些概念和特点。

1. 什么是理财

所谓理财,也叫财务活动、资金管理、现金管理活动等,是指通过有效组织各种内外部财务活动,从整体上提高总价值。通俗地说,理财就是打理财产、财富,也可以简单地理解为管好钱、用好钱。不用说,在这管好钱、用好钱的过程中,就必然包含着使钱增值。

理财分为个人(家庭)理财和企业(组织)理财两大类,它们的性质、规模、手段虽然有共通之处,但毕竟还是有很大区别的。

理财的最终目的是什么?这个问题历来众说纷纭,并且古今中外出现过多次大讨论,也推出了各种代表性观点。但从现代企业财务管理理论和实践方面看,目前已经基本达成一致,那就是:理财的唯一目的应该是实现价值(指全部资产的市场价值)最大化。

2. 什么是农民家庭理财

所谓农民家庭理财，是指农民合理安排个人和家庭的生活开支、生产投入，以确保个人和家庭财务安全，并实现财富增长，至少能跑得过物价上涨幅度，使得资金能最大限度地发挥效用。

在这里，农民的概念主要是指那些拥有农村耕地使用权的人。他们可能在农村从事农林牧副渔生产，也可能在城里打工；或者说，他们不一定生活在农村，生活在农村的也不一定全都是农民。

顾名思义，理财活动应该建立在拥有一定财富的基础之上。理财理财，有"财"才能谈得上打理和管理，这是很好理解的。因为只有当一个人或家庭有了资金结余之后，才会自然而然地想到如何使用这些资金来实现保值增值。但这并不能否定"没钱"同样可以并且必须理财。虽然这个人或家庭没有资金结余（入不敷出），可是同样存在着财务（资金）运动，而这种财务运动就是家庭理财的载体和目的。

换句话说就是，每个农民家庭都或多或少存在着理财问题，只不过是资金多与少、理好与理坏、方法和理念方面的差别而已。

推而广之就是，每个人或每个家庭，都会在有意无意中根据自己和家庭的所有财务目标，结合当前财务状况，制定出一套总体规划和解决方案来，合理规划并安排家庭财产的分布与使用，这就是家庭理财；如果重心放在生产经营活动上，就叫创业理财。

家庭理财的主要方式是金融理财，创业理财的主要方式是投资理财，它们共同组成了农民理财的两种主要形式。

3. 什么是农民创业理财

所谓农民创业理财,是指通过投资手段参与三个产业(第一产业、第二产业、第三产业)并获得收益的过程。创业理财的目的,主要是通过科学安排农民个人或家庭的生产经营活动,争取更多的盈利,来实现家庭财富的快速增长。

农民创业理财的方式、途径非常广泛,投资机会也多,但主要集中在实业投资上,如办厂、开店、建筑、旅游和各种服务业。由于本丛书中有一本单独的《农民创业小知识》,为了避免重复,有关农民创业理财的内容本书不做介绍,建议有兴趣的读者参阅该书。

4. 理财与投资是一回事吗

俗话说:投资理财、投资理财,现在要问:投资和理财究竟是同一个概念还是两个不同概念?

简单地说,从理财的狭义概念看,理财当然是不包括投资的;而从广义概念看,理财的概念当然又是包括投资在内的。

归根到底,理财是一项综合性活动,涉及方方面面。从理论上说,广义的理财与财务、会计、统计、管理、金融、投资、税务、财政、证券、市场等,都属于"近亲"关系。当然,它们肯定又不完全一样,否则就不会有这样一门单独的学科了。

可是从狭义概念看,理财和投资应该是两个并列的概念,它们的区别主要在于:理财的目的主要是合理安排个人、家庭、企业的未来收支,赚钱不赚钱不是最重要的,所以理财决策的依据相当宽泛,必须考虑到方方面面。而投资的目的主要是为获取更多的利益,说穿了就是为了赚钱、赚更多的钱,所以它的决策依据相对简单,主要是看投资回报率高低,以及投资风险的大小。

举例说,如果你有20万元闲钱暂时派不上用场,这时候应该如何投资或理财呢?从投资角度看,在若干可选方案中,应该选择预计投资回报率最高的项目,兼顾投资风险。即使该项目的投资额超过20万元,你也不妨融资(借钱)来投入,只要回报率足够弥补你的融资成本,它在经济上就是可行的。总之一句话,你考虑的重点是能否从中赚到钱。

可是从理财角度看,你要考虑的东西就不一样了。首先要考虑的是,这20万元闲钱将来准备派上什么用场、什么时候派上用场,而不是急急忙忙去投资在什么项目上。然后才能考虑,在此期间你可以投资到什么项目上去,并且在将来你要用钱的时候能不能及时抽回来,不至于影响你原有的计划。在这个过程中,赚钱多少不是最重要的。

归纳起来,投资和理财的不同点大致有以下几方面:[①]

以盈利为目的的资本逐利行为,侧重于资产短期效益最大化	以资产保值、回避风险为目的,侧重于长期效益的稳健和增长
简单地说就是怎样赚钱,但对专业知识的要求较高	简单地说就是怎样合理使用赚到的钱,对专业知识要求相对较低
决策依据主要是收益率高低而不是其他。如果收益率不理想,可以不投资,并没有人规定谁有余钱就一定要投资	决策依据主要不是收益率,而是生活目标、财务需求、资产负债、收入支出、风险偏好、投资特点、赡养人口、健康状况等
目标是实现资产增值、超值,从没钱变得有钱,从小康走向富裕	目标是实现资产最优配置,确保未来财务安全、生活无忧
投资主要是为了追求盈利	理财主要是为了规避风险
投资是为了增加今天的收入	理财是为了确保未来的开支
投资的心态比技术更重要	理财的意识比财富更重要

---

① 严行方:《一本书读懂投资学》。北京:人民邮电出版社,2010,第6页。

续表

投　资	理　财
合理规划拿多少钱去投资	认真考虑该不该做这些投入
关注资产的收益率和流动性	关注资产的合理分配和规划
投资渠道主要有三大类：金融资产，如储蓄、债券、股票、基金、外汇、黄金、期货等；实物资产，如房地产、金银珠宝、邮票、古玩等；实业投资，如个人店铺、工商企业等	投资属于理财的一个方面，所以理财渠道比投资渠道要宽泛得多，几乎包括个人和家庭收支的所有方面。不过要注意的是，目前各种图书中介绍的多限于左边的金融资产投资
投资是一种战场行动，实现理财目标的具体手段之一。例如，如果某个家庭把所有余钱都投入股市，其风险偏好超越了自身承受能力，这种投资就没能很好地服从理财规划，因而是不提倡的，也是不对的	理财是一种战略行动，注重资产的合理分配和规划，通过各种资产互补，实现家庭财务的平稳发展。如果理财是旅行，那你就要明确你现在在哪里（经济现状）、要到哪里去（理财目标）、怎样到达目的地（手段和步骤）
投资的结果是获得收益，实现资产保值、增值、迅速翻番，但也可能会血本无归、由富返贫	理财的结果是在现有资产和收入状况下，家庭成员更富有、身体更健康、生活更有质量

需要指出的是，既然广义概念上的理财包括投资，那么两者在许多时候就是交织在一起的，很难分得清。其实这也很好理解，因为它们本来就都是和钱打交道的，只是从不同角度揭示了资金运动与家庭行为之间的财务关系。所以，这里只要理解它们的本质区别就行。

5. 农民理财的基本途径

农民理财属于个人或家庭理财，这一点与企业理财有很大的区别乃至根本区别。

农民理财是指在现有条件下积极地去打理家财,科学消费,合理安排生活,提高生活质量,其基本途径主要有:

一是做好家庭收支记录(建立收支明细日记账),日清月结,每月及每年都要进行总结分析,从中找出可以增收节支的规律和门道来,合理安排收入和储蓄(储蓄率一般占当年纯收入的30%至70%)。一般情况下,不得出现收不抵支的状况,也不安排赤字预算。

二是吸收最流行的理财观念,不断修正理财行为,不盲目攀比、不赌博迷信,有适当的家庭文化娱乐生活;积极参加农村养老保险,适当参加各种商业保险,首先确保医疗、子女教育、养老保障。

三是制订各种短、中、长期家庭理财规划,分别确定三年、五年、十年内自己和家庭都要安排哪些投资和生活项目,通盘考虑收支结余和借贷、还贷计划;尤其是要计划和安排好家庭成员的大笔开支。

四是熟练运用各种理财渠道和方法(这也是本书要介绍的重点内容),不盲目投资,不负债投资,在时点上确保将来的用款需求。

五是合理安排各类支出比例。一般来说,农民家庭日常生活中的吃穿住行等基本开支不得超过纯收入的45%,用于买房、买车、装修的资金储备不得超过纯收入的50%,婚丧嫁娶、赡养老人、日常应酬等亲情社交开支应控制在5%至15%之间。

六是注重理财绩效管理,根据个人和家庭财务状况、未来收支水平、市场形势变化调整资产组合,确保家庭财务安全和资产增值。

6. 农民理财与城镇家庭理财的不同

农民家庭和城镇家庭由于在收入来源、生产(就业)方式、开支渠道、消费水准等方面大不一样,所以在家庭理财方面有很大不

同,不必完全照搬照抄城镇家庭的理财和消费方式。与城镇家庭理财相比,农民家庭理财的特点主要有:

一是农民家庭收入来源少、收入水平低、收入不稳定、一次性收入多,并且,收入中有相当一部分要留作生产资料开支(如购买种子、农药、化肥等),所以要把相当一部分资金留作这些专项储备,很难做到每个月固定地把一笔钱存入银行或用于其他投资。

二是农民家庭的支出项目比城镇家庭少、支出标准低,尤其是自有住房不用付房租,用电、用水、蔬菜肉食、通讯、文化娱乐方面的开销也要比城里少得多,这些同样会影响到理财方式的选择。

三是农民家庭的人情往来比城里密切,支出比重高,有些"死规矩"还很顽固;如果是需要建房、装修的家庭,常常会为此长年累月地勒紧裤带过紧日子(农村人称为"存钞票盖房子"),经常会每年把80％以上的积蓄用在这方面;还有许多地方没有或基本没有医疗保险、养老保险,生老病死完全要靠即时掏钱,稍有风吹草动,全家就会顿时陷入被动甚至揭不开锅,这种情形在城里很少见。

四是农民家庭更需要采用战略性资产配置来应付上述局面。一般来说,农民理财必须坚持不寅吃卯粮、不轻易借债、不盲目投资三原则。通常情况下,建议收入中等(年纯收入在5万至10万元)的农民家庭,用其中的35％安排日常生活开支(存入活期储蓄);15％为全家购买大件消费品;10％购买各种社会保险和商业保险;40％用于本书介绍的各种理财工具,其中以稳健型投资理财方式为主。而收入较高(年纯收入在10万元以上)的农民家庭,相应比例建议分别调整为20％、15％、15％、50％,在选用各种理财工具时可以考虑稳健型和风险型各半(各占年纯收入25％),因为这类家庭的风险承受能力较强。

7. 农民理财的宏观环境

农民理财的宏观环境是指与理财有关的外部环境,主要包括金融市场环境、政策环境、法律环境、税收环境、国际环境等。宏观环境是你无法改变的，但它又会对理财效果造成重大影响甚至决定性影响。

金融市场环境

这里的金融市场是广义概念，泛指资本流动的一切场所，既包括货币资本也包括实物资本，其交易有货币借贷、票据承兑和贴现、有价证券买卖、黄金和外汇买卖、国内外保险、生产资料产权交易等。狭义概念的金融市场仅指有价证券市场，即股票和债券市场。

政策环境

政策环境是指政府的各种宏观调控政策，尤其是其中对某些地区、某些行业、某些经济行为的优惠鼓励和倾斜政策。这些方针政策会对你的理财和投资行为产生重大影响。显然，正确的做法应当是最大限度地趋利避害。不过要提醒的是，政策是经常会发生变化的。

法律环境

法律环境是指各种法律规定及其变动。任何理财行为都应当在合法的框架内进行，否则轻则不受法律保护，重则倾家荡产。农民理财尤其是涉足民间借贷时，要特别注意当前的法律法规是如何规定的。同样的道理，法律也是会根据政治、经济发展周期不断修订的。

税收环境

税收是一种国家行为,你缴也得缴,不缴也得缴(否则就违法了)。不用说,对于个人来说,税当然是缴得越少越好,这就需要你权衡各种理财方式及其收益的税收负担轻重了。尤其是在各种投资活动中,税收的负担差别较大,只有熟悉税法才能作出最优化选择。

国际环境

不要以为国际环境与农民理财毫不相关。举例来说,最近一二十年来我国经济的高速发展,主要就是很好地迎合了国际分工潮流,在廉价劳动力资源优势、低成本原材料价格优势、火暴的外贸需求等因素的推动下创造出来的。认真研究国际环境,个人理财会获益无穷。

8. 为什么说农民理财很重要

之所以说农民理财很重要,是基于以下四大理由:

物价上涨逼迫农民必须理财

农民理财有两大功能,一是合理安排未来生活,二是确保财富保值增值。从后者看,物价上涨速度越快,对农民理财的要求就越高。

据《中国统计年鉴》(2012)显示的数据,我国2011年的居民消费价格指数是1978年的5.65倍,33年间上涨4.65倍。其中,2011年的城市居民消费价格指数是1978年的6.07倍,33年间上涨 5.07 倍;2011 年的农村居民消费价格指数是 1985 年的 4.27 倍,26 年间上涨 3.27 倍。① 但众所周知,实际通货膨胀率要比这高得多。② 农民感同身受的是,许多消费品尤其是食品的价格在这 30 年间上涨了几十乃至上百倍,如果有了余钱只是单纯地把它存在银行里拿利息,是怎么也跑不过物价上涨的;换句话说就是,这样的理财方式只会让财富一步步缩水。所以,这就必然会逼迫每个农民家庭都学会理财。

举例来说,武汉的吕老太太 1987 年时办了张银行存折,1993 年时猛然想起里面还有 75.9 元,因为数额不多,所以就没放在心上。等到她 2012 年想把存折里的钱全部取出来时,却发现,她不但拿不到一分钱,甚至还倒欠银行的钱——原来,2005 年起银行规定要对余额不足 300 元的储蓄账户每年加收 12 元的管理费,而吕老太太的银行账户上当然是不够 300 元的,所以如此这般,吕老太太的 76 元钱存了 19 年,最终居然成了负数! 无独有偶,四川的张先生 1997 年 10 月在某国有商业银行存了 500 元,在接下来的 13 年里他看也没去看这个账户,2010 年时他偶然去查了下账户,才发现账户中的余额已经是 0 了,他笑称,说不定自己已经欠下银行不少管理费了。③

研究表明,目前的银行服务项目共有 1 076 项,其中收费项目有 850 项,占 79%。所以,如果你还记得读中学时教科书上说把钱放在银行里最保险,并且举例说,钱放在家中会被老鼠咬掉、因为失火被烧掉,只有放在银行是最保险、最安全的,那么,看了上面这两个例子就只好哑然失笑了。不用说,最保险、最安全的方法应该是通过科学的理财战胜通货膨胀,别无其他。

---

① 数据来自国家统计局网站。
② 许小年:《制度性数据失真》,载《财经》,2010 年 8 月 19 日。
③ 慕白:《我们该完全相信银行吗》,载《保险生活》,2013 年第 11 期。

收入增加为农民理财提供了物质条件

农民理财,当然首先要有财可理。不容否认的事实是,改革开放以来的30多年间,我国农村面貌发生了翻天覆地的变化,每家每户都有数额不等的积蓄。而这,就为农民理财提供了物质条件。

截至2012年末,我国居民储蓄总额高达18万亿元人民币,人均超过1.3万元,储蓄率(居民储蓄占国民生产总值的比重)为52%,位居全球第一(全球平均储蓄率是19.7%)。这一方面说明"中国人有钱"(因为这些储蓄随时都可以变成现实的购买力),另一方面也表明消费动力严重不足(所以才不敢花钱)。[①] 当然,单从农村角度看,农村居民的人均储蓄虽然大大低于这个水平,但却无法否认每家每户都多少有些钱是需要打理的。

有道是"有钱谁不会花"。那现在为什么有钱不敢花呢?归根到底,最主要的原因在于我国社会保障体系不完善,每家每户必须用储蓄来应付未来的不时之需。而这又回到农民理财上来了——只有通过科学理财,让这些储蓄保值增值,才能真正达到应付不时之需的目的。

经济发展为农民理财提供了好机会

农民理财与国家宏观经济环境密切相关。这就好比在一个不断上涨的股市中你赚钱的几率就大、在不断下跌的股市中赚钱几率就小一样,改革开放以来我国经济的快速发展,为农民理财尤其是其中的创业理财提供了无穷的选择和机会。

首先看金融工具的多样化。在过去,农民理财基本上只有银行储蓄和买国库券等少数几样选择;发展到现在,股票、基金、期

---

① 周小苑:《中国居民储蓄率有点高》,载《人民日报·海外版》,2012年11月21日。

货、民间信贷、收藏、外汇、黄金、金银饰品投资、保险、房地产投资、知识产权交易等工具，正在以不同特性吸引着各种不同的投资者，并为其中的高手创造了数倍乃至成千上万倍的投资回报。

不过需要注意的是，由于这些金融工具的回报率高，投资风险也大，所以并不适合所有农民朋友使用，应该三思而行才是。如果没有足够的把握，就不要贸然加入。例如，股市就是一种高风险理财工具，投资风险大，要用到的相关知识也多，所以政府为了保护农民利益，一般不准在县级区域开设股市，就是基于这种考虑。

其次看创业途径的多样化。改革开放以来，农民创业的渠道越来越宽，目前已和城市几乎没什么区别。也就是说，城里的所有经营项目在农村几乎都是允许开设的；相反，农村特有、而城里没条件开办的种养殖业以及农家乐等，却会因其"三农"特色而受欢迎。所有这些创业种类，都为农民理财提供了广阔的盈利前景。这要放在几十年前的过去，是想都不敢想的，这就是时代给你带来的机会。

当今的农民理财亟须引导

农民理财的重要性，还与当今存在着许多与农民理财有关的误区有关。有些人由于缺乏科学的理财观念和理财知识，想理财却理错了财，到头来事与愿违，把辛辛苦苦挣来的钱用在了不恰当的地方，不但损失了本金，而且还打乱了原来的生活安排，可谓苦不堪言。

简单地进行归类，这些误区主要有以下 8 种：一是陷入高利贷和非法集资陷阱，本来想多赚几个利息的，结果上了当受了骗，连本金也拿不回来；二是迷恋赌博，农闲时间企图在赌桌上"快速致富"，结果弄得妻离子散；三是畸形消费，尤其是那些刚刚拿到拆迁款的农民，更是热衷于比排场、孤注一掷买彩票等，很快就身无分文，既没了地，又没了钱；四是随意借钱和担保，结果把自己也卷入其中，当了"冤大头"还有苦没法说；五是寅吃卯粮，刷爆信用卡搞透支,结果严重影响正常生活;六是看不起储蓄,认为银行储蓄利率低,宁可把钱放在家里,结果导致支出无计划,甚至引来偷盗,造成损失;七是过度投资房地产,不但所有资金被套牢,还负债累累,严重影响生活质量;八是既不懂理财又不善于理财,白白丧失投资机遇。

  所有这些都亟须引导,这也是本书希望为你助一臂之力的地方。

第二课 储 蓄

储蓄是一种最常见的理财活动,它最大的好处是几乎没有风险。这表现为两点:一是它面对的是银行的金字招牌;二是它具有被爱因斯坦称为"世界第八大奇迹"的神奇复利效应。

9. 什么是储蓄

所谓储蓄,是银行储蓄的简称,包括狭义概念和广义概念两种。狭义概念上的储蓄是针对个人而言的,简单地说,就是居民个人存在银行等储蓄机构里的存款。广义概念是从全社会角度而言的,是指一定时期内国民收入减去被消费了的部分。

"储蓄"的概念往往和"存款"连在一起,称为"银行储蓄"、"银行存款"或"储蓄存款"。一般认为,储蓄和存款的主要区别是:储蓄是针对个人或家庭而言的,主要是为以后的养老、子女教育、买车买房以及其他不时之需建立资金储备;存款既可以针对个人也可以针对单位(企业或政府部门),但主要是指单位的公款存款。在公款存款中,企业存款的目的既可以是理财也可以是获利,但政府部门的存款则不一定有这样的动因,也就是说,政府部门的存款必须存入银行。由于本书讨论的主要是个人或家庭理财,所以,统一采用储蓄的称谓。

在我国,储蓄的概念通常是狭义概念,即指居民个人(不包括企业和组织)存入银行的款项,并且仅仅是指货币资金,不包括个人交给银行保管的其他证券或金银首饰,当然也就更不包括个人保管或存放在家里的金融债券、公司债券和企业股票等有价证券了。

我国实行"存款自愿、取款自由、存款有息、为储户保密"的储蓄原则。储户的户名、账号、金额、期限、地址等信息,全都属于个人隐私,任何单位和个人没有合法手续,都不能查询储户存款,储蓄机构有义务为储户保密。

从居民个人角度看,把钱存入银行的目的,主要是为了资产保值增值、取得收益、合理安排生活。当然,能不能达到这样的目的是另一回事。而从资金运用角度看,无论狭义概念还是广义概念上的储蓄,最终都会转变为投资。归根到底,这部分钱既然作为"余钱"积淀了下来,那么,无论放在哪里,就都会变成全社会的再投入。

虽然从表面上看,储蓄是个人把钱交给银行保管,但这种保管毕竟是有条件的,即存钱者要从银行得到利息收入;而这种利息在银行来看就是一种资金成本。银行只有把这些钱重新投出去,才能获得收益、弥补支出,绝不会傻乎乎地一直放在保险箱里。

10. 储蓄有哪些特征

储蓄具有以下五点主要特征:

一是行为的自主性

也就是说,你的储蓄行为是完全自主的,什么时候储蓄、储蓄期限长短、选择什么样的储蓄品种、在哪家金融机构储蓄、储蓄到期后是取出来还是继续转存,以及储蓄的赠送、转让及继承等,都是由储户个人决定的,任何组织和个人不得以任何方式强迫你。即使你的储蓄没到期,你也同样可以部分或全部取出来,银行不得以任何理由拒绝,并且同样应当支付相应的利息,只不过利息要少一点而已。

储蓄为什么会有这种高度自主性呢?归根到底,这钱是属于你个人或家庭所有的;在这个大前提下,你对这笔资金的使用必定会有自己的想法,所以无论是在哪家银行储蓄、还是储蓄期限长短,都应该是你说了算。

二是资金的闲置性

一般来说,储户把资金存入银行,就表明这些资金对他来说是一种结余,是闲钱,至少是暂时用不着的。因为储蓄的利息收入低,所以绝不会有人借钱存在银行里,这在经济上是不合算的;也不会有人把长期不用的资金存在银行里,否则会损失更高的获利回报。

从这个角度看,某个人或某个家庭在银行里有多少储蓄,一般能表明他有多少暂时闲置不用的余钱。因为归根到底,储蓄的目的就是为了安排以后的消费、以后的生活。如果一个家庭余钱过多,那么不是表明该家庭未来有重大的支出安排,就是这个家庭的理财观念不够理性。与其他理财活动相比,储蓄的利息收入确实是不高的。

三是资金的积累性

这就是说,你把钱存在银行里,从数额来看只会越来越多、不该越来越少。可是,如果你不是把钱存在银行里,而是用于炒股、购买金银珠宝首饰甚至买房,都是有可能发生亏损的(钱越来越少)。

撇开储蓄利息收入是不是跑得过CPI(消费价格指数)不谈,

单从利息收入的增长看,储蓄行为对储户来说具有资金积累作用。当然,与此同时,从全社会角度看,千千万万个家庭的储蓄资金,也能在一定程度上代表整个社会财富的资金积累程度。

四是价值的保值性

储蓄的目的是追求资产保值,这是储户愿意把钱存入银行的最初动因。如果某种储蓄连本也保不了,那么还有谁愿意把钱存入银行呢?所以,储蓄的保值性是储户的最低要求,也是储蓄的基本特征。

银行在制定储蓄利率标准时,主要就是参考这一点。在基本保证储户"能够保本"的同时,绝不会让你"赚"更多(储户赚得越多就意味着银行赚得越少),这就是制定储蓄利率标准最需要拿捏的地方。银行储蓄的还本付息方式,就是这种保值性的具体体现,就是为了能让储户放心,期满时不但能拿到本金,还能得到相应的利息收入。

五是价值的收益性

储蓄价值的收益性,主要是从利率高低上体现出来的。储蓄利率水平高,就表明这种储蓄行为的收益率高;相反,储蓄利率水平低,就表明储蓄行为的收益率低,但再低也不会是0。储户把钱存入银行,到期后能取回本金和利息,这是对银行信用的基本要求。

11. 什么是复利的魅力

储蓄的收益主要是利息,而利息的计算则有单利和复利之别。所谓单利,是指按照固定本金计算的利息。无论储蓄(或贷款)的时间有多长,它所产生的利息都不计入原本金额(本金)重复计算利息;而所谓复利,则是指每隔一个计息周期就要把其利息加入本金,然后一起计算下一期的利息,俗称"利滚利"。

容易看出,虽然单利和复利都是最常见的计息方式,可是它们的区别还是很大的,这主要表现在利息是否参与计息上。

为什么要指明这一点呢?原因就在于,储蓄这种理财方式最神奇的地方就是复利在发挥作用,而复利具有一种无比神奇的魅力,以至于大科学家爱因斯坦也要惊呼"复利是世界第八大奇迹"了。

简单地说,复利的主要特点是,把上期末的"本利和"作为下一期本金来计算。具体计算过程比较复杂,但可以通过查阅"复利计算表"来得到。对于普通储户来说,可以简单地掌握复利计算中的"72法则"。也就是说,用72除以复利率可以得到本金翻番所需要的时间。例如,如果复利率是5%,就表明大约经过72÷5=14.4年,原来的1元钱就会利滚利变成2元,翻一番;如果复利率为8%,那么大约需要经过72÷8=9年的时间,原来的1元钱就会利滚利变成2元。这种方法虽然不是很精确,但基本上能满足一般的计算需求。

如何更好地发挥复利的这种神奇魅力呢?在这里,关键的一点是及早储蓄——储蓄的时间越长,复利的神奇魅力就越大。所以,当一方面有人说银行储蓄的利息很低、谈不上是什么投资行为;另一方面,又有太多的人崇尚稳健理财,目前我国城市居民中有三分之二的人喜欢把储蓄作为首选的理财方式的时候,你也许就会想到——储蓄的利息收入低,这固然是它的缺点,但你却可以通过尽量提早储蓄时间来弥补,这样就把劣势变成了优势。

究其原因,就是复利因素在起作用。复利需要时间,时间越长复利越多,这正暗合了"长线是金"、"时间就是金钱"的真理。只要及早进行个人和家庭财务规划,尽可能多地把闲散资金用于储蓄,并把它作为最早和必需的理财方式来对待,就能把这种作用发挥到极致。

开办储蓄业务的机构是银行,而银行在老百姓的心目中历来是金字招牌。这就不难理解,为什么人民币理财产品和货币市场基金的投资方向和收益差不多,绝大多数人依然会首选人民币理财产品。道理很简单,它的背后是银行。更明确地说是,人民币理财产品是银行发行的,而货币市场基金则是基金公司推出的。

12. 怎样办理活期储蓄

所谓活期储蓄,很好理解,就是期限并不确定,随时可以支取的储蓄。因为是不定期储蓄,所以也就谈不上提前支取问题。不用说,活期储蓄的利率是很低的。

活期储蓄又分为活期存折储蓄、活期支票储蓄、借记卡等,可以在电脑联网的储蓄所通存通兑。例如,目前单位发放工资就都是通过银行借记卡来转账的,这种收入到了你的卡上后,就自动成为活期储蓄。你可以随时支取,但利率很低。为了减少利息损失,你可以定期检查一次余额(一般为每月一次或每两个月一次),把暂时不用的钱转出来存为定期储蓄,或用于其他领域。

活期储蓄的规则是:1元起存(也有的银行是5元或10元起存),多存不限;存折记名,可以挂失,可以设密码,可以随时存取。利息在每个季度最后一个月的20日结算,结算后的利息并入本金供下次一并计息。

容易看出,由于活期储蓄的利率很低,所以它的主要作用是用来代扣代缴各种日常开支,如水费、电费、燃气费、电话费、数字电视费等。如果要想用于保值增值,这种方式是不可取的。

13. 怎样办理零存整取储蓄

所谓零存整取,是指储户在把钱存入银行时就约定存期,并且每月固定地存入一定的金额,到期一次支取本息的储蓄方式。

零存整取的起存金额为 5 元,每月存入一次,存期有 1 年、3 年和 5 年,续存时不能改变储蓄金额。它的利息是根据实际储蓄金额和实际储蓄期限来计算的,利率标准一般相当于同期定期储蓄利率的 60%。

零存整取的开户手续和活期储蓄一样,只不过每个月都要按照开户时确定的金额进行续存。如果需要提前支取,办理手续与整存整取定期储蓄相同。

一定会有读者问:"万一我在此期间漏存了怎么办?"按照规定,出现这种情形可以在次月补齐,否则就算你违约。也就是说,如果你一旦漏存了某个月,一定要在第二个月补齐,否则在你将来到期支取储蓄本息时,银行会对你违约之前的本金按实际储蓄金额和实际储蓄期限来计息,而对违约之后存入的本金部分只计算活期利息。如果是这样,也就无法看到零存整取储蓄本身的优越性了。

另外就是,这种漏存次数最多只能有 1 次,如果累计达到 2 次或以上,存入的金额就会全部按照活期储蓄来计息(但之前存入的部分是允许提前支取的)。

又有读者会说:"每个月都要这样存,太麻烦,有没有比较简单的办法呢?"回答是有的。这主要有三种:一是委托单位代扣代缴,也就是在单位财务发工资时,从你的工资中直接扣除转入储蓄账户,这样你就不必每个月跑银行了;二是你可以预存,但这样一来零存整取的价值就不大了;三是约定账户自动供款,也就是储户指定从自己的某个活期储蓄账户上,每月自动划转相应金额到你的零存整取账户上去。储户可以随时更换这个供款账户,增加或取消该约定,方便得很。

容易看出,零存整取储蓄具有一定的强迫性,它强迫着你"坚持到底"、"坚持就是胜利",否则就会"前功尽弃"。

零存整取储蓄的计息公式是:

利息 = 月存金额 × 累计月积数 × 月利率

其中,

累计月积数=(存入次数+1)÷2×存入次数

例如,一年期零存整取存入次数为12,累计月积数就是(12+1)÷2×12=78;照此计算,三年期为666,五年期为1 830。

举例说,如果你现在存的是三年期零存整取储蓄,每月固定存入600元,现在的一年期整存整取利率为3.3%,那么,三年后你能得到的利息总和就是600元×666×(3.3‰÷12)=1 098.9元,而这时候你的本金是600元×36月=21 600元,合计是22 698.9元。

总体看,零存整取储蓄具有"集零为整"的作用,它的利率虽然低于整存整取储蓄,却又高于活期储蓄。所以,零存整取储蓄特别适合于有固定收入的"月光族"用于压缩生活开支、强行积累资金的需要。

它的主要缺点是,如果储户不是采取单位代扣代缴或约定账户自动供款的话,很少有人会坚持到底,不是嫌麻烦,就是总会给忘了。

14. 怎样办理整存整取储蓄

所谓整存整取,是指储户在存入本金时就约定了存期,同时整笔存入,至存期到期后一次性支取本息的储蓄方式。

整存整取的存期分为六个档次,分别是:3个月、6个月、1年、2年、3年、5年(外币储蓄的存期分为五个档次,分别是:1个月、3个月、6个月、1年、2年)。起存金额50元,多存不限(外币储蓄起存金额等值于人民币100元)。

整存整取的利率,按存入时的银行利率计算,利随本清。最新利率标准(2012年7月6日起)是:3个月2.6%、6个月2.8%、1年3.0%、2年3.75%、3年4.25%、5年4.75%,允许上浮10%。

存期到期时可以自动转存,也可以办理约定转存。

整存整取是允许提前支取的,但在大多数银行只限一次部分提前支取,邮政储蓄银行除外(最多可允许5次提前支取)。

整存整取储蓄如果要办理部分提前支取,这提前支取的部分的利息是要按照活期储蓄利率计算的,但其余留存的部分仍然可以按照整存整取利率计算。如果逾期支取,这时候的利息包括两部分:一是逾期后的部分按活期利率计算,二是逾期前的利息仍然按照原有的整存整取利率计算。

整存整取储蓄的最大优点是,可以让长期不用的款项取得更多的利息收入。但这里也有技巧,这主要体现在选择存期长短方面,总的原则是:如果目前的储蓄利率很高,存期宜"中"不宜"长"。例如,原本你准备存5年期的,现在改成存1年或2年期,这样利滚利,最终得到的利息收入会更多。相反,如果目前的储蓄利率很低,存期反而宜"长"不"宜"短,因为这时候只有存期较长,才能够得上较高的利率水平。例如,原本你准备存1年的,这时候就要存足5年。

也许有读者会说,如果有一笔数额较大的储蓄,预计可以存期较长,可是又不十分确定,万一到时候要提前用钱呢?这时候建议采取"拆零储蓄法"。例如,本来你准备用10万元存5年的,由于有上述担心,所以这时候可以把这10万元分四笔存入,分别是1万元、2万元、3万元、4万元。这样,如果到时候真的有急用,就可以根据相应数额提前支取某一笔,而不至于影响其他几张存单的利息收益。

另外就是,如果你正在整存整取的时候,有消息说利率即将调整,这时候如果预计利率是调高的,你的存期要短;如果预期利率是调低的,你的存期要长。道理和上面所说的一样。

一般认为,整存整取储蓄比较适合于"马大哈"。因为它几乎没有门槛,在存入本金或储蓄到期之前,都可以向银行申请办理自动转存或约定转存业务。即使"马大哈"们到期后忘记了及时支取,也只是逾期不取的部分按照活期储蓄计算利息。当然,最好是不要出现这种情形,为此,还是开办自动转存(预约转存)或约定转存业务较好,这样既能避免到期亲自跑银行转存的麻烦,又能避免利息损失。

如果遇到需要提前支取整存整取储蓄,也不是没有办法挽救。如果金额较大,最常见的是可以通过"存单抵押贷款"的办法来解决,这样会减少许多利息损失。

15. 怎样办理定活两便储蓄

所谓定活两便,是指这种储蓄事先并不需要约定存期,一次性存入、一次性支取。等到你一次性支取这笔储蓄时,再回过头来看这笔储蓄在银行里存了多少时间,倒过来计算应该拿多少利息。

定活两便储蓄50元起存,可以随时支取。既可以存人民币,也可以存美元、日元、欧元、英镑、港币、澳大利亚元、加拿大元、瑞士法郎、新加坡元。具体计息标准是:存期在3个月以内的,按活期储蓄利率计算;存期在3个月以上(含3个月)的,按同档次整存整取定期储蓄利率的6折计息;存期在1年以上(含1年)的,一律按支取日当天挂牌的定期整存整取一年期储蓄利率打6折计息。

容易看出,定活两便储蓄兼具定期储蓄和活期储蓄的特点。它既有活期储蓄的方便,可以随时支取;又有定期储蓄的利息(相当于打6折,但比活期储蓄利率还是高多了)。所以,它比较适合于储蓄期限预计会在3个月以上,但当时又不能确定的情况。

16. 怎样办理存本取息储蓄

所谓存本取息,是指储户一次性存入较大的金额,然后分次支取利息,到期支取本金的一种定期储蓄。

存本取息的起存金额是5 000元,多存不限,期限分为1年、3

年和 5 年。

储户在办理存本取息时,按照银行规定的利率和自己约定的存期(1 个月或几个月),马上就能算出每期可以领到多少利息;然后凭存折分期取息。取息期确定后,中途是不能变更的。

存本取息到期支取时,利息是按照存入本金时的利率计算的,在整个存期内无论利率是否发生变动都不作调整。计算每次所支取的利息,也是根据存入本金时与银行约定的储蓄期限和支取利息的期限来计算的,计息公式为:

每次支取的利息＝本金×每次取息间隔月数×月利率

或　　　　＝本金×期限(年限)×年利率/存期内应支取利息的次数

存本取息如果出现提前支取的情形,则不但要根据实际储蓄期限按活期储蓄利率计息,而且还要把已经分期支付了的利息扣回。这时候的计息公式为:

应得利息＝本金×存期(天数)×活期储蓄年利率/360

应得本息合计＝本金＋按活期利率计算的应得利息－每次已经支取的利息额×已领取次数

存本取息如果出现逾期支取情形,逾期的部分是按照支取日当天挂牌的活期储蓄利率来计息的。

容易看出,存本取息储蓄的利息收入要高于活期储蓄。这种方法更适合"大款族"使用。如果你有大笔资金长期不用,还可以把"存本取息"和"零存整取"两种方式有机结合起来。这样,你就既不用到时候每个月去银行取息后转存(可以与银行约定"自动转息"),又能使得这部分利息继续发挥作用,获取更大的组合收益。

17. 怎样办理教育储蓄

所谓教育储蓄,是指储户按照有关规定,在指定银行开户、存入规定数额的资金,专门用于教育目的的一种零存整取储蓄。

简单地说,这种教育目的主要是指将来为子女支付非义务教育阶段所需的教育金。所谓非义务教育,是指子女初中毕业后完成全日制高中或中专、大专、大学本科、硕士、博士阶段的学业。

为此,在办理教育储蓄时,储户必须是在校小学四年级以上的学生或初中生,并且要用学生自己的户口簿或身份证在规定的银行办理;到期支取时,除了要凭存折之外,还要附非义务教育阶段的学校录取通知书原件,或学校开具的、税务部门统一印制的学生身份证明,否则这种储蓄就只能按同档次零存整取储蓄来对待。

教育储蓄的起存金额是 50 元,多存不限,但本金的最高限额为 2 万元,并且,每月存取的数额相对固定,存期分别是 1 年、3 年和 6 年。在整个存期内,如果出现漏存,应在次月补齐,否则储蓄性质就会变成零存整取储蓄。本金超过 2 万元或一次性存足本金的,不得享受免征利息税的政策。

总体来看,教育储蓄主要可以享受以下两大优惠政策:

一是免征利息税。具体地说,教育储蓄在子女的三个学习阶段即就读全日制高中(中专)、大学本科(大专)、硕士(博士)研究生时,每个阶段可以分别享受一次 2 万元储蓄以内的利息税免税优惠。但实际上,由于我国从 2008 年 10 月 9 日起就已经暂停征收利息税了,所以这项优惠政策目前可以说名存实亡。

二是利率优惠。教育储蓄属于零存整取,可是却能享受到开户日挂牌的整存整取利率(其中 6 年期教育储蓄按开户日 5 年期整存整取储蓄的利率计息),不受存期内利率调整的影响。

以 2012 年 7 月 6 日起实行的最新利率为例,三年期零存整取的年利率为 2.9%,三年期整存整取的年利率为 4.25%;也就是说,这样一比就知道,该项政策的优惠幅度高达 47%。也就是说,虽然教育储蓄的限制条件较多,但却能切切实实提高利息收入,并且幅度还不小。所以,这种储蓄方式很适合为子女积累学费的家庭,与此同时还会有助于培养孩子积少成多的理财习惯。

教育储蓄也是可以提前支取的,但提前支取时必须全额支取。

同时，在提前支取时，如果能提供学校开具的、税务部门统一印制的证明，同样可以按照实际存期的同档次整存整取储蓄计算利息，并且免征利息所得税；当然，如果无法提供该证明，那就只能按照活期储蓄利率来计息了，并且无法免缴利息所得税。

教育储蓄如果逾期支取，逾期部分是按支取日当天的活期利率计息的，这时候当然也就不能享受免缴利息所得税的优惠了。

综上所述，教育储蓄主要有三大好处：一是为子女将来接受非义务教育，有计划地积累资金；二是可以享受整存整取利率待遇，相当于利率水平提高一半左右；三是利息免征个人所得税，这实际上也是变相提高了储蓄收益。

但教育储蓄也有缺点。它最大的缺点是手续繁琐，所以许多储户对此并不热心，以至于出现了许多银行网点多年来的教育储蓄0记录。[1] 究其原因，一方面是由于许多储户对此不了解，另一方面是许多储户认为"不差钱"——在若干年后孩子接受非义务教育之前，还有好几年的缓冲时间可以用来准备学费，所以"问题不大"。但一般认为，单纯从培养孩子的理财观念、提高理财能力方面看，这样做也是利大于弊的。

18. 怎样办理通知储蓄

所谓通知储蓄，是指办理储蓄时并不约定存期，而是可以一次性存入、多次支取。每次支取时需提前通知银行，约定取款日期和金额。

通知储蓄可以是人民币也可以是外币。人民币通知储蓄的最低起存金额，个人为5万元、单位为50万元；每次最低支取金额，个人为5万元、单位为10万元。外币通知储蓄的最低起存金额为

---

[1] 毕华章：《学校陆续开学，教育储蓄在榆林遇冷》，载《榆林晚报》，2013年2月28日。

1 000 美元等值外币,币种包括美元、港币、英镑、日元、欧元、瑞士法郎、澳大利亚元、新加坡元等。

那么,通知储蓄的利率是怎么算的呢?按照规定,无论通知储蓄的实际储蓄期限有多长,利率标准都是按照储户提前通知的期限长短来划分的。现行利率标准(在基准利率上上浮10%后)是:一天通知储蓄利率为0.88%,七天通知储蓄利率为1.485%,均要大大高于活期储蓄0.385%的利率水平。

也就是说,如果你提前一天通知,约定支取存款,利率就是0.88%;提前七天通知约定支取存款,利率就是1.485%。

举个例子来说,春节快到了,如果你把股市中的50万元现金拿出来存入银行,存的是七天通知储蓄,那么一个春节过去后(假如实际存在银行里的时间是10天),这时候可得利息500 000×1.485%×10天/360天=206.25(元)。可是,如果你仍然放在股票账户上,就只能拿活期利息,这时候的利息收入为500 000×0.385%×10天/360天=53.47(元)。

别看两个数字都不大,可实际上前者是后者的206.25/53.47=3.9倍!这还是在数额不大、时间不长的情况下,否则结果更悬殊。

有人也许会说,为了这一点点"小钱",还要把钱从证券公司里提出来,然后拿到银行里去,既不安全,也太麻烦。但实际上并不麻烦。由于目前证券公司和银行都已经开设"银证通"业务,所以你只要在自家电脑或手机上按几下键盘,就能轻松地解决这个问题,非常可靠而简单。更不用说,这样做完全不影响你的资金使用(春节期间股市是休盘的),这钱不赚白不赚。

除此以外,银行里还有一项"自动转存通知储蓄"业务,分别设有"活期转存通知储蓄"、"设立提款通知"、"取消提款通知"、"转出通知储蓄"等功能,网上操作十分方便,足不出户便可心想事成。

容易看出,通知储蓄的利率相当于3个月定期储蓄的标准,而在取款方面的灵活性又和活期储蓄差不多,所以比较适合那些资金数额较大、取款时间不确定的情形。

补充说明几点：

一是支取通知储蓄时必须提前一天或七天通知银行,具体的通知方式可以和银行共同约定。

二是如果你已办理支取通知手续,最终并没有去取;或者在通知期限内又取消了支取通知,这个期限内是不计利息的。

三是在存入通知储蓄时,存单上并不注明存期和利率,利息是根据支取日当天银行挂牌公告上的相应利率和实际存期计算的,利随本清。由于通知储蓄可以分期支取,所以每次支取时的利息是根据每次支取部分按照支取日挂牌的相应档次的利率来计息的,剩余部分仍然从开户日起计算存期。

四是通知储蓄如果遇到以下情况,会按活期储蓄利率计息:

①实际存款期限不足通知期限的,按活期储蓄利率计息;

②没有提前通知就来支取的,支取部分按活期利率计息;

③已经办理通知手续却提前支取或逾期支取的,支取部分按活期储蓄利率计息;

④支取金额不足或超过约定金额的,不足或超过部分按活期储蓄利率计息;

⑤支取金额不足最低支取金额的,按活期储蓄利率计息;

⑥部分支取后留存部分不足起存金额的,按清户日挂牌公告的活期储蓄利率计息。

19. 怎样办理智能通知储蓄

所谓智能通知储蓄,是指一种具有智能理财功能的储蓄产品,它兼具活期储蓄的便利和通知储蓄的利息收益,支取灵活,收益率更高,所以能满足储户的多元化理财需求。

智能通知储蓄的"智能"功能主要体现在以下几方面:

不必预设类型,操作更简便

具体地说是,普通的通知储蓄需要在存入本金时就约定是"一天通知储蓄"还是"七天通知储蓄",可是智能通知储蓄却不必有这种事先设定,你只要告诉银行开通智能通知储蓄业务就行了。

这样,银行就会在每个月末的最后一天,自动对你这个账户进行检索;根据这个月内该账户上每天的实际余额,以扣除保底基数后的5万元为标准,自动对号地为储户确定每个时间段究竟是实行一天通知储蓄还是七天通知储蓄或活期储蓄的利率。

智能通知储蓄在每个银行各有差别,以招商银行的智能通知储蓄为例:如果这个月中的某一天,你账户上的余额在扣除保底基数后超过5万元(包括5万元),并且连续7天在5万元以上,那么这时候银行就会自动把这笔资金按照七天通知储蓄的利率来计息。

计息规则是:从第一个超过5万元的日期开始算起,每7天分成一个时间段,每个时间段都按七天通知储蓄的利率来计息;不满7天期限的,按一天通知储蓄利率计息。如果在此期间你每天的余额虽然都超过5万元,可是每天的余额并不固定,那么这时候的计息基数是按最低余额计算的。不用说,如果余额低于5万元,这时候就只能按活期利率来计息了。

这样做的好处是什么呢?对储户来说,当然就是更省事、收益率更高了。更省事很好理解,因为你不用进行任何事先设定。收益率更高则有两层含义:

一是如果你有事先设定,反而容易碍手碍脚。举例来说,如果你事先设定的是一天通知储蓄,可实际储蓄时间超过七天,这时候你就无法取得更高的利息收益;相反,如果你事先设定的是七天通知储蓄,可实际储蓄时间不到七天你就必须把钱取出来,这时候就只能拿到活期利息了。

二是这种利息收益要相差好几倍。举例说,最新的从2012年7月6日起的活期利率标准是0.35%,而七天通知储蓄的利率标准是 1.35%，后者是前者的 3.9 倍；更重要的是，两者都不影响资金流动性。

不用储蓄保底，收益率更高

一般通知储蓄是有保底要求的，只有在此以上部分才能按照通知储蓄的利率来计息，可是有些银行的智能通知储蓄就没有这种保底要求。

例如，如果一般通知储蓄的保底要求是 5 000 元，而你现在存入的是 5 万元，那么只有这 4.5 万元部分能够按照通知储蓄利率计息，保底部分的 5 000 元只能按活期利率计息。可是智能通知储蓄却没有这种保底要求，也就是说，这 5 万元全都可以按照通知储蓄来计息。

一个账户管理，财务更清晰

一般来说，通知储蓄账户与活期储蓄账户是分开管理的，只有当活期储蓄账户上的金额超过规定数额时才能转入通知储蓄账户，而当活期储蓄账户余额不足时再从通知储蓄账户上转回来。这样繁琐地转来转去，许多储户很不适应。可是智能通知储蓄只要用一个账户管理就行，当然就要方便、简单得多了。

需要指出的是，智能通知储蓄一般也是对账户余额有要求的。也就是说，一般需要至少有 5 万元额度，才能向银行申请这项业务。

容易看出，智能通知储蓄特别适合于理财、第三方存款等资金数额大、短期流动性强的客户，所以这种业务方式目前很流行。并且办理起来也很方便，既可以到银行柜台去办理，也可以自己在网上申请。

需要注意的是，由于不同银行开办的智能通知储蓄可能会有不同，所以一定要看清合同条约，并且货比三家。尤其是储户如果有每月还贷、基金定投等业务时，这时候就更要有预留资金。因为这些代扣代缴是无法通过智能通知储蓄账户来扣款的,如果你的预留资金过少,有可能会给你造成不必要的麻烦或失信。

20. 储蓄怎么和其他理财方式相衔接

储蓄是农民理财方式中最基本的一种,但除此以外,还有多种理财方式可供选择。为此,需要做好储蓄和其他理财方式之间的相互转换和衔接,这一点很重要。因为各种理财方式各有特点,如果一个家庭只有储蓄是很不够的,也是欠缺的。

以保险为例。保险是名副其实的理财产品(关于这一点,本书后面会专门谈到),可是储蓄和保险又怎么来衔接呢?

在一般人的概念中,所谓保险,就是你给保险公司缴上一笔保险费,然后在规定的期限内,如果你出现了保单上规定的情形(事故),就能从保险公司得到相应的赔偿;否则,这些保险费就"充公"了。可是现在有许多保险品种早就不是这种传统概念了,它们的重点放在理财上,保险的对冲风险功能反而成了一种陪衬。

举例说,如果你每年给保险公司缴2 000元保险费,持续20年。以这20年为期,其间如果被保险人患有癌症,将会从保险公司获赔20万元现金;否则,则可以拿回全部本金,即在你缴纳第20期2 000元现金后,你可以将这20期2 000元现金计4万元本金全部领回。

从储户角度看,乍一看好像并没有发生什么损失;如果一定要说有,也"只不过损失掉一点利息"而已。可是,这保障的却是一旦患上癌症后得到的巨额医疗费补偿,何乐而不为呢?

当然,保险公司绝不是傻瓜,它从中赚到的更多。因为无论怎么说,从全体投保者这个群体看,在此期间患癌症的毕竟是极少数,所以保险公司的投资回报率非常高。明白了这一点,你就会看到,为什么各保险品种都有一个共同特点,那就是年限特长。而实际上,就是因为年限长,它才能从中获得更多的复利收益。研究表明，如果某种保险（还款）期限超过 5 年，保险公司基本上就能确保稳赚不赔。

可是换个角度看，这种储蓄和保险的衔接对储户来说同样是有利的，绝不是因为保险公司获利丰厚就一定侵占了你的利益。你从这种储蓄式保险中至少可以得到两大好处：一是投保期间患上癌症可以得到 20 万元的医疗补偿；二是不患癌症依然可以得到 4 万元本金，这再怎么说也是降低风险，至少不是"血本无归"了。

再来看另一个例子。假如有这样一个三口之家：夫妻俩都在乡镇企业打工，月收入分别是 3 500 元和 2 400 元，女儿刚满 1 岁。他们和父母住在一起，父母都有农村养老金，但很低，两人合计也不过只有 400 元。全家每月的生活开销在 2 500 元左右。除女儿外，全家人都有农村医疗保险。全家没有负债，现有储蓄 7.8 万元，没有其他收入，希望能在两年内买一辆价值 15 万元左右的二手挖掘机用于创业。

在这里，买挖掘机同样可以看作是一种理财活动。那么，这时候两者之间又怎么来进行衔接呢？可以这样来筹划：

这个五口之家可以在每月的 3 800 元（3 500＋2 400＋400－2 500）结余中，留下 1 000 元零用，或购买定投基金或其他理财产品，主要目的是确保全家的应急之需，不至于降低生活质量；另外的 2 800 元做一年期零存整取储蓄，每个月存入 2 800 元，到年底可得利息＝月存金额×累计月积数×月利率＝2 800×78×2.85‰÷12＝518.70（元），本息和 2 800×12＋518.70＝34 118.70（元）。第二年把它转存一年期定期储蓄，第二年末的本息和为 34 118.70×(1＋3.3％)＝35 244.62（元）。同时，第二年依然如此，即每个月同样有 2 800 元的零存整取储蓄，到第二年末又有本息和 34 118.70 元。这样，第二年末两笔储蓄的本息和就是 34 118.70＋35 244.62＝69 363.32（元）。而家中原来的 78 000 元储蓄可以存个二年期整存整取，这样又可得本息和 78 000×(1＋3.75％×2)＝83 850（元）。这就是说，到第二年年末时，全家有 6.94＋8.38＝15.32 万元，买一台二手挖掘机的梦想就可实现了。

21. 怎样提高储蓄收益率

储蓄收益主要来自利息收入。为此,要想提高储蓄收益,关键是要了解现行的储蓄利率标准及其将来的变动趋势;在此基础上,熟练使用以下各种技巧。

截至 2013 年 5 月 25 日,我国执行的依然是 2012 年 7 月 6 日的储蓄基准利率标准,各金融机构允许在此基础上上浮 10%,利率标准如下:

金融机构人民币储蓄基准利率表

项　　目			年利率(%)
一、活期储蓄			0.35
二、定期储蓄	(一)整存整取	三个月	2.60
		半年	2.80
		一年	3.00
		两年	3.75
		三年	4.25
		五年	4.75
	(二)零存整取、整存零取、存本取息	一年	2.85
		三年	2.90
		五年	3.00
	(三)定活两便	按 1 年以内定期整存整取同档次利率打 6 折执行	
三、协定储蓄			1.15
四、通知储蓄		一天	0.80
		七天	1.35

不难看出，储蓄利率标准对大家是一视同仁的，即使允许在基准利率基础上上浮10%，在各大银行之间也几乎没有差别；但这并不否认储户可以在此基础上扬长避短。这方面的技巧主要有：

一是把股市中的闲钱转存银行少缴利息税

活期储蓄账户上的钱与股票账户上的现金，虽然同样是活期，可利息收入是不一样的。确切地说，它们的利率标准一样，可是如果要扣除利息税，银行活期账户上的利息税是按照5%扣的，而证券公司账户上的利息税是按照20%扣的。

这是为什么呢？原来，证券公司在扣除利息税时，并没有把这种利息税看作是"银行储蓄利息"的税收，而是把它作为"利息、股息、红利所得"的一部分，所以要按20%的税率来收。

这就是说，如果你的股票账户上有大量现金暂时用不着，就可以通过银证转账，把它转到银行活期账户上去孳生利息，从而达到少缴利息税、变相增加利息收入的目的；或者在把它转到银行活期账户上后，选择一天或七天通知储蓄，这样利息又会比活期储蓄高许多。

二是把一笔定期大单分成多张小存单

这样做的理由是，大多数储户都会遇到将来需要临时用钱、提前支取的情形。如果把所有储蓄存在一张大单上，一旦需要提前支取会造成利息损失，而分成多张小存单就可以避免这种情形。

那么，这样做银行会不会怕麻烦呢？完全不用担心。

理财师建议，如果你存10万元现金，最理想的投资组合是：存5万元1年期定期储蓄，3万元6个月定期储蓄，2万元3个月定期储蓄，并且最好要错开日期。这样，如果将来要提前支取，就可以选择利息损失最小的那张存单；如果不需要提前支取，也不会对你造成什么损失，只要约定自动转存就行。

另外就是,可以每个月都存一笔钱,同时约定自动转存。这样,无论你什么时候要用钱,都可以选择当月即将到期的那张存单,基本上不会造成什么利息损失。

约定自动转存的好处是:①不用跑银行;②如果自己去银行转存,转存之前的这几天逾期部分利息只能按活期算,约定自动转存则不然;③如果存单到期后遇到利率下调,没有办理自动转存的利率会按新的较低利率计算,而办理自动转存的会按较高利率计算。

三是零存整取储蓄不如每月存一张定期存单

有些储户尤其是工薪阶层,领工资后的第一件事就是去银行办理零存整取,希望通过这种方式多攒钱,而实际上呢,这种方式得到的利息收入要远远低于多单整存(按照整存整取的方式每个月在银行开设一张定期存单)的收益。

举例来说,现行5年期零存整取的年利率为3.00%,正好与1年期整存整取相同。这说明什么?这说明仅仅采用多张整存整取存单的储蓄方式,就可以在短短"1年"里创造"5年"的利息收益,还能有效避免由于漏存造成按活期利率计算的利息损失。

第三课
债　券

每位投资者的风险偏好不同,在选择债券品种与期限组合方面的要求也不一样。与国际市场相比,目前我国可转换债券的价格颇具竞争力,但这方面的知识要求也相对较高。

22. 什么是债券

所谓债券,是指按照法定程序发行,承诺按照一定的利率支付利息,并且按照约定条件偿还本金的一种债权债务凭证。

通俗地说,债券就是一张具有法律效力的债的凭证。发行债券的称为债务人,购买和持有债券的称为债权人。

容易看出,债券首先是一种有价证券,并且它的利息是事先确定的。换句话说,债券是一种利息固定的证券,与债务人的经营状况好坏无关。也就是说,债务人开出这张债券,到时候就得兑现承诺,否则就叫违约,就要受到相应惩罚。

投资理财概念中的债券有着严格的定义,并不是所有的债权债务凭证都称为债券,更不是所有债务人都可以发行债券。

从基本要素看,债券票面上可能会记载以下项目(之所以这样说,是因为有些项目只出现在发债公告或条例中,不一定在票面上)：

①票面价值(面值)。指债券到期后应该偿还的本金数额。面值与债券的实际发行价格可以不一致。如果发行价格大于面值,称为溢价发行;小于面值,称为折价发行。

②偿还期。即债券发行日至到期日的间隔时间。

③付息期。指支付债券利息的时间。可以是到期一次支付,也可以是每隔3个月、6个月、1年支付一次。付息期的长短对债券实际收益有很大影响,因为这涉及单利和复利计息的问题。

④票面利率。指债券利息与债券面值的比率。

⑤发行人。指该债券究竟是谁发行的,即债务主体。也就是俗话所说的"冤有头、债有主"中的"债主",即由谁来负责还债。

23. 债券有哪些品种

债券有各种各样的分类。从发债主体看可以分为：政府债券、金融债券和公司债券三大类；相对应的发债主体分别是政府、金融企业以及其他经过批准允许发行债券的工商企业。

政府债券

政府债券包括中央政府债券和地方政府债券两大类。

中央政府发行的债券主要是国债(国家债券)和国库券,有些国家还包括政府担保发行的债券,称为政府保证债券。

国债的品种有国家重点建设债券、国家建设债券、财政债券、特种债券、保值债券、基本建设债券等,主要面向银行、非银行金融机构、企业、基金等定向发行,也有少部分是面向个人发行的。

国库券是为了弥补国库亏空而发行的一种政府债券,不记名,允许自由流通,期限一般不超过1年(我国比较特殊,期限在3至10年不等),利率一般比同期银行储蓄要高出1至2个百分点,主要面向个人发行。

根据我国法律,有财政收入的各级地方政府过去是不允许发行债券的;如果确有需要,应由中央政府在审查额度后代为发行或转贷。但是从2011年10月开始,已经在部分省市进行试点,地方政府也允许发行债券了。但从比重看,依然以中央政府代为发行和转贷的居多。

所谓代为发行,是指中央批准了地方政府的发债额度,发债主体仍然是地方政府;而所谓转贷,是指由中央政府发行长期建设国债,然后通过商业银行,以高出国债的利率贷给地方政府,由地方政府逐年归还,发债主体是中央政府。

由于地方政府发行的债券主要用于交通、通讯、住宅、教育、医院和污水处理等地方性公共设施建设,所以也称"市政建设债券"。

实践表明,我国过去由中央政府转贷给地方政府的地方债,偿还情况并不理想,原因在于一些地方政府财力薄弱,到期归还不出,最终不得不由中央财政包揽下来。[1]

金融债券

金融企业以及非银行金融机构发行的债券,称为金融债券。

在我国,目前能够发行金融债券的主要是国家开发银行、进出口银行等政策性银行。由于金融机构具有雄厚的资金实力,并且善于投资理财,信用度又高,所以金融债券的信誉很不错。

公司债(企业债)

企业发行的债券,称为公司债或企业债。

具体地说,如果发行债券的是股份有限公司或有限责任公司,

---

[1] 王恒嘉:《深圳获国务院批准自行发债》,载《晶报》,2011年10月21日。

就称为公司债;如果发行债券的是非公司制企业(在我国主要是国有企业),就称为企业债,包括地方企业债券、重点企业债券、附息票企业债券、利随本清存单式企业债券、产品配额企业债券、企业短期融资券等。

企业债是我国特有的不规范名称,国外只有公司债的说法。从实践中看,我国允许发行企业债券的企业,主要是受国家发展和改革委员会监督管理的中央政府部门所属机构、国有独资企业或国有控股企业,它们在一定程度上体现了政府的信用;也就是说,它们的信用风险相对较小。而发行公司债券的企业,主要是受中国证券监督管理委员会监督管理的上市公司,它们的债务信用主要要看该公司的资产质量、经营状况和盈利能力,信用风险相对来说要大一些。

容易看出,在我国,(国有)企业债的信用风险要小于公司债。

24. 债券的特点是什么

债券的特点主要体现在以下几方面:

偿还性

俗话说,"欠债还钱,天经地义"。债券作为一种债权债务凭证,属于虚拟资本,将来是需要由债务人归还给债权人的,无论债务人的经营状况如何。正因如此,债券票面上才会载有需要偿还的本金、利率、期限等要素,表明债权人具备这些权利。

流动性

对于允许上市交易的债券来说,可以随时买进卖出或抵押,其流动性一般没什么限制。

安全性

发行债券需要经过政府严格审批,信用相对可靠;债券拥有固定利率,与发债企业的效益没什么直接联系,所以收益相对稳定。即使遇到发债企业破产,债权人也会比股东优先享有对剩余资产的索取权。尤其是国债,有政府信用作担保,更是几乎不存在风险。

收益性

债券的收益主要体现在两方面:一是债券本身能够带来利息收入。一般来说,公司债的利率要高于国债利率,国债利率要高于同期银行储蓄利率(但公司债的利息收入有可能需要纳税,国债的利息收入则是免税的)。二是从债券买卖中有可能会赚得一部分差价。

自主性

对于债权人来说,买不买债券是你自主决定的,不受任何人胁迫;而对于债务人来说,发行债券后筹集到的资金可以自主运用在所需项目和领域中,不必像银行贷款那样只能用于规定的用途。

25. 怎样购买债券

购买债券时最需要考虑两个问题:一是你的理财理念,二是债券的价格计算。这直接关系到债券买卖的收益和决策问题。

债券的理财理念

这主要可以分为以下三大类：

①完全消极投资法。换句话说就是，你购买这种债券是把它当作银行储蓄一样来对待的，从来没有考虑过卖出。

究其原因主要有两方面：一方面是有些人根本就不知道债券可以在市场上买卖，也有人认为购买债券和银行储蓄"差不多"，所以就懒得去考虑买和卖了；另一方面是，有些人虽然知道债券可以自由买卖，可是由于没有太多的时间和精力投入其中，所以只好采取一种无为而治的态度，把它们压在箱底，觉得反正比银行储蓄的利率要高一些，就不去管它了。

而实际上，确实有些债券是适合这样投资的，如凭证式国债、记账式国债以及一些风险较小的企业债等。

②完全积极投资法。换句话说，购买这些债券的目的，就是希望它们的价格有波动，并且这种波动越大越好，以便能够乱中取胜。

购买这些债券的人通常很熟悉债券交易行情，并且具有较强的风险承受能力。他们不满足于债券投资的较高收益，更希望能从债券价格波动中去低吸高抛、获取暴利。当然，这样做有可能会如愿以偿，同样有可能造成巨大损失。

③部分主动投资法。这介于完全消极投资法和完全积极投资法两者之间。也就是说，购买这种债券的目的主要是获取利息收益，但不排除在价格波动剧烈时短期炒作一把，兼获价格波动差价。

所以，购买这些债券的人一般同样非常熟悉债券市场行情，但由于没有太多的精力放在这方面，所以只能看情况而定。总体来看，这种投资理念下的收益和风险有可能控制得更好。

针对上述不同理念，一般有以下规律可循：对于短期闲散资金来说，可以考虑购买记账式国债和无记名国债，它们都是可以上市流通的，变现能力强；对于期限在3年以上的闲散资金，可以首选中长期债券，以争取更高的利息收益。如果你想获得比较稳定的债券收益，可以把资金三等分，分别购买1年期、2年期、3年期债券。这样，每年都有三分之一的债券到期，能够确保每年获得相对稳定的收益。

债券的价格计算

债券的价格计算主要分为净价交易和全价交易两种。

所谓净价交易，是指按照不含利息的价格进行的交易。与此相应地，全价交易就是按照包含利息的价格进行的交易。

净价交易由于不包含利息，所以在进行交易的时候，要把债券的价格和应计利息区分开来。这时候的价格，反映的只是本金市值的变化；而利息则是按照票面利率按天计算的，债券持有人享有持有期内的利息收入。不用说，这两者之和就是债券买卖的价格了。

换句话说，这时候债券报价采用的是净价，而交割价却是全价。

所谓全价交易，当然就已经包含了应计利息在内。这里的应计利息，是指从上次付息日到购买日止债券孳生的利息。计算公式为：

应计利息额＝票面利率÷365天×已计息天数

其中：

应计利息额对于零息债券来说，是指发行起息日至交割日所含利息的金额；而对于附息债券来说，则是指本付息期起息日至交割日所含利息的金额。

票面利率对于固定利率债券来说，是指发行票面的利率；而对于浮动利率债券来说，则是指本付息期的计息利率。一年按365天计算，如果遇闰年有2月29日，这一天是不计息的。

已计息天数是指起息日至交割当日的实际日历天数。

债券净价和全价之间的关系是:

> 净价＝全价－应计利息

在我国,目前的债券交易基本上全都采取净价报价,而行情显示则包括债券全价、净价、应计利息额等项。

这种交易方式的好处是:价格中因为不含应计利息,所以能够更加准确地体现债券本身的内在价值、供求关系、市场利率变动趋势。

26. 到哪里去买债券

购买债券应该去债券市场。可是债券市场又在哪里呢？首先要明确的是,这里所指的债券市场不是指有形市场,而是无形市场。也就是说,它不一定有具体的"门牌号码"。

总体来看,债券市场分为一级市场和二级市场,同时又包含银行间债券市场、交易所债券市场、银行柜台债券市场三个相互独立而各有侧重的部分。个人购买债券主要应当去银行和证券交易所。在银行柜台,你可以买到不能流通的凭证式国债和可以流通的记账式国债;在证券交易所,你可以买卖挂牌上市的所有债券。

债券一级市场

债券一级市场也叫债券发行市场,主要是指资金需求者(政府机关、金融机构、企业等)为了筹措资金而发行的新债券。个人如果想在一级市场上购买债券,可以通过以下四种渠道来实现:

一是在银行柜台申购凭证式国债、记账式国债。但是,这两种国债是有发行期间的,有时候有,有时候没有,所以不一定买得到。

二是通过证券交易所,直接认购记账式国债;或者向国债承销商直接认购国债。

三是通过证券交易所,上网申购网上定价发行的可转换债券。

四是在公告发行企业债券的营业网点,认购企业债券(这时候的机构投资者如果要申购,则可以在承销商指定的地点认购企业债券)。

除此以外,如果是机构投资者还可以通过结算代理银行,向指定的债券承销商,认购在银行间债券市场发行的记账式国债、政策性金融债,但个人投资者不允许这样做。

债券二级市场

债券二级市场也叫债券流通市场,是指债券持有人对债券进行买卖、变现所形成的市场。个人如果想在二级市场上购买债券,可以通过以下两种渠道来实现:

一是去商业银行柜台,购买记账式国债。

二是通过证券交易所买卖记账式国债、公司债、可转换债。

除此以外,如果是机构投资者,还可以通过银行间债券市场来买卖记账式国债、政策性金融债、央行票据,以及其他经过批准允许上市交易的各种债券。

从我国证券市场的三大组成部分看,市场参与主体的区别如下:

债券市场	参与主体
银行间债券市场	个人、机构投资者(包括商业银行)
证券交易所债券市场	个人、机构投资者(商业银行除外)
银行柜台债券市场	在商业银行开户的个人、机构投资者

27. 债券的风险在哪里

任何行为都有风险,购买债券也不例外。当然,每个人对风险的理解和承受能力是不一样的。许多人认为风险就是赔钱,不赔钱就没有风险、要赔钱风险就来了。其实不然。风险不仅包括赔钱,同样也包括产品价格的波动(价格波动中同样蕴含着赚钱机会)。

债券之所以受人欢迎,就是因为迎合了绝大多数人厌恶风险的性格特征;喜欢冒险的只是极少数人,所以他们才会被称为"冒险家"。

具体到债券来说,其风险主要集中在以下几方面:

利率风险

债券的利率风险是指,虽然债券票面上标注的利率不会有任何变动,可是因为债券本身是有价格的,而债券价格的变动必定会"倒轧"债券的利率发生实质性变动。如果债券持有人坚持要等债券到期收回本金和利息,这种交易价格变动对他来说就毫无意义;可是对于在债券到期之前买卖债券的人来说,就存在着债券的利率风险了。

债券的这种价格波动,与股票价格波动是类似的,这背后的影响因素非常复杂。据说在国内外的大学金融系硕士研究生课程中,至少要花一个月时间才能讲清楚这个问题。

这里只提醒你掌握一点:当市场利率上升的时候,债券的价格是下跌的;当市场利率下降的时候,债券的价格是上涨的。

顺便一提的是,同样的利率升降对不同债券的价格涨跌影响不一,专业术语叫不同债券价格的"利率敏感性"不同。

一般来说,债券的票面利率越低、到期日期越长,这种敏感性就越大,就越适合于风险承受能力强的购买者;反之亦然。

信用风险(违约风险)

债券的信用风险要容易理解一些,简单地说,就是债券到期后对方会不会按照原先的期限和利率不折不扣地兑现承诺。如果它到时候付不出来,你还真的拿它没办法,这种违约风险是客观存在的。

购买力风险

打个比方说,如果没有通货膨胀,债券票面上所载明的收益率就是实际收益率。可是现实生活中不可能没有通货膨胀,所以这时候债券票面上载明的收益率还要扣除通货膨胀以后,才是你实实在在到手的实际收益率。换句话就是,你的债券收益率只有高于通货膨胀率才会表明有实际收益。

不用说,通货膨胀因素是你个人无能为力的。所以,这时候你必然会追求较高的投资收益率(不仅仅是购买债券,其他理财方式也一样),从而降低这种购买力风险。当然,你在追求较高收益率的同时,也必然会带来其他投资风险,这也是很好理解的。

变现能力风险

意思是说,如果你购买了这些债券后又发现其他更理想的投资机会,或者购买债券后你要把这些钱取出来派上用场,却不能在短期内以合理的价格卖出这些债券,把它变成现金,这时候你就必然会面临两种选择:要么放弃其他投资机会,要么低价抛售、损失利息。

为了避免这种风险,你在选择债券品种时要尽量挑选那些交易活跃的热门债券以便能及时脱手；或者保持一定的手持现金以备急需。

再投资风险

意思是说，当你购买了某种债券后，用定期收到的利息收入和到期偿还的本金进行再投资时，由于那时候的市场环境已经发生变化，所以这时候再投资所获得的收益率完全可能还没有一开始就投资该品种的收益率高，从而造成再投资风险。

怎么办？虽然你无法预见到将来的环境会如何发生变化，但你在购买债券时却可以通过债券期限的长短期搭配来尽力避免这一风险。

债务人的经营风险

归根到底，债券是债务人发出来的。这表明，如果债务人在经营管理中出现失误从而导致亏损，即使他信用再好，也会心有余而力不足，想还你也还不出来，最终让你蒙受损失。

有鉴于此，你在选择债券品种时，就非常有必要了解该债券的发行人背景，包括盈利和偿债能力分析；尤其是在面对收益率高、投资风险大的债券品种时，更要保持清醒的头脑。

笼统地说，信用风险从小到大的债券依次是政府债券、金融债券和企业债券。道理很简单，政府每年都有源源不断的税收用于还债，资金来源相对有保证；金融机构则具有最强的投资理财能力，能够在资本市场上呼风唤雨；而其他发债企业则必定存在着各种经营风险（想想也是，某个企业需要对外借债，本身就表明资金遇到了问题）。看看城里那些最漂亮的建筑，不是政府大楼就是银行，也就想得通了。相反，如果一家亏损企业要对外发行债券，难度就会大许多。

总体来看，债券的这种风险很难精确衡量，所以聪明人才想出了另一个办法，那就是对债券进行评级，供债券购买者参考。

28. 什么是可转换债券

所谓可转换债券，其全称为可转换公司债券，简称可转债，是指这种债券在特定的时期内，可以按照某个固定的比例转换成该公司的普通股股票。在转股之前它是债券，转股之后它就摇身一变成了股票，接下来便可以享受公司的红利分配。

正因如此，可转换债券是有转股价格的，否则又怎么去变成股票呢？在约定的期限到期后，可以随时将可转换债券按照转股价格转换成股票，当然也可以不转为股票，从而永远保持债券的身份，等待到期后收回本息。由此容易看出，这种债券属于债券和股票的混合型筹资和理财方式，具有债务和权益的双重属性。

可以想见，由于可转换债券将来有可能会转成普通股股票，所以这种债券的利息通常会比不可转换债券低一些。发行企业之所以要发行这种股票，主要就是在转换之前可以以更低的成本来融资，而在将来转换成功后又可以节省股票发行成本。而对于债权人来说，购买这种债券具有一项突出优点，那就是在享受固定收益的同时，一旦转股成功，还能享受到股票升值的好处，这是不可转换债券不具备的。

需要注意的是，并不是所有企业都可以发行可转换债券。根据我国《公司法》规定，发行可转换债券应由国务院证券管理部门批准，并且同时具备发行公司债券和发行股票的双重条件才行。

29. 债券与股票有什么不同

债券和股票在许多方面有很大的区别：

从发行主体看，发行股票的必须是股份制企业；可是，发行债券的主体就要广泛得多,除了企业(不一定非得是股份制企业)还可以是政府、公共团体。

从收益稳定性看,债券在购买之前的收益(利率)就已经确定了,到期可以获得固定利息,与债务人的经营状况无关;而股票在购买之前是无法确定股息收益率的,公司经营不佳完全有可能不分红。

从保本能力看,债券到期后不但可以收回本金,而且要连本带利。而股票不存在到期一说,只有当公司破产时,才算真正的"到期",而这时候究竟能收回多少本金,则要看有多少剩余资产。

从经济利益关系看,债券表示的是对公司的债权,不参与公司经营管理;而股票表示的是对该公司拥有的一种所有权,当然是要参与公司经营管理的。

从投资风险看,债券与股票相比,交易频率低、价格变动幅度小,因而投资风险也小(当然反过来也可以说,股票价格的暴涨暴跌对投资者的吸引力也大,因为他们有可能获得暴利收入,所以,买卖股票的人更多)。

从企业角度看,企业发行债券的利息是在所得税前列支的,而股票的股息分配是从所得税后的净收益中开支的,这是企业究竟选择发行股票还是债券时最看重的地方。

30. 债券与基金有什么不同

债券到期后,债权人有权无条件地获得本息;而基金,尤其是我们通常所说的证券投资基金(包括债券基金),可以交易、转让,却没有固定利息,也不保证一定有红可分,更没有人能确保你包赚不赔。

具体地说,这里要讨论的基金是债券基金,是一种以债券为投资对象的证券投资基金。换句话说是,这种债券基金的本质依然是基金,只不过它投资的主要是债券而已。本书前面已指出,债券是有价格的,也是可以流通的,这就为债券作为投资对象创造了良好的条件。无论个人还是团体都是可以自由买卖债券基金的。

债券基金的资金来自众多投资者。债券基金通过对债券进行组合投资,从而实现较高并且比较稳定的收益来回报给基金投资者。

31. 债券与信托有什么不同

信托是指信用委托,说穿了就是我们平常所说的受人之托,在全球各国并没有完全统一的定义。从中也容易看出,信托可以简单地理解为基于信任而发生的"代人管理财物"行为。当然,这种行为一旦上升到"信托"高度,也就成了一种法律行为。

债券与信托的不同主要体现在以下几方面:

一是基础法律关系不同

债券的基础法律关系是债权债务关系,"欠债还钱,天经地义",追求的是"保本保息";而信托的基础法律关系是信托关系,它更强调"风险自负",谁也不能保证"本息不受损失"。

二是载体不同

具体地说是,债券的主要载体是标准化、无纸化的电子证券,而信托则必须有书面信托合同。

三是发行渠道不同

目前债券的主要发行方式是公开募集,并且没有最低投资金额和份数的限制;而信托产品按规定应当采取私募发行方式,最低投资金额不低于人民币 5 万元,一般的信托产品份数不得超过 200 份。

四是流动性不同

债券具有标准化、无纸化的特征,所以可在公开证券市场上随时转让,也可以在商业银行作抵押;而信托的载体是纸质合同,应该按照《合同法》的规定来进行,流动性当然就要差得多。并且,一般商业银行是不接受信托抵押或质押的。

第四课
民间借贷

民间借贷比较容易产生纠纷,但它仍不失是一种合理而实用的理财方式,能对调剂资金余缺、合理安排生产和生活能起到积极的作用。避免纠纷的主要措施是知法、守法。

32. 什么是民间借贷

所谓民间借贷,是指个人与个人之间、个人与企业(非金融企业)之间的借贷关系。说得更通俗一点就是,双方至少有一方是个人的借贷关系,或者不通过金融中介的借贷关系。

民间借贷包括狭义概念和广义概念两种。狭义概念是指个人之间借贷货币或其他有价证券的行为;广义概念还包括个人与企业之间借贷货币或其他有价证券的行为。在现实生活中,如果没有特别说明,一般是指狭义概念,即个人与个人之间的借贷关系。

民间借贷属于直接融资渠道(相比而言,银行信贷则属于间接融资渠道),因为不通过银行中介,所以具有以下特点:

灵活

这主要是指双方可以随时随地签订借款协议,不必像银行贷款那样受许多条条框框的限制。当然,为了确保出借人利益,还是建议尽量要有抵押、公证或担保,这样的借贷关系更安全、更有保证。

简便

这主要是指手续简便,简单地说只要双方认可就行,不必像银行贷款那样提供许许多多的资料。

快速

主要是指到账速度快。双方一旦达成协议,当时就可以把钱打到账上,一般最长也不会超过三天;而银行贷款超过一星期是很常见的。

收益率高

这包含三层含义:一是民间借贷资金的流向,一般总是瞄准那些效益好的企业和收益率高的投资项目,所以利息收益也高;二是由于撇开了银行中介,所以银行所收的手续费部分就省掉了,借贷双方都能从中受益;三是民间借贷因为没有银行中介把关,所以放贷风险也高,为此收取的贷款利率也应该水涨船高,甚至要高出好几倍,这样从出借人角度看,贷款收益会成倍增长。

顺便说句题外话:民间借贷关系成立的前提是实际借贷物的支付。举例说,如果你的借贷合同上载明你借了10万元给对方,就真的要有10万元的钱款交付行为,否则,这种借贷关系在法律上是无效的。

33. 民间借贷合法吗

民间借贷当然是合法的。只要这种借贷关系是双方当事人真实意思的表达,法律上就认为是有效的;与此同时,因为借贷关系而产生的抵押,也是同样有效的。

根据最高人民法院《关于如何确认公民与企业之间借贷行为效力问题的批复》(法释〔1999〕3号),公民与非金融企业(以下简称企业)之间的借贷属于民间借贷,只要双方当事人意思表示真实就可以认定有效,只有以下情形是无效的:①企业以借贷名义向职工非法集资;②企业以借贷名义非法向社会集资;③企业以借贷名义向社会公众发放贷款;④其他违反法律、行政法规的行为。

从中进行推导,合法的民间借贷应该符合以下条件(也只有合法的借贷关系才受法律保护):

合法的借贷关系和用途

当对方向你提出借款要求时,你在考虑对方信用和偿还能力的同时,务必问清楚这借款是干什么用的,然后才能决定借与不借。

说穿了就是,如果你明知对方借钱是用于赌博、诈骗、买卖毒品、走私、贩卖枪支等违法行为的,这种违法借贷关系就不受法律保护。将来不但没有债权(无权索债),还要受到民事制裁和行政制裁,甚至被追究刑事责任(坐牢),你这又是何必呢!

合法的书面协议

合法的书面协议,包含两层含义:

一是必须签订书面协议,否则也就谈不上书面协议的合法与不合法了。指出这一点很重要,因为民间借贷大多发生在亲朋好友之间,至少也是熟人之间,陌生人你是不会借钱给他的。所以,这就不能仅仅是出于信任或碍于情面、仅仅是口头说了算。否则，将来一旦发生纠纷就空口无凭了，即使向法院起诉，你也会因为拿不出证据来而败诉的，甚至法院根本就不受理你这种诉讼。

你借了钱给对方，要求和对方签订借款协议理所当然，没必要感到难为情；对方更不该拒绝，否则就要重新考虑是不是要借给对方了。

要知道，借钱时双方都是朋友，至少不反感，否则你也不会借钱给对方（胁迫除外）；可是一旦闹起矛盾来，就可能会完全"六亲不认"。所以，应当"先小人、后君子"才是。

二是书面协议应当是双方在平等、自愿、真实基础上签订的。如果一方以欺诈、胁迫等手段，或者乘人之危，使得对方在违背真实意愿的情况下形成借贷关系、签订借贷合同，这在法律上是无效的。

提前还款要说清

这是因为，人人都知道"借钱不还"是违约行为，可是殊不知"提前还钱"也是违约行为。其法律依据是《合同法》第208条："借款人提前偿还借款的，除当事人另有约定的以外，应当按照实际借款期间计算利息。"也就是说，如果没有特别说明，本来对方说好借款期限是一年的，现在一个月就还给你了，他只要付一个月的利息就行。这样就不但减少了你的利息收入，而且还打乱了你的资金使用计划。

正因如此，为了便于甄别对方的提前还款是否违约，就需要在合同中加以注明。根据法律规定，如果不注明是否可以提前还款，那么对方如果要提前还款并因此少付利息，是合法的，这样也就侵占了你出借人的利益。而如果在合同中注明了这一条，就没有歧义了。

利息与本金要分开

《合同法》第 200 条规定,出借人在提供借款时不得预先将利息从本金中扣除。也就是说,如果你借给对方 10 万元,约定借款期限是 1 年,年利率为 10%,那么你现在就应该给对方 10 万元,借款到期后对方还给你 10 万元本金,另加 1 万元利息;如果你现在就要扣掉 1 万元利息,只付给对方 9 万元,是违法的。如果对方也同意你这样做(实际只拿 9 万元),到时候只需付 9 000 元而不是 1 万元利息。如果你非要对方按照你的意思归还 1 万元利息,那你就违法了。

34. 民间借贷的利息标准

民间借贷常用"×分利"来表示利率水平。例如"1 分利"通常是指月利率是 1%,也就是年利率 12%。

根据《合同法》第 121 条规定,个人之间的借款合同可以约定支付利息标准,但不得违反国家有关限制借款利率的规定。第 211 条规定,对支付利息没有约定或约定不明的,视为不支付利息。

那么,国家有关限制借款利率的规定是什么呢?最高人民法院《关于人民法院审理借贷案件的若干意见》中明确指出,民间借贷的利率可以适当高于银行利率,但最高不得超过银行同类贷款利率的 4 倍(包括本数)。

举例说,目前 6 个月至 1 年(含 1 年)期的银行贷款年利率是 6%,那么,民间借贷一年期的年利率最高就只能是 24%;超过这个标准就叫"高利贷",而高利贷是不受法律保护的。① 年利率只要不超过24%,具体确定是多少,是有偿还是无偿,双方都可以协商。因为法律规定民间借贷可以有偿也可以无偿,所以,一切都要以借款合同为准。如果合同中没有约定,或者约定不明,就作为无息借贷来处理了。

但要注意的是,即使是无息借贷,如果发生了借款逾期不还的情形,出借人仍然是可以要求借款人支付借款利息的。只不过,这时候的借款利息要从借款期满后开始算起;也就是说,原来双方约定的无息借贷依然有效,有息借贷只能从借款逾期开始算起。这时候的贷款利率,同样参考同期银行贷款利率4倍以内的标准约定;无法达成约定的,按同期银行贷款利率(1倍)计息。

怎样来理解民间借贷的利率"最高不得超过银行同类贷款利率的4倍"呢?这里有两层含义:一是只要不超过这个利率上限,双方商定的利率标准就是合法有效的;二是如果超出这个上限,超出部分不受法律保护。这种"超过部分不受法律保护"又有两层含义:一是法律不保护出借人收取这么高的利息;二是法律也同样不保护借款人在付出这么多的利息后再要求返回多付的部分。

换句话说就是,当借款人还没有付出这么高的利率时,这时候寻求法律保护是有用的;可是如果你已经付出了这么高的利息,回过头来再寻求"法律保护",要求出借人返回自己这部分多付(超过"4倍"以上)的利息,法律也同样不会"保护"你的这种权利。

所以,实践中就有这样的案例:双方签订合同时,借款人急于想拿到钱,所以开出很高的利率标准(超过同期银行贷款利率的4倍);可是在债务到期后自己也按这个标准付息了,却向出借人提出,要求退还给自己超出"4倍"部分的利息。表面理由是"这是违法的",其实质当然是想减轻一些利息负担。遇到这种情况,法院一般不支持这种诉讼,而是把它看作是"赠与"性质——即使利率超出了

---

① 法律对高利贷的处罚是:首先认定合同无效,然后可以没收全部或部分本息,情节严重的还可以处以一定罚款,但一般不会判刑。

上限标准,但如果借款人是愿意的,法律也是睁一只眼闭一只眼。

至于民间借贷的利息计算是单利还是复利,过去的规定是不得约定复利(利滚利),但目前各地已经放宽到可以约定复利,只不过采取复利计息后的利率同样不能超过同期银行贷款利率标准的4倍。

35. 民间借贷怎样签合同

根据最高人民法院《关于人民法院审理借贷案件的若干意见》第4条规定,法院在审查借贷案件时,应当要求原告提供书面证据;没有书面证据的,应当提供必要的事实证据,否则不予受理。

由此可见,民间借贷订立书面合同不但有必要,而且很关键。

从现实中看,民间借贷通常以借据代替合同,这没什么不对,但问题在于借据过于简单,一旦遇到纠纷容易说不清,所以还是建议双方尽量签订正式的借款合同为好。借款合同的规范格式如下:

个人借款合同

甲方(借款人):_____(姓名)身份证号码_____
乙方(出借人):_____(姓名)身份证号码_____
丙方(担保人):_____(姓名)身份证号码_____

甲乙双方在自愿、平等基础上就下列事项达成一致,订立个人借款合同如下:

第一条 借款约定

(一)乙方借给甲方人民币(大写)_____。
(二)本合同借款用于_____。
(三)本合同借款月利率为____‰,利随本清,不得提前归还。
(四)本合同借款期限为____月,自____年____月____日起,至____年____月____日止。
(五)甲方选择的还款方式为_____。
(六)本合同借款的担保方式为个人无限连带保证反担保(见第二条"保证条款"。

（七）本合同自签订之日起生效，一式三份，甲、乙、丙方各执一份。

第二条 保证条款

（一）担保方式：本合同的保证方式为连带责任保证。

（二）担保范围：

1. 本合同项下的借款本金、利息（含复利）、罚息；

2. 违约金、赔偿金、补偿金；

3. 为实现债权和质权所支付的费用（包括但不限于因违约方发生的律师费）。

（三）担保人担保责任的担保期限自本合同生效之日起，至本合同项下债务履行期限届满之日起两年。

（四）在借款期内，担保人如发生被宣告破产、被依法撤销、解散、资不抵债、失踪等丧失担保资格和能力的情形，担保人应及时通知乙方，甲方应提供新的担保。

（五）本合同项下担保人的一切义务均具有连续性，对其合法继承人具有完全的约束力。

第三条 违约责任

一、发生下列情况之一即构成违约：

1. 甲方改变借款用途；

2. 甲方违背本合同约定，逾期或未按约定金额归还借款本息；

3. 担保人违反合同条款或丧失担保能力，甲方未能提供符合乙方要求的担保；

4. 甲方或担保人其他可能影响归还乙方借款的行为。

二、发生违约情形时，乙方有权采取以下措施：

1. 按中国人民银行同期贷款利率计收罚息和复利；

2. 要求甲方立即提前偿还部分或全部借款，或以合法程序处分本合同项下的抵（质）押物，或要求担保人履行担保责任；

3. 法律允许的其他措施。

第四条 纠纷的解决

本合同履行中如发生争议，由各方协商解决；协商不成，向_____法院（乙方户口所在地法院）提起诉讼。

甲方（签字）：_____

乙方（签字）：_____

丙方（签字）：_____

合同签订日期：____年___月___日

36. 借条和欠条一样吗

在民间借贷中,借条或欠条扮演着重要角色,有时甚至是唯一证据。但要注意的是,借条和欠条虽然只有一字之差,可是法律关系是截然不同的。搞清楚这一点,会有助于保护自己的合法权益。

这里着重指出其中的两点:

一是法律性质和关系不同

借条,毫无疑问就证明了双方存在着债权债务关系;并且,这种借贷关系的基础是借贷。而欠条呢,虽然也能证明债权债务关系,却不能证明这种借贷关系的基础是什么,即是什么原因导致借钱的。

通俗地说就是:借条表示的一定是借款;欠条的背后却不一定是借款,一旦打起官司来,遇到债务人或担保人抗辩,法庭又觉得合理,就可能会不再按照民间借贷案件来审理。

二是诉讼期限和法律效果不同

打官司是有诉讼时效的,从知晓自己的权利起两年为限。可是如果借条或欠条上没有约定还款期限,这方面的算法就不同了。

出借人在对借条提起诉讼时,诉讼期限是从借款人履行义务的宽限期满之日开始计算的。也就是说,借条上如果没有写还款期限,借款人并非马上就得还款给你,是可以有宽限期限的。可是欠条的诉讼期限,却是从出具欠条的第二天开始计算的(名为欠条、实为借条的按借条处理)。有道是"欠债还钱、天经地义",所以既然欠条名为"欠",当然就已经明确是要归还的,这样就很容易导致诉讼时效过期。

37. 民间借贷怎样预防纠纷

民间借贷的纠纷主要发生在到期归还时，只有少部分纠纷是关于利息的。所以，预防纠纷也主要是从这两方面做起：

着重考察信用和还贷能力

到期归还的风险根源主要有两个：一是信用，二是偿还能力。信用不佳，即使有钱也不肯归还，风险显而易见；信用虽然不错，可是他账上就是没钱，结果形成"千年不赖、万年不还"，结果也是零。所以，要想降低借贷风险，必须同时考察这两大因素。

从信用方面看，主要考察对方的信用分数和信用等级。信用分数的范围从 0 至 100，主要包括个人信息、个人财物信息、个人信用行为记录、其他相关行为记录（如犯罪记录等）。信用分数对应的是信用等级。不用说，把钱借给信用分数和信用等级高的人，风险较小。

从偿还能力看，主要是看对方的负债率（即所借债务总额占资产总额的比率）高低。举例说，如果某企业的总资产只有 100 万元，可是它在外面所借的债务总额却高达 86 万元，就说它的负债率是 86%，这样的负债率是很高的。

不用说，负债率越高，你的借款风险就越大。举例说，如果对方的负债率是 100%，就表明他自己实际上一分钱都没有，全靠借来的钱在做生意，那你借钱给他风险就大了——他如果赚不到钱，又拿什么来还给你呢？恐怕连利息都拿不出来。

一般认为，从出借人的角度看，借款人的负债率当然是越低越好。负债率越低，表明他的偿债能力越强。当然，如果是从企业角度看，负债率在 50% 时较好，此时的还债风险并不大；如果负债率太低，例如只有 10%，实际上表明这种企业经营过于保守、缺乏进取精神。

另外就是,偿还能力可以从营业利润率的高低上看出来。也就是说,如果该企业借了你的这些钱用于生产经营,所赚的毛利率高于债务成本(借款利率),表明这种借款对它来说是合算的,至少偿还借款利息应该不成问题;相反,如果这些债务所赚的钱连支付债务利息也不够,这时候你的借贷风险就大了。

注意诉讼时效

关于借贷利息的纠纷,常常发生在借款逾期或快要逾期时。借款尚未到期时因为不用归还利息,所以这个问题并不突出。主要的纠纷表现在,借款人为了少付利息而迁怒原来的利率标准过高;而这时对于出借人来说,要特别注意诉讼时效,否则就会变主动为被动。

《合同法》第207条规定:"借款人未按照约定的期限返还借款的,应当按照约定或者国家有关规定支付逾期利息。"如果借款期限已到,经过出借人催要仍然没有偿还借款的,出借人可以依法向法院提起诉讼。

这时候特别要注意的是两年的诉讼时效。《民法通则》第135条规定,"向人民法院请求保护民事权利的诉讼时效期限为两年",如果诉讼时效超过两年,法院是不会受理的。

有人说:"我眼看诉讼时效就快要到了怎么办?"很简单,出借人可以在这时候让借款人写下还款计划,这样就把诉讼时效给掐断了;也就是说,新的诉讼时效是从这时候开始重新计算的。

也有的协议上并没有写明还款日期,这时候就适用最长的诉讼时效了。也就是说,这时候的诉讼时效是20年。

第五课
质押、抵押与按揭

质押、抵押与按揭,都是企业最常见的融资方式。可是殊不知,这些同样也是家庭或个人临时调度资金、合理安排开支、解决长期资金周转困难的一大法宝,非常值得关注。

38. 什么叫质押

所谓质押,也叫质权,是指你(出质人)把自己的动产或权利(质物)交给别人(质权人)占有,用你的这种动产或权利作为债权担保;如果你将来无法归还债务,对方就有权把你的这种动产或权利对外进行出售,用所得款项优先清偿你的债务。

不用说,这时候因为你有东西"押"在对方手里,你要想得到活钱用于周转、合理安排生活和生产,当然就要方便得多了。

这种用于质押的质物,主要有两类:一是动产;二是权利,如股票、商标专用权、专利权、著作权中的财产权、提货单等。

需要注意的是,用权利来进行质押往往需要到登记机关变更登记,所以这种质押合同的有效期应当从办理出质登记生效后开始算起。

举例来说,如果你用某项发明专利向对方进行融资,质押合同是 4 月 17 日签订的,可是由于这种发明专利的出押需要向管理机关进行登记,具体地是指要到位于北京的国家知识产权局去办理(为了减少周折、缩短时间,也可以去你当地相关机构去办理评估、质押手续)。如果办妥评估、质押手续的时间是 5 月 12 日,那么这份质押合同的有效期就应当从 5 月 12 日开始算起;因为在此之前,你的这项发明专利虽然已经由你同意质押给对方,可对方依然是不能派上任何用场的。

39. 什么是质押有效期

质押需要由双方签订书面合同来确认,口头质押没什么实质意义。而质押有效期,就是质押合同上载明的质押日期,并不是质物的风险转移时间。

举例来说:如果你要把一批货物押在对方那里,从而换取现金,这时候的质押从什么时候开始算起呢?现行法律规定,应当以双方签订的合同上的承诺日期为准,而不是看你这批货物具体什么时候搬到对方那里去。只要合同上载明这些货物从现在起就质押给对方了,货物搬不搬、什么时候搬走,从法律角度看是不重要的;因为无论它在哪里,它的占有权都已经是对方而不是你的了。

上面提到,这种用于质押的质物既可以是动产也可以是权利,所以,讨论质押有效期也应当区别这两种情形。

动产的质押有效期

动产的质押有效期就是它的保质期或使用寿命。

动产当然是能够移动的,并且不会因为这种移动而损害其物质效用。也就是说,不会因为东西从我这里搬到你那里,这件东西就被搞坏了;否则,这对双方来说都是不利的,对方也不会答应要你这种已经损坏了的东西。

在这种情况下,如果这件东西质押在对方那里,质押期间由于对方保管不善而受到损坏,甚至发生被偷被盗、水灾火灾等造成损失,你就必然会要求对方承担民事责任,这是很好理解的。

随之而来的是,如果这件东西质押在对方那里,一方(无论是你还是对方)预见到将来会发生损坏或灭失,这时候双方就都有权提出预案。也就是说,这时候你可以要求对方提前把东西归还给你,否则,就可能会造成损坏了;当然,与此同时,你也应当提前归还对方的债务。而对于对方来说,对方如果预见到这件东西将会发生损失或灭失,同样也会要求你提前把东西领回,同时要求你提供新的担保,否则,对方就有权提前拍卖这些东西,以确保它的债务能及时得到清偿。毕竟,趁这些东西现在没有发生损失时还能变几个钱;一旦将来损坏了,双方就可能会因此纠缠不清,彼此都会造成损失。

权利的质押有效期

权利的质押有效期,主要依据是权利本身的有效期。

权利虽然也会发生损失或灭失,例如质押给对方的提货单被偷等,但这种情形不是最主要的;更主要的是权利本身的有效期,在这里就是这张提货单在什么情况下是可以提到货物的、什么情况下是提不到货物的。能提到相应的货物,就表明这张提货单是有效的。

这里要特别注意的是,权利的有效期和质押合同上载明的兑现日期往往是不一样的,具体地说,无非是这样三种情况:

一是权利有效期早于合同上载明的债务履行期。不用说,由于在归还债务之前权利有效期已到,所以这时候应当在权利有效期到期时就兑现承诺或提货,用它来偿还债务。为此,双方在签订合同时要对此加以明确。

二是两者时间一致,这时候的处理方式是一样的。

三是权利有效期迟于合同上载明的债务履行期,也就是说在你需要偿还债务时,这时候的权利有效期还没到期,所以你不能用这种权利来变成现金归还对方债务。应该说,这才是一种相对纯粹的质押。

40. 究竟向谁质押

当你需要进行家庭理财规划时,向谁来进行质押呢?在过去,质押通常是以典当的形式典当给典当行,而最近几年来已经发展到各种担保公司乃至银行也都开始从事这项业务。

举例来说,如果一家企业要去银行申请贷款,用房产证、银行存单等进行质押,肯定是可以的;可是如果要想用汽车、家用电器等动产作质押,银行过去一般都会拒之门外。为什么呢?因为汽车、家用电器、金银首饰等东西,不但不容易存放和保管(万一在保管期间被偷、损坏就说不清了),而且其实际价值很难鉴定,并且贬值速度快。所以,在没有开设动产质押贷款业务的银行,你很难如愿以偿。

你在具体办理质押贷款时,质押对象除了典当行之外,还可以考虑银行和各家担保公司。

这里主要是注意两点:一是向各银行和担保机构咨询是否已经开办动产质押贷款业务;二是考察对方的正规性和知名度,因为这会直接关系到它们的操作规范度和信誉度。

41. 什么叫抵押

所谓抵押,通俗地说,就是你用一定的东西押在对方手里,从而取得对方的融通资金,解决眼下的困难。等到贷款到期时,如果你能如数归还所欠贷款,这些抵押品仍然回归你所有;否则,对方就有权处理这些抵押物品,用所得款项优先清偿你的债务。

42. 质押和抵押有什么区别

质押和抵押是最常见的两种担保形式，很容易被人混为一谈。它们的主要区别是，质押需要实施转移占有，抵押可以不转移占有。所以，用于质押的只能是动产或可以转让的权利；不动产因为无法转移占有，所以谈不上质押，而只能是抵押。

正因如此，质押可以分为动产质押和权利质押两种。因为不动产不能质押，所以像房产这样的不动产显然不适合质押，因为谁也无法把房产移动地方（移动到对方质权人那里）。相反，抵押并不需要转移对特定财产的占有；换句话说就是，房产这种不动产只能用于抵押而不是质押，否则签订的这种质押合同在法律上是无效的。

43. 什么叫按揭

所谓按揭，通俗地说，就是用资产作为还款保证来获取资金，然后根据还款合同，分期归还贷款本息；等到贷款全部还清之后，对方再把这些抵押物归还给你。

以最常见的住房按揭贷款为例。简单地说就是，你在购买该住房时，就把该房产的产权抵押给银行，同时从银行取得贷款，来用于买房，弥补买房资金的不足。在你的购房贷款尚未还清之前，该房产的所有权虽然是你的，但却已经抵押给了银行，所以你是无法单独处置该房产的；相反，如果你无法归还银行贷款，银行就有权按照约定来拍卖你这套房产，优先用于归还你欠银行的贷款。

银行之所以能这样做，是因为你的房产产权按揭在它那里了。只有当你按照约定全部还清银行贷款后，银行才会重新把这套房屋的产权转到你手中。这时候的你，才拥有该房产的完全产权。

通俗地说就是，买房者通过分期付款方式虽然取得了商品房的所有权,但在分期付款阶段,购房者是需要把房产所有权"按"在银行那里的;只有等到贷款全部还清后,房产所有权才能"揭"(取)到你的手中。

一般程序是:首先由购房者与开发商签订买房合同,预付部分购房款(首付款),然后或同时由买房者根据该合同与银行签订按揭合同,即剩下的购房款由银行代你付给开发商。这样,你和开发商之间就没有资金往来了,只剩下你欠银行的钱。你只需要根据合同约定,每月归还银行的按揭款,直到贷款本息全部还清,按揭过程宣告结束。

按揭的名词在西方两大法系中都有,但有不小的区别。

在西方大陆法系中,按揭主要是指不动产抵押,是相对于质押而言的。以住房按揭为例,这时候虽然住房已经按揭给银行了,可是并不影响你对该房产的实际占有、使用和对外出租,只不过你不能进行再抵押罢了。因为这时候的房产证上已有变更登记记录,你是不能重复进行变更登记的。可是在西方英美法系中,按揭则比较复杂,通常认为这种按揭房产更应当兼顾债权人和债务人双方的权利,所以借款人同时拥有赎回权。不仅如此,按揭范围除了房产还包括土地所有权。

一般认为,我国的住房按揭制度与英美法系相近,只不过我国土地归国家所有,所以按揭对象只限于房产,是不包括土地所有权的。

44. 买房按揭要注意些什么

按揭在日常生活中最常见的是买房按揭,也就是通常所说的贷款买房。在办理贷款买房时,最重要的是注意以下"七要""七不要"。①

---

① 孙卫东、甘智漪:《个人购房该如何贷款?按揭专家透露七要、七不要》,载《上海证券报》,2001 年 6 月 17 日。

七要

一是申请贷款的额度要量力而行,尤其是要对自己和家庭未来的收入与支出情况做客观的预测和分析,并且留有余地。

二是要精心选择贷款银行,如果可以自己选择的话。之所以这样说,是因为一般而言,如果你购买的是期房,房产公司会限定你只能从某家银行按揭贷款,而该银行必定是该房产公司的贷款银行。只有当你购买现房或二手房时,才可能被允许自行选择贷款银行。不用说,由于自行选择可以货比三家,享受到的优惠条件可能会更多。

三是要选择最合适的还款方式。目前最基本的按揭还贷方式有两种:一是等额还款,二是等额本金还款。等额还款,由于每个月的还款金额相同,所以比较适合预计将来收入会增加的情形;等额本金还款,由于每个月归还的本金是相同的,但由于本金越来越少,随之而来的是根据本金逐日计算的利息也会越来越少,所以总的还款额度是逐步减少的,这就比较适合于预计将来收入不会增加太多甚至会减少的情形。这两种还款方式一旦在合同中确定,在整个还款期内就不能变更,所以要慎重选择。

四是向银行提供的资料要真实可靠。如果弄虚作假,最常见的是为了得到按揭贷款而夸大月收入,到时候没有足够能力还贷,倒霉的还是你自己;更不用说,一旦这种弄虚作假被银行查实,会连累到你的整个信用,导致在其他方面也会寸步难行。

五是提供给银行的联系方式如电话、住址等要准确无误。尤其是当联系方式发生变动后,一定要及时告知银行,否则有可能会因为银行无法联系到你,给你带来不必要的麻烦。

六是在确定产权人时要考虑到将来的退税问题。根据相关规定,购买商品房的个人是可以享受个人所得税计征税基抵扣的,但抵扣对象只限于房产证上列举姓名的房屋产权人。也就是说,你在确定房产证上写谁的名字时,有必要考虑每个家庭成员将来是不是要退税。

七是每个月要按时还款,避免产生罚息。一旦与银行签订按揭贷款合同,就要在一个月内将首笔还款足额存入指定账户供银行扣款,并且从此之后银行每个月都会在约定日进行自动扣款。所以,要及时注意还款账户上是否有足额资金,防止因为疏忽而产生罚息,甚至被银行告上法庭。

七不要

一是不要在申请贷款前就动用住房公积金。否则,当你公积金账户上的余额为0时,也就意味着你无法申请公积金贷款了。

二是在借款的第一年内不要提前还贷。这主要是住房公积金贷款规定,部分提前还贷应在还贷满一年后才能实行;同时,提前还贷的金额应当超过六个月的还款额。

三是当你还贷有困难时不要硬撑。你可以与银行协商是否能延长贷款期限,只要你过去没有拖欠过贷款本息,银行是愿意受理你的延期申请的。归根到底,银行也不愿意看到你还不出贷款的情形,它要的是利息,同样不希望你违约。不过要注意的是,在整个还款期内你的这种变更机会只有一次。

四是在取得房产证后不要忘记退税。正如前面所说,凡是姓名写在房产证上的家庭成员,都可以在签订买房合同、支付房款后办理个人所得税税基抵扣申请,在办妥房产证后六个月内办理退税手续。

五是在你还没有还清贷款本息之前,如果你的房产要对外出租,不要忘记在租赁合同中载明该房屋已经抵押的事实,这是你的义务。

六是在按揭贷款还清后不要忘记撤销抵押。正确的做法是,应当在还清全部贷款本息后,持银行的贷款结清证明和抵押物房地产权利证明,前往房地产交易中心撤销抵押。

七是不要遗失按揭贷款合同和借据。要认真阅读合同中的相关条款,了解自己究竟有哪些权利和义务。这些贷款合同和借据都是重要的法律文件,借款期限最长可达 30 年。

45. 按揭与质押有什么不同

按揭与质押的区别主要体现在以下两方面:

一是权利标的范围不同

按揭的权利标的范围可以是动产,也可以是不动产;而质押在我国只能是动产质押和权利质押,不包括不动产质押。

二是两者权利实现的方式不同

在按揭中,如果你不履行义务,也就是说到期你无法还清本息,通常的做法是房产开发商以原价 70% 左右的价格回购你的房屋,代你用于清偿银行债务。当有人出价高于房屋原价 70% 时,则优先考虑由该人购买。可是在质押中,如果你不履行义务,即到期无法还清本息,折价清偿价格是根据双方签订的协议来执行的;只有协议不成时,对方才会直接拍卖该质物。

46. 按揭与抵押有什么不同

按揭在英文里就是"抵押"的意思,是英文"抵押"(mortgage)的粤语音译。从这一点上看,按揭和抵押的意思差不多。

按揭这种做法自从 20 世纪 90 年代从香港引入我国内地后,首先在深圳建设银行试行于房地产市场,然后在国内大面积铺开,其含义也逐渐演化成"抵押贷款",完整名称是"个人购置商品房抵押贷款"。

而在香港回归之前,按揭的概念在香港有广义和狭义两种。广义的按揭包括所有形式的质押和抵押,而狭义概念仅指房地产按揭贷款。在我国,虽然按揭住房贷款在现行立法中找不到,但实际上是承认抵押贷款就是按揭贷款的。

不过,按揭与抵押并不是完全相同的两个概念。简单地说是,按揭贷款一定是抵押贷款,但抵押贷款并非一定都是按揭贷款。具体到我国,主要有以下区别:

一是生效条件不同

对于按揭来说,如果按揭的是现房,那么必须将房产证交给银行保管;如果按揭的是期房,必须把《商品房预售合同》交给银行保管。但无论现房还是期房,都必须向法定登记机构办理登记后才能生效。

而对于抵押来说,除非法律规定必须经过法定登记机关登记才能生效,否则,是否需要经过登记才能生效可以由双方自己商定。

二是权利依据不同

按揭属于一般债权,也就是说,如果你将房产证或预售合同交给银行,并不表明你和银行之间就存在着直接的债权关系。通俗地说就是,你把房产证交给对方了,并不表明你就把房产所有权也交给银行了。说穿了,对于这种住房按揭,银行并没有明确要求你把房产所有权也一并移转给它,它要的只是权利的移转,表现为它帮你保管权利证书。这和房产过户是截然不同的,其实质只是不让你重新对外出售而已。

可是抵押权属于物权,也就是说,这种抵押是实实在在地把自己的房产抵押给了对方,来作为履行债务的保证。

三是标的物不同

举例来说,按揭的可以是现房也可以是期房;可是,能够用于抵押的却只能是现房,不可能是期房。

47. 按揭与让与担保有什么不同

按揭与让与担保的不同,主要表现在所有权转移方面。

按揭并不转移所有权,例如住房按揭后,房产所有权仍然是你的,银行因为并不具备这套房产的所有权,所以也就无法随便处理你的房产。

说得更具体一点就是,这时候银行对你的这套房产既不能对外出租,也无权转让,更不能用于银行对其他债务的担保。即使当你出现一时无法归还贷款的情形,银行也不能马上就处理该房产。这样做,就较好地避免了许多纠纷的产生。试想,如果银行在你一出现无法归还贷款时就上门来收房,你还不和它拼命啊?

可是担保就不同了。根据我国法律规定,担保一共有五种方式,即保证、抵押、质押、留置、定金,并且必须采取书面形式,口头担保与人格担保等不具备实质意义。而在国外,更流行的是让与担保。举例说,如果你要把这套房屋用于让与担保,就需要将房产所有权转移到债权人名下。只有当担保债务正常履行后,这套房产的所有权才会再次回到你的手中。

从发展趋势看,我国将来也会与国际接轨、积极引进让与担保制度的。但一般不会采取立法措施,而会采用司法解释的形式来确认其合法性和有效性。

容易看出,对于债务人来说,按揭的方式要优于让与担保;反过来,对于债权人来说,让与担保的方式要优于按揭。

48. 哪些东西可以用来质押或抵押

说来说去,究竟哪些东西可以用来质押或抵押呢?总体上可以这样说,凡是法律没有禁止的东西都可以质押或抵押,但最常见的还是各种存货物资(如房产、汽车、机器设备等)、有价证券、股票、提货单,以及其他各种能够证明你拥有所有权和收费权的单据。如果是企业,目前用来质押贷款的动产主要是存货、应收账款和无形资产,其中应收账款所占的比重超过60%。

推而广之,凡是符合法律规定的、具有价值和使用价值的固定资产,如房屋及其地上建筑物、交通运输工具、机器设备,以及可以流通、转让的物资和财产,都可以用来质押或抵押。

举例来说,张老板在县城开了一家汽车经销店,生意不大不小,平时也没多少余钱。眼看儿子快要结婚了,急需为儿子买一套婚房。张老板思忖,如果把全部家底掏出来买房,也不是买不起,可是这店就没法继续开了。怎么办呢?这时候他恰好看到某房产商在降价促销,如果一次性付清全部房款,可以打88折,这可是一笔10多万元的诱惑。于是他去银行咨询,最终达成协议,用汽车合格证向银行申请动产质押贷款。至此,他先前的愁眉一消而光。

具体方法是:张老板用汽车合格证向银行申请质押贷款。他每销售出去一辆汽车,就把销售款存入银行,直接用来归还银行贷款,同时换取汽车销售证。这样,什么都没耽误,就很好地解决了儿子婚房的资金来源问题。

对于张老板来说,他因为经销的是汽车,所以占用的全是厂家的资金。在某辆汽车卖出去之前,汽车合格证在谁手里并不重要。可是这对贷款给张老板的银行来说,却非同小可。贷款银行因为有这些汽车合格证押在手里,所以不用担心有任何还贷风险。因为这些汽车销售出去后,无论是去车管所办理上牌手续(上牌时车管所要收回这张合格证),还是第一次买车险(需要出具这张合格证的复印件),都是要用到它的;离开了汽车合格证,这辆汽车卖出去"也没什么用"。

值得一提的是,如果你质押或抵押的不是汽车,而是其他东西,就可能会涉及其他一系列规定。

例如:如果你以享受国家优惠政策购买的房屋作抵押,抵押金额就不得超过抵押人可以处分和受益的份额;如果是具有经营期限的企业法人以其房屋作抵押,抵押期限不得超过其经营期限;如果以具有土地使用年限的房屋作抵押,抵押期限不得超过土地使用权出让合同规定的使用年限减去已经使用年限后的剩余年限;如果以房屋作抵押,应该将房屋占用范围内的国有土地使用权也同时做抵押。

并且,按照相关规定,抵押率最高不得超过抵押物现值的70%。

另外,如果你的抵押贷款即将到期,而你又无力偿还,这时候先不要心慌意乱,首先应该想到是否可以第二次抵押,做反担保贷款。

举例来说,李老板2011年末成立了一家绿色农业公司,注册资本为150万元。为了建造塑料大棚,他至少还有90万元的资金缺口。为此,他用自己的农业生产资料作抵押,在某商业银行贷了90万元流动资金。可是半年过去后,他在归还这90万元的贷款及其利息时遇到了麻烦。说穿了就是,如果真的要还清这笔贷款,他就无力开展其他一系列生产经营活动,整个生产计划都要被打乱了。

在这种情况下,他得知有一家刚刚成立的小微企业信用担保公司,便主动与对方取得联系,看是否能得到帮助。对方在了解到具体情况后,顺利为他解决了后顾之忧。

原来,这家担保公司认为,李老板的这家公司虽然有90万元贷款,可是他这些生产资料的价值至少也有200万元,所以贷款抵押率并不高。于是,担保公司主动介绍他去另一家信用合作社贷款,取得了100万元的授信额度。由于这笔100万元的贷款由该公司为他担保,所以手续进行得很顺利。就这样,李老板用这100万元的新贷款归还了前面这家银行的90万元贷款及其利息,这样就解押了原来用作抵押的这些生产资料,反过来再被这家担保公司用于这100万元新贷款的反担保。

尤其值得一提的是,由于这次李老板得到的是100万元授信额度,也就是说,李老板可以在这100万元额度内自主确定贷款数额,要多少"拿"多少,这样就不但能比较充裕地使用后续借贷资金,还能最大限度地节约资金成本,可谓一举数得。

后来,李老板正是通过这一举措站稳了市场脚跟。要不然,近乎白手起家的他创业有多艰难,就可想而知了。

49. 抵押贷款与无抵押贷款有什么不同

对于个人和企业来说,不提供抵押仍然可以从银行取得贷款,但这对于银行来说,无疑风险就要大了许多。所以,抵押贷款和无抵押贷款在许多方面必定会有区别,这主要表现在以下几方面:

一是从贷款性质看,无抵押贷款凭的是信用,所以属于信用贷款;而抵押贷款因为有担保物,所以属于保证贷款或担保贷款。

二是从贷款利率看,无抵押贷款的利率当然要高于抵押贷款,并且还不止高出一点点,一般会达到2至3倍的差距。

三是从贷款年限看,无抵押贷款由于风险大,所以贷款年限一般较短,通常不会超过3年。而抵押贷款的年限可长可短,最多可以长达20年,这样就更便于借款人根据需要进行安排,还款压力就会小许多。

四是从贷款数额看,无抵押贷款的金额当然不会太大,它通常要根据借款人的收入、资产和负债等情况来进行综合评估;可是抵押贷款就不同了,由于贷款金额通常首先是根据抵押物价值的大小来确定的,其次才会考虑借款人的还款能力,所以贷款数额视抵押物价值而变。

五是从贷款发放时间看,无抵押贷款的审批过程比较简单,所以贷款到账时间短,一般3至5天就行;而抵押贷款因为其中有一个需要办理抵押登记的过程,所以时间长达2至3周是很常见的。

第六课
典当和贴现

典当和贴现有两大共同特点:一是"把明天的钱拿到今天来用",二是手续简单、来钱快。这就注定它们非常适合在急需资金、合理调度资金时使用,非常灵活而方便。

50. 什么是典当

所谓典当,是指把动产或财产权利押给典当行、有偿借入资金的行为。

典当的具体过程是:你在把当物质押或抵押给典当行时,需要向对方交付一定比例的费用,然后才能取得当金;而当你在约定的期限内偿还当金、付清服务费用(包括当金利息、保管费、保险费等)后,就可以赎回你的当物了。所以,适当、适时的典当能够很好地作为一种农民理财方式来运用,非常有助于合理安排家庭收支计划。

大多数读者对典当的初步了解,来自电视和影片。每当看到过去黑漆漆的大门口悬挂着一个大大的"當"字时,就知道即将有一个缺钱用的"倒霉蛋"要上门来了。为了渲染气氛,这当铺后面还必定会有一个昏暗的店堂、高高的柜台,然后坐着一位面孔冷漠而神秘的朝奉先生。这就是旧社会所称的当铺。

有了这样的先入为主,读者很自然地就会把典当与穷困潦倒、放高利贷联系在一起。如果不到万不得已,来者不会走到这一步。

其实,如果撇开典当的乘人之危之处,则完全可以把它当作一种农民理财的好方法。请想一想,在你急于用钱的时候,向银行贷款不可能贷得到,向亲朋好友借款又借不到足够的数额,正是上天缺梯、入地无门的时候,如果家里正好有值钱的东西拿去当铺,马上就能拿到钱,这岂不是两全其美的好事?

所以,典当和高利贷是完全不同的——典当是政府批准的融资渠道,规范、合法,利率和收费标准都由政府规定,签有书面合同,发生纠纷后完全可以去法院诉讼;而高利贷是非法借贷,利率确定的随意性大,发生纠纷后是不受法律保护的。

典当的最大特点是灵活方便、来钱快。灵活方便是指当物范围很广,一般来说只要是"值钱"的东西,都可以拿来典当;来钱快,则很好理解,基本上可以做到"一手交钱、一手交货",没有比它更快的了。并且,当期也很灵活(最长不超过半年)。当物既可以在当期届满之前赎回,也可以在届满到期后双方约定续当,很方便(一般来说,典当行是很乐意你续当的,只要你按期交清各期费用就行)。就连当费(包括公证费、评估费、每月当金的利息及相关服务费用),也是可以根据当期长短、当物风险大小、业务淡旺季、资金紧张情况、双方业务频率、通货膨胀因素等灵活协商的,只要不超过法律规定的最高费率标准就行。

要说典当理财的缺点,主要有三点:一是有些当物难以确定真正的价值或难以保管,如珠宝首饰、家庭轿车、水产品等,所以不一定能如愿以偿(当然,如果当金比率不高,对方还是非常乐意接受的);二是有些农民家庭如果没有什么"值钱"的东西,也就无法运用这种典当手段来理财了;三是成本较高(国家规定的典当利息是每月 3.2%,再加上其他一些服务费用,一般在每月 3.2% 至 4.0%),所以当期时间不能长,否则你就不合算了。

51. 哪些物品可用来典当

可以用来典当的东西很多，可以说"包罗万象"、"百无禁忌"。

简单地说，除了法律规定不能抵押的，一切权属清楚、所有权和使用权可以分离的"值钱的"东西，都可以通过协商进行典当，包括房产、汽车、机械设备、钢材、化工产品、古玩珠宝、各种生产资料和生活资料，有价证券（如股票、债券、股权、汇票、本票、专利权、银行存单等），甚至你手里正在使用的手机、照相机等。但目前比较热门的典当物还是房产、汽车、金银首饰等，这些对农民理财都是很有帮助的。

根据我国 2005 年 4 月 1 日起正式实施的《典当管理办法》第 27 条，不能用于典当的主要是以下财物：

一是依法被查封、扣押或者已经被采取其他保全措施的财产；

二是赃物和来源不明的物品；

三是易燃、易爆、剧毒、放射性物品及其容器；

四是管制刀具、枪支、弹药，军、警用标志，制式服装和器械；

五是国家机关公文、印章及其管理的财物；

六是国家机关核发的除物权证书以外的证照及有效身份证件；

七是当户没有所有权或者未能依法取得处分权的财产；

八是法律、法规及国家有关规定禁止流通的自然资源或者其他财物。

容易看出，可用于典当抵押物品的范围极广，这正好符合农民理财过程中资金调度的小额、短期周转性质。哪怕是只值 1 000 元、100 元的物品，也都是可以用来作为当物的。

按照规定，当物在当期内或者当期届满后最多 5 天内就必须赎回，从而解除双方的典当权利和义务。如果典当期满 5 天尚未办理赎当，这时候就叫"绝当"。也就是说，这时候典当行对你的这件物品就依法享有了处置权。通俗地说,这时候这件当物怎么处理就不是你能决定的了。

那么,典当行究竟会怎么处理呢?法律规定:绝当的当物如果当初估价在 3 万元以下,这时候典当行就有权对此进行拍卖或折价处理,盈亏自负。也就是说,这时候赚了是典当行的,亏了也是典当行的。如果当初估价超过 3 万元,这样的绝当首先要看双方事先是否有具体约定。有约定的,按照约定来处理;没有约定的,按照《担保法》规定,由典当行委托拍卖行进行公开拍卖。拍卖收入在扣除拍卖费用和当金本息以及其他费用后,盈亏由当户负责。也就是说,这时候如果有剩余,就应该付给当户;如果拍卖不足支付费用,亏空也是要由当户来补足的。

从中容易看出,如果你在典当后需要续当,最晚应当在当期届满后 5 天内与典当行协商,并且得到对方同意;如果超过 5 天,就变成了绝当,事情的性质就发生了变化。续当期限是从典当期满开始算起的,续当期限不能超过原来的当期,但可以多次续当。

52. 为什么说典当行是第二银行

典当行在社会上被称为"第二银行",具体到农民理财来说,它往往还充当着"第一银行"的作用,在"救急""救穷"方面发挥着越来越大的作用。

实际上,在我国近代银行业出现之前,典当就一直是我国民间最主要的融资、理财渠道,至今已有 1 700 多年历史。随着生活水平的提高,现在的典当方向早已从过去的"救穷"转向"救急",广泛运用在个人和企业理财中。所以,当你遇到暂时的资金调度困难时,就该首先想到能不能通过典当渠道来解决。不用顾虑有什么难为情的,最重要的是要首先解决问题。

俗话说:"急事告贷,典当最快。"典当的主要功能就是救急,对企业是这样,对家庭也是如此。虽然这只能起到拾遗补缺、调剂急需的作用,但由于能在短时间内争取到资金,所以绝不要小看了这样的作用。谁还没有个急用钱的时候呢?

调查表明,在典当的人中,35％的人看中的是它的灵活方便,25％是因为它比银行贷款门槛低,18％认为它的手续费低,15％认为抵押物品容易找,7％是因为自己的存款未到期,拿它来救急用的。

尤其是在当一笔借款到期需要续借时,必须结清以前的借款,这对绝大多数人来说是难以做到的。而这时候,典当在企业与借款的转贷环节中就往往能发挥中转站作用。

从本质上说,典当属于小额、短期贷款。

数据表明,典当物中最流行的是房产,占典当总金额的60％以上。

一方面,用房产典当,只要产权清楚,实实在在的房子又不会自己跑掉,到时候完全可以完璧归赵,一点也不影响使用和出租,并且一般可以在一个星期内就办完所有手续,与办理银行抵押贷款需要层层审批相比,手续要简便得多了,更能起到应急作用。

另一方面,如果你去银行办理房产抵押贷款,一般最多只能贷五成,各种费用加起来至少也要几千元;可是房产典当却可以最多贷到八成,总费用只要几百元。如果要说缺点,就是典当的利率较高,最短期限要一个月。也就是说,如果典当期限较长就不合算了。

上面所说的产权清楚,是指以下房产是不能用于典当的:期房、公房、抵押按揭房、共产权证房、五年以内的经济适用房,双证不全、有产权纠纷或法院查封的房产,以及地方过于偏远、很难卖出去的房产。除此以外,没有房龄和区域限制。

另外要注意的是,典当并不是出售,所以要根据自己所需资金的规模来进行筹划。举个例子来说,如果你这套房产最多可以拿到50万元当金,但你现在只需要用到10万元,那么这时候你就只需要当10万元就够了,多当必然要多交费用,这不是浪费吗?

顺便提一下的是,只要一提起典当,往往会令人想到典当行。

其实，如果要办理典当的话，除了典当行之外，有些银行也是可以办理针对个人的动产质押贷款业务的，实际上，这就是银行面对个人开展的典当服务。尤其是在农村地区，如果你想办理典当而当地又似乎找不到典当行的话，不妨去银行问问看，说不定能解决你的大问题。

53. 举例说明典当理财

许多农民对典当理财可能还比较陌生，下面举两个实例来说明具体怎么运用。

案例一

老张的妻子重病住院，急需15万元救命钱。他东借西挪借到了5万元，还有10万元缺口。走投无路之下，他弟弟说，要不把他的这辆轿车（估计还值15万元）卖了吧，救嫂子要紧。弟弟很仗义，可老张实在不忍心，却又想不出其他好办法来，只好点头答允。

弟弟马上就拿起电话与汽车市场联系，说自己急等着钱用，这车价格低一点卖出去也能接受。对方听了他的想法后说，这车卖10万元应该问题不大，但不能保证一两天内现金就能到手，这是需要"碰运气"的，不如考虑典当更合适。也就是说，可以把车先抵押给典当行，先解决燃眉之急再说，至于其他问题，以后再说。

这家汽车市场与典当行是战略伙伴关系。弟弟按照汽车市场的要求，带好身份证、购车发票就去了。到了典当行，弟弟把情况一说，典当行一个电话打到汽车市场，委托对方出具"评估咨询意见"，实际上就是问问这辆小轿车究竟还值多少钱。由于觉得没超过汽车典当的放款上限，所以当即就支付了他所要的10万元。

就这样，仅仅通过典当，就解决了老张的燃眉之急，可谓三方都得益——老张顺利地从弟弟那里拿到了救命钱，没有耽误妻子的开刀手续；汽车市场则从中赚到了评估费，说不定这比直接出售这辆二手车的收入还高呢；不用说，典当行当然也是赚钱的。

案例二

刘老板原来是农村的一名泥水匠，这几年带了一支农民工队伍在县城搞装潢，并且已经在县城买房安了家。他干这活赚了不少钱，但这行有一个特点，就是平时只给工人发生活费，要到年底才能一次性结清全年所欠工钱。

刘老板心里有这帮跟随了他10多年的兄弟们，所以从来也没想欠他们的工钱；怎奈每个工程完工后，业主都是不可能立刻给他结清工资的，所以就自然而然地形成了"三角债"。尤其是每到过年的时候资金特别紧张，有时候他甚至不得不关掉手机外出躲债。

后来有一次，他在春节来临之际尝试着用自己在县城的两套住宅向典当行作抵押融资，就很好地解决了这一难题——他用这两套住宅的房产证、土地证、身份证，和老婆一起去典当行，第二天就捧回70万元现金，全部用来给工人发工资，双方皆大欢喜。

这两套房子的价值当然不止这70万元，但有70万就已经足够资金周转需要了，所以刘老板再也不用像过去那样"躲猫猫"了，可以光明正大地在家里过年，可谓其乐融融。同时，他还大大方方把这些工人请到家里来吃了一顿。年过完了，原来欠他钱的业主都有钱了，刘老板便用陆陆续续收回的欠款归还给典当行，重新赎回了房产证。

54. 什么是票据

所谓票据，根据《票据法》的规定，是指一种有价证券，并且这是一种完全有价证券。

也就是说,依附在这些票据身上的权利的发生、转移和行使,都是以持有票据为依据的。说得更通俗一点就是,这张票据在谁手里,它就是谁的。就像彩票兑奖一样,这张彩票在谁手里这奖就是谁的,而不用去考证究竟是谁付钱买的。正因如此,这种票据才可以用来抵押出去获得银行贷款,用于即时资金周转。

这是票据的狭义概念,也是我们通常所说的票据的概念。而广义的票据概念,则包括经济往来中使用的所有单据和凭证,如债券、股票、汇票、支票、本票、运单、存款等各种有价证券和商业凭证。

在我国,票据主要是指汇票、本票和支票,它们都反映一定的债权债务关系,并且持票人或收款人可以在规定期限内向出票人或指定付款人无条件支取确定的金额。

票据具有流通性,并且它的主要功能就是通过票据流通呈现出来的。而票据流通,又主要体现为票据的转让。所以,如果你也有这些票据的话,就可以好好利用这一特性,方便地用它来进行融资了。

55. 什么是票据贴现 ●●➡

所谓票据贴现,是指用经济往来中已经到手的票据,支付给银行一定的贴息率,然后马上换取资金用于正常的生产、生活安排。

那么,怎么来进行票据贴现呢?

首先,要看自己家里是否拥有这样的票据,这些票据又是否符合票据贴现的申办条件。其中最主要的是,要看票据的来源是否合法,即是否具有真实、合法的交易关系和债务关系;同时,付款人也要具有到期还款能力;单张票据金额最多不超过1 000万元(实际上一般远远达不到这么多)。

其次,就可以进入以下步骤了:填写银行承兑汇票贴现申请书或商业承兑汇票贴现申请书;递交融资申请和票据,接受银行审查;银行审批通过后,办理融资手续;贷款到期时,要先把票款存入开户银行,由开户银行把款项从付款人账户划入融资银行账户。

由此可见,票据贴现的实质,就是向银行出售票据;从银行来说,则相当于向个人或企业收购还没有到期的票据。

企业能向银行办理贴现的票据,仅仅限于已经承兑的并且尚未到期的商业汇票,贴现期限不超过6个月。在此基础上,贴现银行当然也是可以持尚未到期的商业汇票向其他银行转贴现,或向中国人民银行申请再贴现的,这叫票据再贴现。

票据贴现在农民理财中的最大作用,是它比银行贷款要简单、直接得多了。银行贷款往往要经过许多道复杂的审批程序,最终能不能贷到还不知道。可是票据贴现简直可以称为"现到手",立等可取。更不用说,它既不需要担保,也不用看你的家庭条件和经营状况、注册资金;票据贴现的利率也很优惠,只有3%左右,差不多只有普通商业贷款的一半,如果与民间借贷相比,利息支出就更低了。

为什么会有这么多的"优惠"呢?道理很简单,因为这些票据是实实在在的钱;并且这些钱(票据)本来就是你的,只不过你现在想把"明天"的钱放在"今天"用罢了。

换个角度看,银行同样也是欢迎你去票据贴现的。为什么?因为银行不但能从中赚钱,而且贴现率十分丰厚,还不用承担任何风险。

56. 哪些票据可以贴现

在我国,可以用来贴现的票据主要是汇票、本票和支票。

汇票又分为银行汇票和商业汇票两种,两者的区别是:银行汇票是银行签发的,商业汇票是收款人或付款人签发的,银行汇票有效期为出票之日起一个月,商业汇票最长期限不超过6个月。

本票也叫期票,同样可以分为银行本票和商业本票两种,出票人承诺见票时无条件支付确定的金额。

　　支票是由出票人签发，委托办理支票存款业务的银行或其他金融机构在见票时无条件支付确定的金额给收款人或持票人的票据。支票又可以分为现金支票、转账支票和普通支票三种，现金支票只能提取现金，转账支票不能提取现金，而普通支票则既可以提取现金也可以用于转账。

57. 什么是商业票据融资

　　在上面所述的票据贴现之外，还有一种与它完全不同的商业票据融资。商业票据融资同样具有贴现功能，可以"把明天的钱拿来今天用"，因而在农民理财中同样发挥着重要作用。

　　商业票据融资的原理，根源在于这张商业票据来自交易行为。与票据贴现相比，商业票据因为是商品交易行为中签发出去的、到了付款时间必须无条件付款的有价证券，并且无条件地具有付款请求权和追索权，所以其权利和义务都不需要解释任何原因。也就是说，谁持有这张票据，谁就拥有取得这张票据赋予的全部权利，不需要解释票据是怎么来的。

　　正因如此，通过这张票据的背书转让，你就能实现融资、调度资金的目的；并且，实践中这种背书转让方式更为普遍和简单易行。通过这种方式，就能把死钱变成活钱。

　　毫无疑问，这样的方便、快捷、容易兑现，必然会对商业票据融资提出非常严格的要求，以免某些信用不良的企业滥用权利。

　　总体来看，允许发行商业票据来融资的企业需要具备以下资格：信誉良好，财力雄厚，拥有支付票据金额的可靠资金来源，并且保证届时能够无条件地支付；不是新设立的公司（新设立的企业查不到信用记录）；至少在某个大银行能够享受到最优惠利率的贷款（表明你的信誉可靠）；在银行有一定的信用额度可供使用（确保临时资金调度）；短期资金需求量大（所以才需要采用这种融资方式）。

58. 什么是商业承兑汇票融资

商业承兑汇票也是可以用于理财和融资、解决暂时资金困难的。

先看什么是商业承兑汇票。

所谓商业承兑汇票,是指买方需要购进商品却又缺乏资金,卖方又不肯欠账,所以这时候双方进行协商,由买方开出一种表明债权债务关系的票据,这就是商业承兑汇票,从某个角度看有点像欠条。

具体地说,卖方卖出商品、收到对方开出的商业承兑汇票后,就可以持这张商业承兑汇票向银行申请票据贴现。从性质上看,这实际上就相当于用这张商业承兑汇票作抵押,向银行取得一笔质押贷款。所不同的是,这时候的贷款利率要比正常的银行短期贷款利率低。尤其不同的是,如果你创办的企业平时根本就得不到银行贷款,或者贷款额度已用完,这时候采用这种方式融资是不受这种限制的。

商业承兑汇票是由买方负责承兑的。也就是说,在这张商业承兑汇票到期时,买方必须无条件地按照票面上的金额支付给收款人。可是在汇票尚未到期时,买方就暂时不用付出这笔资金,实际上就是推迟了付款时间,这样也就在无形中起到了融资和节省利息的作用。这一期限从贴现之日起至汇票到期日止,但最长不得超过6个月。也就是说,你最多可以在6个月的时间内进行这种资金调度和安排。

与银行承兑汇票相比,商业承兑汇票变现的速度更快,办理手续也更方便,并且利率低、手续费支出少、不占用银行贷款额度;而从银行一方来看呢,它能轻易地赚取利息收入,所以对此也是很乐意接受的。至于具体的利率水平,通常是在银行再贴现利率基础上加几个百分点,总体来看会高于银行承兑汇票,但不会超过同期银行贷款利率。

59. 举例说明票据贴现

票据贴现这种理财方式应用很广，可是在农民理财中却很少见，关键是大家平时对它不很了解。所以，下面通过一个实例来加以说明。

有这样一对农民夫妻，丈夫在城里带领一支施工队在工地上干活，妻子在家里承包了几亩鱼塘。现在妻子急需10万元钱去采购鱼苗，可是丈夫（他们这个承包队的）的20万元工钱按"行规"却要到年底才能到手。这时候怎么办呢？票据贴现或许就能帮上大忙。

第一步，丈夫可以与甲方进行协商，把原本要到年底才能支付的20万元工钱开成承兑汇票。这样，对于建筑方来说并不影响什么，因为这钱最终依然是要到年底才能付出的；可是对于这位农民来说，却可以用它来向银行进行贴现，解决资金周转困难。

如此这般，银行在了解了事情的来龙去脉、考察其合法性和真实性之后，向建筑方收取一点汇票保证金和手续费，然后就开出了一张20万元的承兑汇票。

顺便一提的是，银行这时候收取汇票保证金的金额，一般是要根据企业信誉来确定的。如果企业信誉好，保证金金额不会超过汇票金额的30%，在这里就是不到6万元；如果信誉较差，这个比例则有可能会提高到60%，在这里就是12万元。

第二步，这位丈夫在收到这张承兑汇票后，有两种办法可以选择：一是直接到银行去进行票据贴现，换取现金，然后去支付鱼苗款；二是把票据背书转让给鱼苗供应商，直接支付进货款。

不用说，当然是采用后面这种方法更好了，既直截了当，又能节省付给银行的贴息支出，所以应当作为首选。

采用前面这种方法去银行贴现，不是不可以，但比较费事——不但要兜一个圈，还要向银行支付一定数额的贴现利息；如果真的要这样做，那还不如付给鱼苗供货方，对方同样是会乐意接受的。

第七课 股 票

股市有风险,入市需谨慎。这是一句风险提示,也是一句广告语。因为有风险的地方才会有风险收益。数以亿计的股民绝不是飞蛾扑火的傻瓜。股票投资风险大,收益也高。

60. 什么是股票

所谓股票,它的大名叫"股份证书",是指股份有限公司为了筹集资金而发行的一种有价证券,投资者凭此可以获取股息和红利。

股票的基本单位是"股",每一股股票代表股东拥有该股份公司一个基本单位的所有权。股票因为是有价证券,所以它是可以转让、买卖、继承、赠予以及作价抵押的。

股票是当今全球非常普及的一种理财工具。可是,对于许多农民朋友来说,这可能还很陌生;尤其是对于还没有接触过股票以及刚刚进入股市的人来说,更有许多神秘的地方。

股票投资与债券相比,风险要大得多,但它也绝不是有人形容的"赌场"。赌博完全要靠运气,而股市投资还是有规律可循的,这是两个完全不同的概念。正因如此,国家禁止开设赌场,可是对股市却抱着一种大力扶持的态度,这也能很好地表明这种区别。

61. 什么是股市

所谓股市,全称是股票市场,是指股票发行和流通的场所。
股市是由以下几个部分共同构成的:
一是股票发行市场,包括股票发行者、股票承销商、股票投资者。
二是股票交易市场,包括交易所市场、场外交易市场。
三是证券机构,包括证券管理机构、证券经营机构、证券交易机构、证券服务机构。
四是证券交易所,包括上海证券交易所、深圳证券交易所。

62. 股票有哪些特点

股票的主要特点有:

稳定性

股票投资没有期限,只要该股份公司存在,任何人都不能要求退股和归还本金,但可以也只能通过股市将股票转让给其他投资者。

风险性

股票投资是有风险的,能不能获利、获利多少都是无法预知的。
从收益角度看,股票投资收益主要有两大块:一是股息分红,二是买卖差价。能否获得预期的股息分红,要看该公司的盈利状况和分配方案。没有盈利,当然也就无红可分了。可是即使有盈利,如果分配方案决定不分红,你也是领不到股息的。而股票买入卖出的价格变动你就更无法掌握了,谁也不知道将来的涨跌方向和幅度大小。

责权性

投资者一旦拥有了该股票,也就自然而然地成了该公司的股东,具备参加公司股东大会(参与经营权)、盈利分配(利益分配权)、承担有限责任的权利和义务。拥有股票数量的多少,就代表你拥有这种股东权利的大小。

流通性

股票具有很强的流通性,可以随时在股票市场上转让、买卖、继承、赠与、抵押,唯独不能退股。

63. 为什么要发行股票

发行股票的好处,主要从以下两方面看:

对于上市公司来说

对于上市公司来说,发行股票有以下好处:
一是股票一旦发行上市,就意味着该公司把股权分散给了众多股票投资者,瓦解了少数股东的垄断地位。在这种情况下,公司经营会具有更大的自由度。
二是股票上市需要进行一系列的信息披露,而这个过程对公司来说能够有效提高知名度，比做广告的影响力要大多了。

三是股票上市后，公司股东人数大大扩大，有利于公众关心、购买公司产品。

四是股票发行上市能够享受到一系列税收优惠政策。

顺便提一下，股票上市也并非有利无弊。正因如此，许多公司虽然同样符合上市条件，却是怎么也不愿意上市的。

对于投资者来说

对于投资者来说，股票发行上市有以下好处：

一是该股票一旦发行上市，就表明它具有较好的流通性，你就有机会买到自己心仪已久的公司的股票，成为它的股东之一了。

二是你获得该公司相关财务资料的渠道增多了，便于你作出正确的投资理财决策。

三是股市中的股票成交价格代表着众多买卖双方的意愿，显得更加公平合理。

四是股票交易佣金的标准是统一的，公开而透明。

64. 什么是普通股

股票的种类很多，也有各种各样的分类，但最常见的是把股票分为普通股和优先股两大类。这里先说说普通股。

普通股是一种最"普通"、最常见的股票，也是每家上市公司最先发行的股票。普通股投资者是该公司的基本股东。

普通股具有以下特点：

①持股人有权参与制订公司的生产经营计划，参与公司管理。

②持股人在优先股和债权人的要求得到基本满足后，对公司的利润和资产拥有无限权利。也就是说，该公司就是这些持股人

共有的。

③持股人拥有获得股息的权利。

④持股人完全与公司荣辱与共,所以投资风险也大。具体地说,当公司经营状况良好时,持股人的获利便多;当经营状况不佳时,获利也会相应减少,甚至没有。不过,这种收益和风险往往是潜在的,不一定会在当时就表现出来,更难在当时就得到精确计量,而这正是股票投资的乐趣所在。

普通股一般又分成以下几类:

绩优股

所谓绩优股,是指业绩优良的股票。但具体怎样才能算是业绩优良呢?我国与国外的标准有所不同。在我国,业绩是否优良的主要标准是看每股税后利润和净资产收益率。一般来说,如果每股税后利润在所有上市公司中处于中上水平、公司上市后净资产收益率连续三年显著超过10%,就可以称为绩优股了。

从外部特征看,发行绩优股通常是大企业,具有较强的金融实力,在同行业占有比较重要甚至支配的地位。

成长股

所谓成长股,是指成长性较好的股票。什么叫成长性较好呢?这主要是看该公司的销售额和利润额是否在持续增长,并且其增长速度要能超过本国、本行业的平均增长速度。

从外部特征看,发行这种股票的公司通常具有长远目标,科研力量强大,经常会把大部分利润作为发展资金用于规模扩张,所以具有良好的发展前景。而对投资者来说,虽然每年分配到手的利润只是一小部分,但由于成长性好,所以股票价格会不断上升,同样可以从中获益匪浅。

收入股

所谓收入股,也叫收益股、高息股,是指能够持续给投资者分配较高红利的股票。

这种股票的主要特点是稳定性好,股票价格的涨跌幅虽然较小,但依然具有上升空间和潜力,所以比较适合中长期投资。

收入股既可能是获利能力强的绩优股,也可能是经营状况不佳的"冒险股"。前者比较好理解,因为业绩良好,所以有较高的股息用于分红。后者又怎么来理解呢?一种情况是,因为经营状况不佳、"不思进取",所以就把大量的盈利分配给投资者了,持股人反而"因祸得福";另一种情况是这样的企业"破罐子破摔",把主要资金用于"赌博"或非法经营,结果同样有可能会获得不错的收益分配给持股人。

怎样来分析这两种不同情形?关键是看财务资料和股票级别。

一般认为,从财务状况看,该公司的股利除以每股盈利的比率应该不超过60%,因为这意味着将来即使出现中等程度的盈利下降,也会有足够的盈余积累支付股息;并且,股息支付率低本身也意味着股利的增长会超过盈利水平。而从股票级别看,评级一般应高于B^+。

周期股

所谓周期股,是指股价和支付的股息都会随着经济周期变化而起落的股票。周期股最适合于投机性操作。

周期股形成的原因,主要是绝大多数行业和企业都无法摆脱宏观经济景气周期的影响,尤其是汽车、房地产等行业。当经济景气(衡量标准是GDP增速在10%以上)时,这些股票的价格会迅速上升;而当经济低迷(GDP增速降到8%以下)时,经营压力会变得很大甚至出现亏损。当然,不同行业、不同企业的这种周期性表现是有所不同的,程度也有大小之别。

与周期股相对应的是非周期股,主要是那些生产生活必需品的企业,无论经济形势如何,市场需求都不会有太大的变动,如食品和药品股等。

投机股

所谓投机股,是指那些从事开发性和冒险性行业的公司股票。因为这些公司所从事的是新兴行业,投资风险较大,所以也会连累股票价格发生剧烈波动,甚至在几天内就能涨跌好几倍。当然,也有许多股票价格的暴涨暴跌是由庄家操纵引起的,与企业经营没有什么太大关系,但这同样属于投机股。

投机股的经营风险和投资风险都很大,但由此也吸引了许多风险承受能力强,并且喜欢通过追逐风险获取风险投机收益的人。

65. 什么是优先股

优先股是与普通股相对应的一种股票,是指持股人在公司中除了像普通股一样拥有财产权或所有权之外,还具有某些优先权利。

优先股股东一般没有选举权和被选举权,没有对公司重大经营决策的投票权(但在某些情况下还是可以享有投票权的);不能要求退股,但可以按照优先股股票上所附的赎回条款由公司赎回。

优先股的优先权,主要体现在股息分红和剩余财产分配方面。

在股息分红方面,优先股通常预先就设定了固定的股息收益率,所以从这一点上看,它具有与债券相似的性质;也正因如此,它就不能再享受公司的分红了。由于股息收益率是事先确定的,所以优先股不会对公司的利润分配产生影响。

在剩余财产分配方面,优先股的索偿权要高于普通股而低于债权人。也就是说,在分配公司利润和财产时,优先股的分配要先于普通股,但其前提是首先能满足债权人的要求。具体顺序是:先是归还债务,然后是按照固定的股息率分配给优先股股东,最后才轮得到普通股股东分配红利,上不封顶、下不保底,无利就不分了。

66. 什么是股票指数

所谓股票指数,也叫股票价格指数,简称股指,是指证券交易所或金融服务机构用来表明股市行情变动的一种参考性指标。

股票指数的主要作用是帮助投资者检测投资效果,并且根据股指动向来进行市场预测;同时,也是为了让舆论界、企业界、政界有一个用来观察社会、政治、经济形势发展的参考依据。

在我国,由于有两家证券交易所(上海证券交易所、深圳证券交易所),所以有两种股票指数并存,简述如下:

一是上海证券综合指数,简称上证综指

所谓上证综指,是指上海证券交易所以该所挂牌上市的全部股票为计算范围,以发行量为权数,编制而成的综合股票价格指数,它反映的是上海证券交易所的市场总体走势。上证综指从1991年7月15日开始实时发布,基日为1990年12月19日,基日指数定为100点。

2006年的第一个交易日,上海证券交易所又发布了新的上证综指,简称"新综指",指数代码为000017。新综指选择当时已经完成股权分置改革的上市公司为样本,以2005年12月30日为基日,以当天所有样本股票的市价总值为基期,基点为1 000点,为

投资者提供了新的投资尺标。之后实施股权分置改革的股票,将会在方案实施后的第二个交易日纳入该指数,以总股本加权计算。按照2005年12月15日的收盘价计算,新综指的市价总值占比18%,流通市值占比22%。

我们通常所说的股票指数是指上证综指,而不是新综指。

二是深圳证券成分股指数,简称深成指数

所谓深成指数,是指深圳证券交易所在该所上市的所有公司中,按照一定的标准选出40家有代表性的上市公司作为成分股,然后以成分股的可流通股数为权数,采用加权平均法,编制而成的股票指数。

深成指数以1994年7月20日为基日,基日指数为1 000点,起始计算日为1995年1月23日。不用说,按照不同标准选出来的上市公司样本是各不相同的,标准不同、样本不同,最终编制出来的股票指数也不一样,甚至会相差悬殊。

那么,深成指数的选择标准又是怎样的呢?这主要有以下几点:一是有一定的上市交易时间;二是有一定的上市规模(以每家公司一定时期内的平均可流通市值、平均总市值为衡量标准);三是交易活跃(以每家公司一段时期内的总成交金额、换手率为衡量标准);四是该公司股票在一段时间内的平均市盈率;五是该公司在所在行业的代表性以及所属行业的发展前景;六是公司近年来的财务状况、盈利记录、发展前景、管理素质;七是公司所属地区、板块代表性等。

上述两种股票指数虽然没有主从关系,但由于上海证券交易所上市的股票一般都是大盘股,而深圳证券交易所上市的股票以中小盘股票为主,所以,关注上证综指的投资者会更多一些。

67. 股票价格是怎么来的

股票是持股人对该上市公司拥有财产或所有权的一种凭证，不能退股，所以理论上说是"没有价值"的。但股票可以用来交换和买卖，从而给持股人带来收益，所以它又必然是"有价格"的。

提到股票价格，它有多种多样的概念，分述如下：

面值

股票面值是指在股票票面上标明的金额，它以"元/股"为单位，主要作用是表明股票认购者在股份公司中所占的投资比例，作为确定股东权利的一种依据。

例如，如果某公司发行股票的总面值为1亿元，每股的股票面值为1元，那么每股股票就拥有该公司的亿分之一。

与此同时，股票面值也是该股票首次发行时的一个定价依据；当然，股票的发行价格总是高于其面值的。

在我国，上海证券交易所和深圳证券交易所流通股票的面值均为1元，也就是说每股的面值都是1元。而当股票进入流通市场后，交易价格的高低就和面值没有任何关系了。

净值

股票净值是指每股股票所包含的净资产，计算方法是该公司的净资产（包括注册资金、各种公积金、累积盈余等，但不包括债务）除以总股本。

由于这是通过会计方法得到的结果，所以精确度和可信度都相对较高，是投资者评估和分析该公司实力的重要依据。

不用说，净资产的数值越高，表明每股拥有的资产就越多。

股息红利

股息是指股东定期按比例从上市公司领取的盈利,红利是指上市公司派发股息后按比例向股东分配的剩余利润。

按照我国规定,上市公司必须在每年4月前公布上一年度的财务报告,其中必有一项是利润分配预案。所以从时间上看,我国上市公司的分红派息工作会集中在每年的第二季、第三季度进行。

市价

我们通常所说的股票价格,是指股票的市价。市价也叫股票市价、股票市值、股票行市,是指股票交易时双方达成的成交价格。

股票市价是股票买卖的主要参考依据。根据价值规律,股票的市场价格总是围绕着其内在价值上下波动的。

具体地说,股票价格的高低主要取决于股息和银行利率。例如,如果某股票每年可得股息0.56元,而当时的一年期整存整取银行储蓄利率是3.3%,那么这时候该股票的价格就"应该"是$0.56 \div 3.3\% = 16.97$元。但显而易见,事实上该股票的市场价格不可能正好是16.97元,甚至低会低到10元以下,高则超过100元,为什么?就是因为影响股票市价的因素极其复杂,所以价格相差几倍、十几倍甚至几十倍都不足为奇。究其原因,最主要是由于供求关系不对等造成的。

也就是说,当买入某股票的人多、卖出该股票的人少时,股价就会上升;反之,买入某股票的人少、卖出该股票的人多,股价就会下跌。当然,隐藏在其背后的因素十分复杂,但从内部因素看,不外乎有公司经营状况、发展前景等;而从外部因素看,则有宏观环境、市场炒作、投资者心态、资金供应面等等。

68. 什么是涨跌幅限制

所谓涨跌幅限制,是指在每天的股票交易中,规定当天的股票交易价格在前一个交易日收盘价的基础上上下波动的幅度。当股票价格上升到该限制幅度的最高限价时,称为涨停板;而当股票价格下跌到该限制幅度的最低限度时,称为跌停板。

推出涨跌幅限制的目的,主要是为了抑制股票交易的过度投机行为,控制股票的暴涨暴跌,维护证券市场稳定。但其实际效果在学术界一直没有定论,不论是我国还是国外过去都有不设涨跌幅限制的。

在我国,涨跌幅限制分为两种。一是我国从1996年12月16日起实施涨跌幅限制,对象包括股票、基金类证券,平时的交易价格在一个交易日内不得超过10%,超过涨跌幅限价的为无效委托。计算公式为:上一个交易日的收盘价×(1±10%),计算结果四舍五入至0.01元。二是股票上市首日的涨跌幅限制,目前的规定是:从2012年3月8日起,上海证券交易所对上市首日的新股实行涨跌幅阶梯停牌制度,即当盘中成交价涨跌幅首次达到10%时,临时停牌30分钟,停牌时间如果达到或超过14:55的,当天14:55复牌;涨跌幅首次达到20%,或盘中换手率首次达到80%时,停牌时间持续至当天14:55。深圳证券交易所的规定是,盘中成交价格与开盘价相比首次上涨或下跌达到10%时,临时停牌1小时;当盘中成交价比开盘价首次上涨或下跌达到20%时,临时停牌至14:57;当换手率达到或超过50%时,临时停牌1小时。

在国外股市中,也有类似的涨跌幅限制,称为市场短路、暂停交易、限速交易、特别报价制度、申报价与成交价档位限制、专家(市场中介人)调节、调整交易保证金比率等,其初衷都是为了维护市场稳定,防止股市大起大落。

69. 怎样进行股票交易

股票交易与其他商品交易有很大的不同。

总体来看,股票交易主要有两种方式:一是投资者通过证券交易所内的经纪人买卖股票,二是自己到证券交易所去买卖股票。

目前,最常见的是前一种方式,所以,以下对此作一简单介绍。其主要步骤有:

一是开设账户

投资者要想委托经纪人买卖股票,首先要在经纪人公司(证券公司)开设股票交易账户。

一位公民只能在一家证券公司开设账户。不同证券公司的交易政策和费率可能会有不同,但由于目前股票交易都是通过网络进行的,所以,证券公司的地理位置不是最重要的,关键是看服务质量和费率高低,因为这直接关系到你的费用扣除,即最终获利大小。

二是下达交易指令

证券买卖是通过投资者在网上操作发出的交易指令来进行的。

交易指令分为查询(资金查询、股票查询、委托查询、成交查询等)、买卖(买入、卖出)等。

当你在电脑上打开相应网站或直接通过电话委托,输入股东账号、交易密码后,就可以根据提示进行相应的操作,下达各种交易指令了。经纪人通常会力争以对投资者最有利的价格来达成交易。

三是成交过程

证券交易所里的经纪人(证券公司)接到你对某只股票的交易指令后,会迅速而自动到买卖这只股票的交易站去执行指令。

由于同时买进或卖出这只股票的投资者很多,所以彼此之间是通过拍卖形式来完成交易的。也就是说,这种买卖竞争不仅会同时发生在买主之间,同样也会同时发生在卖主之间。

四是交割过户

投资者的股票买入指令完成后,账户上就会增加相应的股票数量,同时付出相应的现金;而如果是股票卖出指令完成后,账户上则会扣减相应的股票数量,同时收入相应的现金。由于是电脑自动操作,所以这个过程是在瞬间完成的。如果投资者同时买进和卖出股票,有些账目会相互抵消,最后只交付或收取净差额。

不用说,在这个过程中,经纪人(证券公司)会向你收取相应的交易费、手续费、印花税等费用。至此,交割过户手续就算完成了。

五是银证转账

投资者在买卖证券时,用现金买入股票,或者卖出股票后得到现金,都是在与股票交易账户关联的资金账户上实现的。

在过去,投资者需要到证券公司营业部去办理现金的存入和支取(交割),而现在则都是通过银证转账来实现的。

也就是说,你不用去证券公司柜台了,而只要通过网络或电话,就可以把资金在你股票交易账户与你指定的某张信用卡之间随意转来转去,每天的转账限额一般为50万元。

70. 什么叫派发股息

派发股息是股市获利的两条主渠道之一（另一渠道是价差收入）。股息也叫股利，是指你投资的这家股票有了盈利后，按照每位股东所持股份比例所进行的利润分配。

如果该公司当年没有盈利，也就没有利润可分。这就是投资股票时需要考察该公司经营状况、盈利水平的主要理由。

股息包括两种：一是股票股利，俗称送红股；二是现金股利，俗称派现金。有人比喻说，有盈利的股票就像一只"老母鸡"，天天在给你下"金蛋"；而没有盈利的股票只是一只"铁公鸡"，一毛不拔。

股票的分红、派息都是通过证券交易所及登记公司协助进行的，不用你办理任何手续，到时候就会自动归入你的账户。

派发股票股利

下面通过一个实例，来说明派发股票股利的过程：

假如某公司去年的每股收益为 3.08 元，公司董事会决定这每股 3.08 元的收益全部用等值股票来发放给股东，毫无疑问，这就是股票股利了。

那么，究竟可以给股东派发多少股利呢？假如你有 700 股该股票，就意味着你可以从中得到 $3.08 \times 700 = 2156$ 元价值的股利。而当时该股票的市价（收盘价）为每股 21.92 元，这表明你能分得 $2156 \div 21.92 = 98.36$ 股，这样，经过派发股票股利后，你的持股总数也就从原来的 700 股增加到了 798 股。

派发现金股利

同样是上述这家公司,如果它最终的决定是发放现金股利,那么这时候就会通过证券公司把这 2 156 元现金直接打入你的资金账户,而你原来拥有的股票数量 700 股依然不变。

71. 什么叫低吸高抛或高抛低吸

股票价差是指在股票市场上利用股价波动买卖股票,从而从这种低吸高抛中赚取的差价。当这种差价为负值时,就意味着产生了亏损。

这里简单介绍一下"低吸高抛"和"高抛低吸"的基本原理。

低吸高抛法

低吸高抛法也叫"波动性突破",即通过买入涨幅超过一天正常价格变动幅度的股票而赚钱。这个方法很简单,只要坚持短线操作,坚持聚沙成塔,最终就一定能赚钱。

具体方法是:首先观察昨天的股票价格变动幅度。先把昨天和前天的价格变动幅度叠加在昨天的价格变动幅度上,从中得到一个"真实的变动幅度",然后用它来衡量今天的价格变动。

例如,某股票的价格前天从每股 16.02 元下跌到每股 15.56 元,下跌了 2.87%;昨天继续从 15.56 元下跌到 15.09 元,下跌了 3.02%,这时如果今天的股价继续下跌到 14.20 元(下跌幅度为前天和昨天跌幅之和 2.87%+3.02%=5.89%),这时候就可以基本确定这是一个价格"最低点",至少也是临时的"最低点"。这时候果断买入,在第二天抛出,就算是一种真正的"低"吸高抛了。

为此，你可以提前把14.20元这个买入价挂在网上，一旦跌到这个价格就自动吃进，第二天迅速抛售，由此获利的概率高达80%。

长此以往，你就可以积少成多获取丰厚的回报，而且投资风险小。

高抛低吸法

高抛低吸法的实质仍然是低吸高抛，只不过把程序颠倒了一下。由于其实质内容没变，所以同样可以从中频频获利。之所以要掌握这种方法，是因为大多数股票投资者都有股票被套牢的时候，每当这时候，大多数用这种方法来解套，就不失是一种明智而又能获利的方法。

目前我国股市实行的是T+1制度，也就是说，今天买入的股票今天是不能卖出的，必须要在明天之后才能出售。可是这并不影响你将手中拥有的被套牢的股票当天卖出，然后在当天买入这样一种T+0交易行为。这种方法的最大好处是，能够不断降低持仓成本。

例如，当你拥有的某只股票，昨天的收盘价是每股8.36元，股数是600股，而你预测今天股市仍然要下跌。这时候你就可以在一个适当的价位上先抛出这600股，然后在同一天股价跌到一定水平的时候再买入600股。这样从数量上看，你的持股数量仍然是600股，可是由于这种高抛低吸在扣除了佣金和手续费后仍然有利可图，所以无形中已经降低了持仓成本，悄悄地完成了一次盘中T+0操作。

这种方法同样很简单，但由于属于一种超短线操作，所以投资难度和风险较大，其盈利前提是：一是事先要对该股票有长期的观察和模拟操作，非常熟悉该股脾性；二是有足够的时间和条件用于看盘；三是分析要快，决策要果断，下单要迅速，决不贪心；四是没有什么具体目标，追求的只是差价利润。

必须说明的是,股票投资获利的关键,不是懂得有多少种盈利方法,而是要选择最适合自己的方式。在我国,投资股票赚取价差的行为非常普遍,尤其是在一个投机性较强的股市中,短线投资行为比比皆是。但现在的问题是,虽然低吸高抛人人皆知,可是实际操作起来难度相当大,最终被迫"高吸低抛"、造成亏损的投资者占大多数。

为什么会这样呢?归根到底是,虽然低吸高抛的方法简单、明确,一说就懂,可是谁也不知道什么时候是真正的"低"、低又会低到何处,什么时候是真正的"高"、高又会高到哪里去。更不用说,除此以外,根本没人会告诉你当以后股市的发展与你现在的分析相背离时,怎么来保护你的已有果实;在各种各样单独看起来均有效的盈利方法中,什么时候应该采取哪种方式最为恰当;诸如此类等等。

72. 股票投资的风险在哪里

人人都知道股票投资有风险,而且风险还很大。那么接下来的问题是,股票投资的风险究竟在哪里呢?搞清楚风险在哪里,会有助于投资者竭力避免和控制风险,尽可能多地争取盈利果实。

总体来看,股票投资风险主要表现在以下几方面:

购买力风险

购买力风险也叫通货膨胀风险,是指由于通货膨胀因素导致投资者抢买、抢卖股票,从而使得股票价格不再真实反映你的实际收益率的风险。

购买力风险客观存在,为此可以首先从市场上看哪种商品的价格上涨幅度较高,然后再从股市中寻找生产这种商品的上市公司,从中挑选获利能力、获利水平高的股票进行投资,分享通货膨胀带来的股票升值,变劣势为优势。

利率风险

银行利率是经济运行中的一个重要经济杠杆,经常发生变动。而每一次存贷款利率调整,都会引发股市波动,这就是利率风险。

有鉴于此,要尽量了解该股票的营运资金中有多少比例是自有资金;自有资金比例越少,表明该股票受存贷款利率变动的影响就越大,投资该股票的利率风险也越大。

汇率风险

汇率波动会直接影响人民币与外汇之间的比值关系,对以原材料进出口为主的上市公司会产生较大影响,从而造成股价波动。

宏观经济风险

宏观经济环境、经济政策、经济周期性波动以及国际经济因素等变化,尤其是经济体制改革、人民币汇率变动等,都会给上市公司、证券市场、股票投资者带来意外收益或损失。

市场风险

股市行情瞬息万变,很难预测行情变化的方向和幅度。这种由于投资者对股票的看法不同而产生的市场风险,是所有风险中最难对付的。

有鉴于此,股票投资者要想回避市场风险,应当采取以下措施:一是熟悉、了解该股票的历史数据,从中掌握变动规律;二是适当买入一些具有周期性变化的股票,弥补股价普遍下跌所造成的损失;三是选择适当的买卖时机,当股票价格低于标准误差下限时买入、高于标准误差上限时卖出;四是根据企业经营状况踏准投资周期。

金融风险

金融风险主要是上市公司对外借债造成的。如果某股票的资本结构中贷款和债券比重大,其金融风险也会随之增大;反之亦然。

流动性风险

这是指当你想要卖出某股票时,如果价格不作出较大让步能够顺利卖出的程度。一般来说,成交量越小的股票流动性风险越大。

操作性风险

不同投资者在同一只股票的投资操作上收益率会相差很大。这种操作性风险主要是受心理因素影响,此外还有判断标准、操作技巧等。

物价变动风险

物价变动也会引发股价波动。一方面,物价上涨意味着企业资产增值,股票价格也会随之上涨;另一方面,物价上涨会导致企业成本增加、预期收益减少。但总的来说,物价上涨对股票价格有助涨作用。

企业经营风险

企业经营风险主要表现在两方面：一是营业风险，如市场饱和、产品滞销、政府产业政策发生变化等；二是财务风险，如财务管理不当、规划不善、扩充过度等。尤其是后者，危害性更大，往往会导致做假账欺骗投资者等行为的发生，使公司一步步走入泥潭。

有鉴于此，在投资该股票前就要分析公司财务年报，以及它的经营状况、在同行业中的竞争地位、往年的盈利情况。把这些情况都搞清楚了，就能从中看出它的投资价值大小，进一步回避投资风险。

证券市场风险

政治局势动荡、货币供应紧缩、政府干预金融市场、投资者心理波动、机构投资者兴风作浪、意外消息的出台等，都会在股市上掀起轩然大波，从而引发股票价格发生波动。

投资者主观因素

投资者主观因素造成的风险，主要表现在盲目跟风、不必要的恐慌、贪得无厌、形势判断错误、错过最佳买卖时机、投机赌博等。其中以盲目跟风、贪得无厌造成的损失最大，往往会导致血本无归。

社会、政治风险

这主要是指稳定的社会、政治环境是经济正常发展的基本保证，而政府更迭、政治动荡等因素，都会在股市上产生强烈反响。同时，上市公司投资在海外的企业，也会受所在国社会、政治环境的影响。

集中投资风险

一般认为,分散投资会有助于降低股市投资风险。尤其是对于数额较大的投资者来说,选择不同行业(行业选择分散)、不同企业(投资单位分散)来投资,会有助于降低投资风险,至少不会全军覆没。当然,数额较小的投资就另当别论了,仍然是可以采取集中投资策略的。

最后,值得一提的是,股票投资确实处处有风险,但风险并不就等于损失。只有当风险的"可能性"变成现实,才会给投资者造成现实损失。风险并不可怕,重要的是识别和预防。风险利用得好,还会带来超额利润,这就是风险利润,而这正是投资者所要追逐的。

73. 怎样进行基本面分析

股票投资的分析方法有很多,但总体上可以分为两大类:一类是基本面分析法,另一类是技术分析法。这里先介绍基本面分析法。

之所以要进行基本面分析,是因为股票价格的波动受多种因素影响,例如股市以外的经济、政治、人为操纵以及其他因素的波动和变化,都会对股票价格的变化趋势产生决定性影响,所以,股票投资必须对这些基本面因素进行分析、研究,才能正确把握股市变动方向。

在进行基本面分析时,通常采取从宏观到微观、由远到近的步骤来进行。道理很简单,个人投资者对某只股票往往会因为信息不充分、分析工具不健全、分析能力有限等因素难以施展拳脚,而借助于宏观经济形势分析,则比较容易在整体上确定股市投资价值。

基本面分析的具体方法是：

分析步骤

股市投资基本面分析的主要步骤有：

在宏观背景下寻找投资对象

首先对整个国民经济运作，包括生产、流通、服务等领域，进行详细的分析，从国民经济各部门、各地区所处发展阶段和发展趋势中，寻找具有投资价值、符合你投资风格的股票类型；然后，进一步研究这些股票在当前的经济大环境下，在从事怎样的具体经营活动。

从微观角度论证是否值得投资

寻找到这种值得你投资的股票后，接下来要具体了解该企业的特点，尤其是该股票的经济状况和财务状况，从资本构成、技术实力、获利能力、偿债能力、发展潜力等因素入手，结合该股票的历史价格变动，着重研究该股票的价格变动和企业财务状况的关联程度和特点，预测未来发展趋势。

把该股票与当前股市环境相对照

在你确定投资某只股票时，要回过头来把该股票放在当前的整个股市环境中去进行对照研究。因为即使该股票非常值得你投资，但是否值得"现在"投资并不好说。换句话说就是，你所研究的这只股票的特点，并不一定完全符合当前整个股市行情的发展，这反过来也可以检验投资者个人对某类、某只股票的喜恶偏好。

这种喜恶偏好，一般根植于某类、某只股票的股价表现；但同时也不要忘了，这种与股市大盘背离的走势很可能是短暂的，在这里往往会蕴藏着相应的投资机会。

影响因素

股市投资基本面分析的主要因素有:

经济周期

一方面,经济的周期性波动能够影响整个股市价格的变动;另一方面,股市价格的变动又会预示着经济即将发生什么样的周期性变化。

财政政策

财政政策体现国家与社会各部门之间的经济关系,所以,国家财政投入的规模和方向会对整个股市的发展产生很大的影响。

利率变动

利率与股价呈反方向变动关系。利率上升,意味着上市公司借款成本在增加、未来利润会减少;投资者评估所要用到的折现率上升、股票价值随之下降;并且,一部分资金会从股市转向债券、储蓄,股市中的资金供应量会减少,对股市起助跌作用。反之亦然。

汇率变动

汇率变动与股价变动的关系十分密切。而且,随着我国对外开放程度的进一步加大,这种影响以后还会越来越大,尤其是对进出口贸易企业的影响最大。汇率上升会导致进口原材料的企业股价上涨、出口原材料的企业股价下跌。反之亦然。

物价变动

缓慢的物价上涨会导致企业库存价格上升、公司利润增加,带动股价上涨;物价上涨幅度过大,则会因为生产成本上升过快,如果这种成本压力无法通过商品价格上涨转嫁出去(事实正是这样),就会连累股价下跌。总的来说,物价上涨是会推动股价上涨的。

政治因素

政治因素如国际形势、战争、国内重大政治事件、国家重大经济政策等,对股票价格变动的影响越来越明显。

人为操纵

人为操纵是指通过哄抬或压低股价来达到影响股价的目的。当股市受到人为操纵时，必然会伴随着谣言四起，吸引广大投资者跟进，从而成为他们的"抬轿"者。

分析方法

股市投资基本面分析的主要方法有：

宏观分析

这又主要包括以下三个方面：

一是宏观经济运行分析，包括经济增长率、居民收入水平、投资者预期、资金成本等方面。

二是宏观经济政策分析，包括财政政策、货币政策两方面。

三是国际金融市场环境分析，主要是国际金融市场动荡是怎样通过人民币汇率预期、宏观面、政策面间接影响我国股市的。

行业分析

这同样可以从以下三个方面来进行：

一是通过上证指数和深成指数中对工业、商业、金融业、地产业、公用事业、综合类产业这六类分行业分别编制的股价指数，研究不同行业的股票走势特点。

二是研究各行业的经济结构，包括企业数量、产品性质、价格制定等因素，来确定该公司处于完全竞争、不完全竞争和垄断竞争、寡头垄断、完全垄断这四种市场类型中的哪一类。

三是进行经济周期分析，看该公司究竟是属于增长型行业、周期型行业、防御型行业中的哪一类。不同经济周期的股票，在不同经济增长中的表现是不同的。

个股分析

具体到个股，可以从以下方面来展开分析：

一是从技术水平、市场开拓能力和市场占有率、资本与规模效益、项目储备和新品开发等方面来进行具体考察。

二是从该公司管理人员的素质和能力、企业经营效率、内部调控机构效率、人事管理效率、生产调度效率、社会舆论对该公司的评价等方面，来判断其经营管理能力。

三是利用资产负债表、财务状况变动表、利润表来进行财务分析，并且要把它作为对个股基本面分析的重要内容之一。因为从传统股票投资学的观点看，股票价格反映的正是该公司的内在价值，其主要表现就是该公司的运营状况、财务状况、盈利状况，这些都是可以在财务年报上得到反映的。

综上所述，股票的基本面分析要求从企业的内在价值入手。基本面分析法是最重要的股市分析方法之一。如果通过这种方法认为某股票具备投资价值了，这时候就不用过多去关心其短期的股价走势。

74. 怎样进行技术分析

股票投资的技术分析，是相对于基本面分析而言的。所谓技术分析法，是指通过各种图表和技术指标的记录，以及股市过去和现在的行为反应，来推测将来会有如何的具体走势和表现。

不难看出，技术分析法的主要依据是股价、成交量、涨跌指数等数据，根本不去考虑宏观经济、政治等外部因素的影响。不用说，这显然是不够的。

股票技术分析的具体理论和方法有：

技术分析理论

技术分析法的理论基础是"空中楼阁理论"。这种理论认为，股票价格的变动是心理构造出来的空中楼阁。股票价格的高低并不重要，关键是当你用某个价格买入某种股票时，要相信将来会以更高的价格卖给别人，你要做的只是当股票到达将来的"最高点"

前卖出就行。

根据这一理论,又派生出了以下技术分析理论体系:

道氏股票波动理论

这种理论认为,股票价格运动有三种趋势,分别是基本趋势、次级趋势、短期趋势,最应该重视的是基本趋势。

波浪理论

这种理论认为,股价波动和海洋波浪一样一波接着一波,非常具有规律。它完全依靠观察股市指数、价格走势来判断未来发展方向,是目前全球技术分析中运用最多也最难掌握的分析工具。

股市发展阶段和成长周期理论

这种理论认为,股市的发展一般要经过休眠期、操纵期、投资期、崩溃期、成熟期五个阶段;并且会进入大波段周期性循环,分为低迷期、初升期、回挡期、主升期、末升期、初跌期、逃命期、反弹期、主跌期、末跌期十个阶段。

信心股价理论

这种理论认为,股市的涨跌是由心理因素和信心因素决定的,只要投资者对股市有信心,股价就会上升。

股票价值理论

这种理论认为,从长期来看,股票价格的变化主要是由股票这种财产价值(股息)的变化决定的。

亚当理论

这种理论认为,股票价格的变动是由市场供需关系决定的,与公司业绩没有必然联系。

随机漫步理论

这种理论认为,股票价格虽然会围绕其内在价值上下波动,但这种波动受很多因素影响,所以是随机的、没有规律的。

相反理论

这种理论认为,当95%的人看涨股市时你就应该看跌,当95%的人看跌股市时你就应该看涨。坚持这样的反向操作,你就能获利。

黄金分割率理论

这种理论认为,以最近股价中出现的重要高点和低点为依据,在继续涨跌到黄金分割点(0.618)时就会发生逆转。

常用技术分析方法

股票投资常用的技术分析方法有以下几种:

K线图

这是用每天或某个周期的股市表现记录,来从中探索出一些有规律的东西来,如反转形态、整理形态、缺口、趋向线等。

量价关系分析

这是用股票成交量和股价之间的各种关系以及涨跌停板制度下的量价关系,来分析判断股市的下一步走势。

OX图

这是用小方格来表示股票价格的变化情况。但由于图示不计时间和数量,并且过于简单,所以这种方法非常难以解释得通。

移动平均线

这是用若干天(通常有3天、10天、12天、30天等)的股票价格加以平均,然后连成一条线,用来研究股价变化趋势。

平滑异同移动平均线(MACD)

这是用两条不同速度的指数平滑移动平均线,来计算两者之间的离差状况,用于研判股市行情。

相对强弱指数(RSI)

这是用一段时间内的平均收盘涨数、平均收盘跌数来分析股市买盘和沽盘的意向和实力,从而研判股市未来走势。

腾落指数(ADL)

这是用股票每天上涨和下跌的家数作为计算和考察对象,用来了解股市人气,从而探测股市大盘的动量是强是弱。

涨跌比率(ADR)

这是用一定时间内股价上涨的家数与下跌的家数的比率,参照钟摆原理,来研判股市的未来发展趋势。

超买超卖线(OBOS)

这是用一定时期内市场涨跌股票家数之间的相关差异性来衡量股市大势涨跌气势,从而判断未来大势走向。

成交量净额法(OBV线)

这是用股市成交量值制成趋势线,然后配合股票价格趋势线,从价量变动关系来推测未来走势。

随机指数(KD线)

这是股市和期货市场中常用的技术分析工具,由于在指数设计中综合了动量观念,所以更适合于短期预测。

乖离率(BIAS)

这是用股票价格在波动过程中与移动平均线出现偏离的程度,来计算股价在剧烈波动时可能造成的回挡和反弹程度。

动向指数(DMI)

这是用股票价格在上升或下跌过程中供求关系的均衡点,作为未来发展趋势的判断依据。

心理线(PSY)

这是用一段时间内投资者是倾向于买入还是卖出的心理与事实,来把它转化为数值,形成人气指标,从而用于判断股市发展趋势。

人气指标(AR)和意愿指标(BR)

这是用开盘价和收盘价波动来分析股市。人气指标比较重视开盘价,意愿指标比较重视收盘价。

震荡量指标(OSC)

这是用百分比来表示的当天收盘价与若干天前的收盘价的比率,用来判断当前市场是属于多头还是空头市场。

威廉指数(WMS%R 或 %R)

这是用股票价格波动中的峰与谷来决定股票买卖时机,分析股市短期行情走势,预测循环期内的高低点。

成交量比率(VR)

这是用股票价格上升日的成交量与股票价格下跌日的成交量

比值,来分析判断股市买卖气势中的中期行情。

均量线

这是用一定时期内(通常是 10 日或 30 日)的股市平均成交量情况制成均量线,来判断股市的中期、长期交投趋势。

抛物线转向(SAR)

这是用抛物线的方式来随时调整停损点的位置,用来观察股票最佳买卖点位在哪里。

逆势操作系统(CDP)

这是用上一个交易日的最高价、最低价、收盘价来确定第二天的交易价位,用以进行超短线买卖。

第八课 基　金

　　基金投资属于集合理财，所以要特别强调根据自己的风险偏好和理财规划，在高风险高收益、风险适中、低风险稳收益这三种产品之间进行科学组合，以达到分散投资风险的目的。

75. 什么是基金

　　基金有广义和狭义两种概念。广义概念是指为了某种目的而设立的具有一定规模的资金，如信托投资基金、保险基金、公积金以及各种基金会的基金等；狭义概念单指证券投资基金。而这里我们所说的基金正是狭义概念，这是首先要明确的。

　　所谓证券投资基金，是指一些专家利用基金管理公司这个平台发行基金份额，然后把投资者的资金集中起来，委托基金托管人（具有资格的银行）托管，基金管理公司在这其中专门从事股票、债券等金融工具投资，与基金投资者共担风险、共享收益。对于投资者来说可以简单地理解为，购买基金实际上就相当于聘请专家帮你理财。

　　与基金有关的概念非常多，农民理财至少需要了解以下概念，才能对基金投资有一个初步的了解和认识。

基金的设立

根据《证券投资基金运作管理办法》(2004年7月1日起施行,2012年6月19日修订),成立一家新的证券投资基金,募集期限从基金份额发售之日起不得超过3个月;在此基础上,还必须符合以下两项条件之一:

①设立募集期内净销售额不少于2亿份、金额不少于2亿元人民币,基金份额持有人数不少于200人。

②使用公司股东资金、公司固有资金、公司高级管理人员或基金经理等人员资金认购基金的,金额不少于1 000万元人民币,且持有期限不少于3年;基金募集份额不少于5 000万份,募集金额不少于5 000万元人民币;基金份额持有人人数不少人200人。

符合上述条件之一的,基金管理人才能公告该基金成立,并从成立之日起把投资者认购的基金份额正式转入他们开设的基金账户。

基金组织

基金组织包括基金管理人、基金托管人、基金投资者三方面,这三者之间的权利和义务、地位和责任是通过基金契约来进行规范的。

基金管理人在我国就是基金管理公司,一般由证券公司、信托投资公司发起成立,具有独立的法人地位。

基金托管人是基金的管理机构,一般为商业银行,代表基金投资者行使权利。基金管理人与基金托管人之间通过签订基金托管协议来明确双方的责任、权利和义务关系。

基金投资者可以亲自也可以委托代表参加基金持有人大会,讨论有关修改基金契约、终止基金、更换托管人、更换管理人、延长基金期限、变更基金类型等重大事项。

基金契约

基金契约是指基金管理人、基金托管人、基金投资者三者之间签订的协议,准确地说是"委托理财协议"。

在这其中,基金管理人对基金财产具有经营管理权,否则它就无法开展正常工作了;基金托管人对基金财产具有保管权,若保管不当得赔偿损失;而基金投资者对基金运营收益享有收益权,当然,与此同时也要承担相应的投资风险。

所以,基金契约的主要内容应当包括:上述三者之间的权利和义务;基金的发行、购买、赎回、转让;基金的投资目标、范围、政策、限制;基金资产的估值方法;基金信息的披露;基金的费用、收益分配、税收、终止和清算。

不用说,投资者如果购买了该基金,也就意味着同意上述内容了。

复制基金和基金复制

所谓复制基金,也叫克隆基金,既包括通过金融衍生产品来复制目标基金的市场表现,也包括复制投资策略。前者的主要作用是,当法律限制投资者投资目标基金时,可以通过投资它的复制基金来规避政策限制;后者的主要作用是,当某只基金取得巨大成功后,该基金公司便会对它进行复制,以便取得更高的投资回报率。

而基金复制则不同,它是用一只老基金的运作方式来复制成立一只新基金,是基金的正常"繁衍"。究其原因在于,这只老基金运作得相当成功,规模也很大了,继续申购该基金会摊薄原有投资者的收益,而新加入的投资者也会因其净值过高而望而却步。在这种情况下,通过基金复制,能较好地解决这个矛盾。

外扣法和内扣法

所谓外扣法,是指在计算基金认购或申购金额时,按照投资总额(认购金额)来计算。这样,认购金额中就包括了认购费用、净认购金额两个项目。而内扣法过去通常只出现在基金公司,从2007年开始我国基金公司已经统一改为采用外扣法计算了,目的是更好地维护投资者利益。

例如,如果某种新基金的份额是每份1元,费率是1‰,这时候如果采用内扣法计算,1万元人民币可以买到的基金份额是 10 000－10 000×1‰＝9 900(份);而如果采用外扣法计算,得到的结果是 10 000/(1＋1‰)＝9 900.9901(份)。同样是这1万元钱购买同一种基金,两种计算方法成本要相差 0.9901 元。

基金指数

与股票指数一样,我国上海证券交易所和深圳证券交易所上市的证券投资基金,也是编制基金指数的,分别称为"上证基金指数"和"深市基金指数",用以反映基金市场的综合变动情况。

上证基金指数的样本选择范围是在上海证券交易所上市的证券投资基金,代码为000011,实现行情库实时发布。深市基金指数编制采用的是加权综合指数法,权数就是各证券投资基金的总发行规模,以2000年6月30日为基日,基日指数为1 000点。

76. 基金有哪些品种

基金的品种很多,不同品种的基金,其投资方式和特点也各有不同,安全性、流动性、收益率也有很大区别。

搞清楚基金都有哪些类别,会有助于投资者根据自己的投资目的和风险承受能力进行决策、减少风险。

证券投资基金主要有以下几种类型：

(1) 开放式基金

开放式基金的发行总额是不固定（开放）的，基金单位数量可以随时增减，所以投资者可以根据基金的报价，在规定的营业场所申购或赎回基金单位。

(2) 封闭式基金

封闭式基金的发行总额是事先确定（封闭）的，在封闭期内基金单位的总数不变。但不过，在基金上市后是可以通过证券市场来转让和买卖基金单位的。

(3) 契约型基金

契约型基金也叫单位信托基金，是投资者、管理人、托管人三方通过签订基金契约设立并发行的一种基金。它由基金管理人负责管理操作，没有基金章程，也不设公司董事会。

(4) 公司型基金

公司型基金是指该基金本身就是一家股份有限公司，该公司通过发行股票或受益凭证来筹集资金，然后由公司委托投资顾问公司进行投资，所以也叫共同基金。

(5) 成长型基金

成长型基金着眼于基金资产的长期增值，为此采取的措施是把基金资产投资于信誉较好、具有长期发展前景和长期获利潜力的一些股票上。这也是证券投资基金中最常见的一种类型。

(6) 收入型基金

收入型基金又可以分为固定收入型基金、权益收入型基金两种，但着眼点都是投资那些能够带来现金收入、获取短期最大收入的有价证券。所以，这种基金的资产成长潜力较小，但损失本金的风险也小。

(7) 平衡型基金

平衡型基金兼顾成长型基金和收入型基金两者的平衡，既追求短期收益也追求资产长期增值。所以在投资特点上，它比较注重把资金分散投资在股票和债券上,以确保前面两大目标的实现。

(8)公募基金

公募基金是指受政府主管部门监管,然后向不特定投资者公开发行的证券投资基金。例如,上面提到的我国证券市场上的封闭式基金就属于这种类型。

(9)私募基金

私募基金是与公募基金相对而言的。这里的"私募"是指没有经过公开宣传、只是向特定投资者私下发行的证券投资基金,并非是指"偷偷的",与"地下集资"更是两码事。

(10)股票基金

股票基金在契约中规定的投资目标、投资范围主要是购买股票(但投资国债的比例不得少于20%),所以它的业绩受股市影响较大。封闭式基金和大部分开放式基金都属于这种类别。

(11)债券基金

债券基金在契约中规定它的投资目标、投资范围主要是用来购买债券。如果大部分资金用来投资债券,就称为债券型基金;如果全部资金都是用来投资债券的,则称为纯债券基金。

(12)指数基

指数基金以指数成分股为投资对象,也就是说它的投资组合是某种指数所包含的全部股票或部分股票。所以,这种基金的投资业绩基本上会与这种股票指数大致相同。

(13)保本基金

保本基金承诺在一定的投资期(3年或5年)内为投资者提供高于本金的投资回报率(如100%、120%或更高)。投资者持有这种基金,到期至少能获得不低于上述承诺的投资回报率。

(14)交易所交易基金(ETF)和上市型开放式基金(LOF)

交易所交易基金是指可以在证券交易所公开交易的基金。这种开放式基金主要在二级市场上以竞价方式进行交易,一般不能现金申购和赎回。上市型开放式基金与之不同的地方是,投资者可以通过基金管理人或委托的销售机构来申购和赎回,当然也可以通过交易所市场来进行买卖。

(15) 货币市场基金

货币市场基金的主要投资方向是各种货币市场产品,如银行定期储蓄、商业本票、承兑汇票等。这些产品风险低、流动性强,随之而来的是货币市场基金也同样具有风险低、流动性强、收益率低的特点。

(16) 伞型基金

伞型基金是基金发起人根据基金招募书设立的、多个项目之间可以按照一定规则进行转换的基金(这样就形成了一种"伞型"结构),这些基金称为"子基金"或"成分基金",并且相互构成伞型体系。

(17) 专向基金

专向基金的特点是,资金投向与某一特定行业或领域有关。由于针对性强、投资范围小,所以基金管理者会有更多的精力用来研究该领域,有助于大大降低管理成本和投资风险。

(18) 偿债基金

偿债基金是为了偿还未到期债务而设置的专项基金。这样,每年都可以从该基金发行公司的盈余中,按照固定金额或债券发行比例来提取一部分用于偿还债务,直至债务还清。

(19) 政府公债基金

政府公债基金的资金投向是由政府直接或间接担保的有价证券,如国库券、国库本票、政府债券、政府机构发行的债券等。容易看出,这一特点决定了该基金安全性高、收益相对稳定,但流动性不强。

77. 基金和股票有什么不同

股票和基金虽然同是目前国内投资者最常见的投资方式,但区别还是很大的。这主要表现在以下几点:

经济关系不同

股票是所有权凭证,投资者购买股票后,拥有了该凭证,就自然而然地成了公司股东,两者之间是所有权关系。而基金是受益凭证,投资者购买基金后,拥有了该凭证,就理所当然地成了这一基金的受益人,两者之间是信托关系。

收益来源不同

投资者购买股票后,收益来源主要有两大块:一是股价上涨所带来的价差收入,二是该公司的股息分红。而投资者在购买基金后,通过基金管理公司对外进行投资管理,收益来源是基金份额净值的增长。

资金投向不同

股票属于直接投资工具,上市公司发行股票后募集到的资金主要是投向实业领域;而基金属于间接投资工具,基金管理公司募集到资金后主要投向有价证券等金融工具,如购买债券或股票等。

风险水平不同

股票的直接收益取决于该上市公司的经营效益,所以不确定性强、投资风险也大;在股市中的表现就是股票价格波动大。所以,股票属于高风险、高收益的投资品种。而基金由于已经进行组合投资,所以投资风险比股票要小,随之而来的是投资收益相对也会更稳健。

78. 基金和债券有什么不同

有人搞不清基金和债券有什么不同,尤其是在听到"债券基金"时,更搞不清它究竟是属于债券还是属于基金。也有人说,既然我购买你这种基金,你基金也是拿去投资债券的,那还不如我自己直接购买债券呢。其实,基金和债券两者之间还是有很大区别的。

什么叫债券基金

所谓债券基金,也叫债券型基金。首先明确它是一种基金,但由于它的资产中有80%以上是投资于债券的,所以才被称为债券基金。

债券基金的主体投资于债券,如国债、金融债、企业债;而众所周知,债券投资的收益是相对稳定的,所以债券基金的收益也会具有这种(相对稳定的)特质。

另外就是,上面提到债券基金有80%以上的资产投资在债券上,就表明还有一部分资产是可以投资其他品种如股票的。事实也正是如此。打新股和投资可转换债券都是债券基金获得收益的重要渠道。

基金和债券有什么不同

基金和债券根本不同,两者的主要区别如下:

性质不同

基金集中众多投资者的资金进行组合投资,寻求比较稳定的收益。而债券是政府、金融机构、工商企业直接向社会借债筹措资金,面向投资者发行的、承诺将来以一定利率支付利息,并按约定条件偿还本金的债权债务凭证。

反映的关系不同

基金反映的是信托关系,是投资者委托基金管理公司投资理财的委托关系。而债券反映的是债权债务关系,也就是说,是一方欠另一方的钱,另一方是需要根据约定归还本金和利息的。

市场参与度不同

简单地说就是,许多债券是个人不能购买的,只对机构投资者开放。基金公司是机构投资者,它可以在更大范围内参与购买金融产品。

举例说,目前我国不同种类的债券是分别在不同市场上进行交易的,银行间债券市场是债券交易的主体,交易的债券品种包括央行票据、政府债券、政策性金融债券、证券公司债券、公司债、企业债、资产支持证券等,债券存量和交易量均占全部债券市场的90%以上,而这是个人投资者无法参与的。基金作为机构投资者,就不受此种限制,可以方便地通过购买这些债券来投资并获利。

操作投向不同

基金是信托工具,募集而来的资金主要投向有价证券,如股票和债券等,属于一种间接投资。而债券是融资工具,发行债券募集而来的资金主要投向实业,属于一种直接投资。

投资能力不同

基金公司的基金经理和研发团队人才济济,他们具有专业知识和技能,处理债券市场波动时的能力更强,比普通个人投资者更具优势。

债券流动性不同

个人投资者购买的债券以国债居多,绝大多数人买了以后都会坚持到期兑现,所以流动性很差,甚至根本没有流动性。基金购买债券的结构中包括各种不同种类、不同期限的债券组合,流动性相对较好。

债券组合配置不同

如上所述,个人投资者购买债券通常只是选择少量品种,或者全部是一种债券；而基金购买债券则会主动进行各种组合配置，有效降低投资单一品种所带来的风险。除此以外，在投资债券的同时，还会有意识地利用股市和债市的跷跷板效应，追求更高的投资收益。

价格不同

基金规模庞大，所以在购买债券时拥有一定的讨价还价能力。说穿了就是，基金买到的债券价格比你个人买到的更低、获利空间更大。

风险和收益不同

基金的投资风险和收益介于股票和债券之间，而债券的投资风险和收益都要比基金小得多。说得更具体一点就是，债券的收益一般是事先确定的，收益再低也不会是0，可是基金投资是有可能亏损的；并且，购买债券的风险很小，尤其是国债被称为金边债券，几乎没有任何风险，可是基金投资的风险有时候与股票没什么两样。

综上所述，农民理财购买基金与个人直接购买债券相比，一般会取得更高的投资收益。之所以这里说"一般"，是因为每个人购买的基金品种、时机、技巧都不一样，所选择的基金公司的操盘能力、管理水平、面对的市场动态也不一样，不能一概而论。

79. 基金投资有哪些原则

基金投资的主要特点在于"长期"和"保持"。所以，对于大部分追求长期增值的投资者来说，基金投资必须坚持这两条原则，这是提高基金投资收益、控制投资风险的最基本也是最简单的方法。

长期保持

这里所说的"长期保持"，包括两层含义："长期"和"保持"。

所谓"长期",是指基金投资的期限要长。只有坚持长期持有,才能最终享受到基金理财的丰硕成果,同时也才能规避风险。

所谓"保持",是指持有不动,而不是像股票那样不断地高抛低吸或低吸高抛,这也是基金投资与股票投资的不同之处。

虽说不停地高抛低吸有可能获取更多的投资收益,但这对投资者的要求非常高。即使专业投资者也往往不得要领,常常弄巧成拙,偷鸡不成蚀把米,又何况普通投资者乃至对基金投资似懂非懂的人呢?身在证券市场,这样的"低点"和"高点"实在难以看清楚。

定期定额

"定期定额"比较容易理解,但它同样包括两层含义:一是"定期",二是"定额"。所谓"定期",是指与银行等销售机构事先签订协议,在每个月的某个固定日期自动扣款;所谓"定额",就是每次扣款的金额固定不变。

容易看出,单从形式上看,这很有点像银行储蓄中的"零存整取",目的是最大限度地争取到复利效应,有较高的长期回报。

例如,如果你每个月定期、定额1 000元用于投资某只基金,如果年平均回报率为10%的话,那么20年后就可以增值200%以上,资产总值达到76万元左右,这就是一笔不小的数目了。

80. 怎样购买基金

购买基金主要有两种方式:一是去银行柜台购买,二是去证券公司购买。

购买之前,首先要认真阅读该基金的招募说明书、基金契约及开户程序、交易规则,主要是了解该基金的投资方向、投资策略、投资目标、基金管理人业绩、开户条件、具体交易规则,以便对该基金的收益水平、风险大小有一个大体估计,然后才能作出投资决定。

具体交易过程分为以下几步:

一、具体交易步骤

(1)开设基金账户

买卖基金首先要开设基金账户,其相关规定可以从基金销售文件中的账户开设条件、具体程序中看到,办理地点在基金直销网点。

个人投资者开户应该携带的资料是身份证或军人证、护照,以及银行存折或金融卡,填写"基金账户业务申请表"。

如果原来已经开设了基金账户,只是没有在直销点开设交易账户的话,这时候应该带上原来开设了的基金账户,然后指定在一家商业银行开设"指定银行账户",作为今后投资基金的唯一结算账户,用于基金赎回、基金分红、无效认购(申购)资金的退款结算等。

(2)买入基金

购买基金的过程如果出现在基金募集期间、基金尚未成立时,称为认购,这时候的认购价格为基金单位面值(1元)加销售费用;如果出现在基金成立后,称为申购。

投资者认购基金时,应当在基金销售点填写认购申请书、交付款项,然后在注册登记机构办理有关手续、确认认购。申购时,要在销售机构填写申购申请书、交付款项,这个过程结束了就表明申购有效。

申购基金时,应当把预交款以支票或电汇方式(其他方式不行)划入基金管理公司在指定商业银行开设的基金销售专户,并且必须当天到账;否则如果由此导致申购无效,基金管理公司和直销网点不承担连带责任。

基金申购无效的情形并不少见。投资者的资金没有划出或划出不成功当然就不谈了,即使资金已经划出,出现申购无效的情形也很常见,这主要有:没有办理开户手续或开户不成功;没有使用支票结算或电汇结算方式;没有办理申购手续;当天下班时资金还没到账;划出数额少于申购金额;其他基金管理公司确认的资金无效或申购失败的情形。

只有当基金申购有效时,才能到直销点办理申购业务。这时候个人投资者要带的材料有:个人身份证或代办人身份证原件;基金账户卡;如果是同城支票结算的要有加盖银行受理印章的复印件,如果是异地电汇结算的要有加盖银行已经受理电汇凭证印章的复印件。

在此基础上,才能填写开放式基金申购(认购)申请表。

(3)卖出基金

投资者把手中持有的基金卖给基金管理人、收回现金,从基金管理人的角度看是一种赎回,所以,卖出基金的过程就叫赎回。赎回价格,以当天单位基金资产净值为基础来进行计算。

投资者卖出基金,应当在基金销售点填写赎回申请书。按照现行规定,基金管理人应当在3个工作日内对该交易的有效性进行确认,并且在7个工作日内支付赎回款项。

除此以外,对于开放式基金来说,投资者除了可以买卖基金之外,还可以申请基金转换、非交易过户、红利再投资等。

所谓申请基金转换,是指如果一家基金公司同时管理着好几只开放式基金,这时候的基金投资者就可以把手中持有的这只基金申请转换为该公司管理的另一只基金。这种转换过程同样表现为基金的买入卖出,即在卖出这只基金的同时买入另一只基金。只不过由于这两只基金属于同一家基金管理公司,所以这种基金买卖的费用非常低,甚至完全不用支付费用,所以才称为"转换"的。

所谓非交易过户,顾名思义是指继承、赠与、破产支付等非交易情况下发生的基金所有权转移。当然,这种转移仍然是要办理过户手续的。

所谓红利再投资,是指投资者在基金分红时主动要求把所得现金直接用于购买该基金,这样的好处是可以不用支付申购费用。

投资者赎回基金时,个人投资者需要携带以下材料:本人或代办人的身份证原件;基金账户卡;开放式基金赎回申请表。机构投资者所带的材料大同小异,主要是还要提供经办人的身份证原件,以及加盖预留在银行的支票印鉴。

二、场内交易和场外交易

所谓场内交易,就是投资者通过股票账户在证券市场买卖封闭式基金、ETF 或 LOF 基金;所谓场外交易,就是通过银行系统买卖开放式基金。

容易看出,这里的"场"是指证券市场。所以,凡是通过证券系统申购基金的称为场内交易;通过银行系统申购的称为场外交易。

三、注意事项

在进行基金的具体交易时,要注意以下几点规定:

一是看清并按照该基金招募说明书的规定程序来办理,避免"违规"。

二是一名投资者只能在一家基金公司开设一个基金账户。

三是基金直销网点对初次申购该基金的投资者一般会有最低数量方面的规定(已经申购过该基金的投资者除外),对追加申购也会有最低金额方面的要求。

四是投资者赎回基金时在最低份额方面会有相应规定;既可以全部赎回也可以部分赎回;如果部分赎回后在同一个网点的基金单位低于规定的份额要求,则余下的部分基金份额必须同时赎回。

81. 基金投资怎么赚钱

基金投资当然要追求稳定而较高的投资收益率,为此就必须了解基金投资的收益都是从哪里来的,这样才能做到有的放矢。

从概念上看,证券投资基金的投资收益,是基金资产在运作过程中超出自身价值的部分,是基金资产在运作过程中产生的、超过本金部分的价值。从构成看,它包括这样几部分:

(1) 红利

基金的红利收入是指股票投资在年中、年末分配时获得的收益,包括现金红利和红利再投资两种,由投资者自己选择。根据法律规定,投资者如果没有指定哪种分红方式,则默认为现金红利方式。

投资基金究竟能分到多少红利,当然是投资者所关心的。但要注意的是,这种红利分配应当追求"健康分红"——在股市大盘上涨时不急于分红,而是希望能为投资者创造更多的收益;当大盘下跌时,则要把已经到手的收益分配给投资者,避免得而复失。这种做法能够确保投资者获利,尤其适合于那些想落袋为安的谨慎型投资者。

如果选择现金红利,红利将在分红实施之日,从基金托管账户划入投资者预留在银行的存款账户。例如你持有某基金 10 万份基金份额,它的分配方案是每份分红 0.04 元,那么届时你将会得到 4 000 元现金红利。

如果你不希望分配现金,而是希望用于直接再投资,这时候可以选择红利再分配方式。这样,原来应该分配给你的 4 000 元现金红利,就会折算成相应基金单位,转入你的账户中。假如该基金分红基准日的基金份额净值为 1.25 元,那么你将能得到 4 000/1.25＝3 200 份基金份额,从而使得基金总数变成 10.32 万份。

前面已经提到,红利再投资的好处之一是不需要申购费。所以,如果你看好后市并且还希望追加投资,或者平时没时间去过多地研究投资,而是希望能把这只基金作为长期投资对象的话,那么这时候选择红利再投资就是一种较好的选择。

(2)股息

基金的股息收入是指优先股投资在年中、年末分配时获得的收益。

证券投资基金中有一部分标榜自己是"红利投资"的,意思是说,这种基金的投资对象主要是那些收益稳定、现金分红丰厚的股票,它主要是通过股利分红来获取收益,然后回报给投资者的。

不要小看这种红利型基金,因为基金本来就是一种长期投资,所以这种长期业绩会令人刮目相看。例如在美国,如果1973年投资1万美元在标准·普尔500工业指数的分红股票中,30年后可得41.5万美元收益;而如果投资于非分红股票,同期收益只有9.6万美元。

在我国,分红股票具有比较高的现金收益特征和高成长性,从而导致红利型基金能在这些股票上获得中长期稳定的收益增长,给投资者比较稳定的高回报率。不过要注意的是,红利型基金中的投资策略、收益回报率是各不相同的。

(3)债券利息

基金的债券利息收入是指投资于不同种类的债券而定期取得的利息收入,这些债券有国债、地方政府债券、企业债、金融债等。

这项收入是货币市场基金收入的主要来源。

(4)买卖证券价差

基金买卖证券价差收入是指在证券市场上买卖证券所得到的价差收益,简称价差收益,也叫资本利得。

这里的证券主要是指股票和债券,相应地,买卖证券价差也分为股票买卖价差、债券买卖价差两部分。

价差收益的计算公式是:

价差收益=你所申购和赎回基金时的单位净值差价(如果是封闭式基金则用买卖差价)×赎回(卖出)基金的份额-赎回费

用(封闭式基金交易费用)

例如你持有某基金 10 万份基金份额,申购该基金时它的单位净值是 1.02 元,现在的单位净值是 1.25 元,那么,全部赎回该基金就可得价差收益:(1.25－1.02)×100 000－赎回费用＝23 000－赎回费用。根据规定,价差收益目前暂时是不征收所得税的。

(5)存款利息

基金的存款利息收入,是指资金存在银行或中国证券登记结算公司所获得的利息收入。

由于开放式基金必须随时应付投资者赎回,所以必须有一部分现金存在银行。

单从数额上看,存款利息收入只占基金收益的很小部分。

(6)其他收入

基金投资的其他收入,是指上述项目以外的其他项目的收入,如资产支持证券利息收入、买入返售金融资产收入、资产支持证券投资收益、衍生工具收益、公允价值变动收益,以及基金资产在运用过程中带来的成本费用节约额(如交易佣金优惠、新股手续费返回、发行费结余等)。

另外,按照国家规定,基金收益应当扣除相关费用,这样得到的基金净收益才是你实际到手的部分。

一般来说,从投资收益率看,如果你能买到优质开放式基金,年收益率 15% 是完全有可能的(美国开放式基金的年平均收益率为 12% 至 15%),关键是要长期持有,才有可能获得丰厚的回报。

另外有一点非常重要,那就是由于你购买的基金是由基金托管人负责运作的,所以非常有必要关注那些基金经理的变动情况。

一般来说,如果你得知原有基金经理离职,这时先不要忙着赎回该基金,而是先观察一段时间再说。观察的重点是新基金经理的投资策略有没有发生改变(主要是看行动,而不是口头表态)、是否仍然符合你的投资目标? 如果不是,这时候再卖出也不迟。

尤其是当该基金如果是基金公司旗下的唯一品种,就更要对新经理人格外注意了,因为这很可能表明该公司没有其他合适的人选来担任经理;相反如果该基金公司规模很大、人才济济,那就另当别论了。

82. 基金投资的风险在哪里

基金投资与股票投资一样,同样存在着风险,而且风险还不小。

了解基金投资的风险,最简单的办法是仔细阅读基金招募说明书中的风险提示部分,如果有不懂的地方可以求助于客户经理。

总体来看,基金投资的风险主要体现在以下几方面:

(1)基金本身的运营风险

主要有:

①投资风格箱。你可以根据基金在投资风格箱中的地位,大概了解其风险水平状况。总的来看,大盘价值型基金的风险程度较低、反之较高。

②行业集中度。如果基金集中投资于某一行业,当这个行业中的各板块大幅度下跌时,该基金的业绩表现会受到较大影响。

③持股分散度。如果基金集中投资于少数几只股票,投资风险会较高,其中主要是考察"基金十大重仓股占资产净值比例"指标。

④最差收益。通过了解该基金过去经营中的最差收益记录,判断自己能否承受这个程度的亏损。如果不能承受,最好还是敬而远之。

⑤历史风险。用该基金过去的风险水平(波动幅度)来判断。

⑥晨星评级。这是晨星公司推出的基金评级,主要目的在于协助投资者比较简单地分析每只基金在同类基金中的过往业绩表现,星级越高说明这只基金原来的业绩越好,最高为五星。

(2)开放式基金的申购和赎回时的未知价格风险

这是指开放式基金在申购、赎回时,所参考的基金单位资产净值,是上一个基金开放日的数据;而从上一个基金开放日到申购、赎回当日的价格会发生什么样的变化,你是无法预知的。这样,在这中间就必然存在着价格变动风险。

(3)开放式基金的投资风险

开放式基金的主要投资方向是股票和债券,而股票和债券本身存在着极大的投资风险,这又势必会构成开放式基金的投资风险。

例如,影响股票的投资风险主要有上市公司的经营风险、证券市场的运作风险、经济周期的波动风险等,影响债券的投资风险主要有利率变动导致的债券投资收益风险、债券投资的信用风险等。

不过话说回来,由于各基金在股票、债券投资方面的目标和比重不同,这种投资风险也有各自的侧重点。一般来说,成长型基金在这方面的投资风险最大、收益型基金风险最小,平衡型基金居中。

(4)市场风险

这是指基金市场和整个宏观经济市场可能会给基金投资回报率造成的风险,包括政策风险、经济周期风险、利率风险、上市公司经营风险、购买力风险等。

①政策风险

政策风险主要是由于国家宏观经济政策发生改变,从而导致基金市场价格发生波动,继而给投资者造成的收益率风险。这些宏观经济政策有货币政策、财政政策、行业政策、地区发展政策等。

②经济周期风险

经济运行是具有周期性波动规律的,这种周期性波动会导致各行各业、各种类型的上市公司,在经营、业绩方面相应地呈现出某种周期性变化,从而影响到该股票、该行业乃至整个股市的发展走势。这种影响对基金投资业绩的影响很大,也会给投资者造成某种风险。

③利率风险

利率风险是指市场利率的波动,必然会导致证券市场价格和收益率发生变动。无论该基金投资的是股票还是债券,都会因为利率变动影响融资成本,进而影响利润,从而影响到基金投资者的业绩回报。

④上市公司经营风险

这是指上市公司在经营过程中存在着诸多复杂的影响因素,如管理能力、财务状况、市场发展前景、行业竞争、人员素质、发展时期等等。在所有这些因素合力作用之下,经营业绩必然会受到影响,从而影响基金投资收益率。

⑤购买力风险

这是指基金投资者得到的现金红利,会由于通货膨胀导致实际购买力下降,低于名义货币购买力。也就是说,钱不如以前值钱了。

(5)信息披露风险

这是指由于基金管理公司信息披露不够可能给你造成的投资风险。

根据规定,开放式基金的信息披露内容,应当包括招募说明书(公开说明书)、定期报告、临时报告三大类。其中的定期报告,内容应当包括每日公布的单位净值公告、季度投资组合公告、中期报告、年度报告四项。

上述信息披露内容,如果基金管理人无法及时编制、基金托管人不能及时复核,从而不能在规定时限内在中国证监会指定的信息披露报刊和网站上发布,就会给投资者带来由信息不透明引发的风险。

(6)基金面临清算的风险

基金公司一旦面临清算,不但会导致净值发生大幅度波动,而且会遇到基金暂停赎回的可怕局面,这种风险有必要引起注意。

另外就是,停牌后的股票如果要按照"行业指数法"重新估值,长期来看虽然可以有效反映基金资产的真实价值,但短期内必定会对重仓持有该停牌股的基金净值造成严重挫伤,导致基金价格迅速下跌。

毫无疑问,这种重新估值是对停牌股票累积风险的一次集中释放,但估值政策的不确定性又必然会延续到股票复牌的当天。

(7)不可抗力因素造成的风险

例如,当发生战争、地震等自然灾害等不可抗力因素时,同样必然会给投资者造成一定程度的意外损失。

第九课
期　货

期货并不是像有些人所说的那样是"赌一把",它既适合于纯粹为获利而进行的投机,也适合于为规避风险而进行的套期保值,堪称是一种真正的高风险、高收益的理财方式。

83. 什么是期货

所谓期货,全称期货合约,是指期货交易所统一制定的、规定在将来某个特定时间和地点交割一定数量标的物的标准化合约。

这种标的物既可以是商品,也可以是某种金融工具、金融指标。但有一点很明确,那就是期货合约到期时,合约持有人有义务买入或卖出这种期货合约所对应的标的物;而在期货合约到期之前,合约持有人同样可以选择反向操作来冲销这项义务。

通俗地说,期货就是"还没有到期的货",包括某些具体商品或金融工具,前者如小麦、玉米、铜等,后者如外汇、债券、金融指标等;也就是,现在买卖的是以后才到期的货。从这一点延伸开来看,期货投资就是现在买卖以后到期的货,并且从这种期货价格的波动中获取利润。进行期货投资的地方叫期货市场,简称期市。

从广义概念看,期货不但包括期货合约也包括期权合约,而在大多数期货交易所的期货交易品种中,就都同时包含这两大品种。

商品期货投资对起始资金没有要求,只要够买一手合约就可以了;而股指期货的开户门槛要高得多,目前的标准是50万元人民币。

下面是有关期货投资的几个基本概念:

期货投资

期货投资是指通过在期货交易所买卖标准化期货合约、期权合约而进行的一种有组织的交易方式。

不用说,这种交易的对象不是现货,而是期货合约、期权合约。容易看出,期货投资是与现货投资相对而言的。

期货市场

期货市场是指买卖期货合约的市场。当然,这是指合法设立的、有保证金制度作保障的期货交易所。期货交易的目的不是为了获得实物、实现商品所有权转移,而是为了规避价格风险和套利。

期货市场有两大最基本的经济功能:一是通过在期货市场上做套期保值交易转移价格波动风险,二是通过公开竞价来发现合理的价格。

期货合约

期货合约是在期货交易所达成的标准化的、受法律约束的规定将来在某一特定地点和时间交割某一特定商品的合约。

这种合约的主要特点是标准化,换句话说,只有标准化的"合同"才能称之为"合约",其内容包括商品的规格、品种、质量、重量、交割月份、交割方式、交易方式等,其中唯一可变的是价格。当然,这种价格的变动同样必须是在一个有组织的期货交易所内通过竞价方式产生的。

期货投资基金

期货投资基金是向投资者提供的专业期货管理，交易对象包括实物商品和金融产品的期货、远期、期权合约。

期货投资基金本质上属于投资基金的范畴，国外通称管理期货，属于一种重要的期货投资工具。

套期保值

套期保值就是在现货市场买进或卖出商品的同时，在期货市场上卖出或买进相同数量的同一商品。

这样做的目的，就是当市场价格出现波动时，可以让一个市场上的亏损从另一个市场的盈利中得到补偿，从而对现货进行保值。

期货投机

期货投机是指不以买卖实物为目的，而是通过期货价格波动来预测将来什么时候买进或卖出某种商品期货能够盈利，并且从现在开始就从事这种商品的期货买卖。

期货投机与传统概念上所说的投机倒把的本质区别是，它不是利用政策和管理漏洞来进行投机，并且恰恰相反，是在严格遵守法律法规的前提下，利用对未来价格走势和市场风险的判断来获利。

期货投机的方式要比期货保值复杂得多。它既可以利用商品价格的波动来投机，又可以利用现货和期货的价差来套利，还可以进行跨交易所、跨品种、跨月份的操作，所有这些，都能避免现货交易既要积压资金又要支付仓储费、运输费、保险费、保管费等的麻烦。

84. 期货有哪些类型

不同的期货投资类型,具有各自不同的商品属性和投资价值、投资特点。所以,首先要了解期货投资都有哪些类型,然后根据自己的特点来合理选择投资对象,这是从事期货投资的第一步。

总体来看,期货投资的类型主要有:

商品期货

主要投资品种如下:

金属期货

主要有:铜、铝、锡、锌、镍、黄金、白银、螺纹钢、线材等。

农产品期货

主要有:棉花、大豆、籼稻、小麦、玉米、白糖、咖啡、生猪、菜籽油、天然橡胶、棕榈油、苹果汁等。

能源期货

主要有:原油、汽油、燃料油、焦炭,以及新兴品种如气温、二氧化碳排放配额等。

金融期货

主要投资品种如下:

股指期货

主要有:美国价值线指数、加拿大多伦多50指数、英国金融时报100指数、东京日经225指数、香港恒生指数、沪深300指数等。

利率期货

主要有:美国短期国库券、中期国库券、长期国库券利率指数等。

汇率期货

主要有：美元、英镑、德国马克、日元、瑞士法郎、加拿大元、澳大利亚元、法国法郎、荷兰盾等。

期权交易

主要投资品种如下：股票期权交易、金融期权交易（含利率期权交易）、货币期权交易、商品期权交易（含贵金属）等。

85. 我国有哪些期货品种

目前，我国共有四家期货交易所，分别是上海期货交易所、大连商品交易所、郑州商品交易所、中国金融期货交易所，它们各自有着自己不同的期货交易品种。我国经批准允许上市交易的期货商品及特性、代码见下表。

所要注意的是，期货交易品种是随时有可能发生调整的。

我国期货市场的交易品种

交易所/交易品种	代码	合约单价	最小变动价位	报价单位
上海期货交易所				
黄金	AU	1000克/手	0.01元/克	元/克
白银	AG	15千克/手	1元/千克	
铜（沪铜）	CU	5吨/手	10元/吨	元/吨
铝（沪铝）	AL	5吨/手	5元/吨	
锌（沪锌）	ZN	5吨/手	5元/吨	
天然橡胶（橡胶）	RU	10吨/手	5元/吨	
燃料油（燃油）	FU	50吨/手	1元/吨	
螺纹钢（螺纹）	RB	10吨/手	1元/吨	
线材	WR	10吨/手	1元/吨	
铅（沪铅）	PB	25吨/手	5元/吨	

交易所/交易品种	代码	合约单价	最小变动价位	报价单位
大连商品交易所				
黄大豆一号（豆一）	A	10 吨/手	1 元/吨	元/吨
黄大豆二号（豆二）	B	10 吨/手	1 元/吨	
豆粕	M	10 吨/手	1 元/吨	
豆油	Y	10 吨/手	2 元/吨	
玉米	C	10 吨/手	1 元/吨	
棕榈油（棕榈）	P	10 吨/手	2 元/吨	
焦炭	J	100 吨/手	1 元/吨	
焦煤	JM	60 吨/手	1 元/吨	
聚乙烯（塑料）	L	5 吨/手	5 元/吨	
聚氯乙烯（PVC）	V	5 吨/手	5 元/吨	
郑州商品交易所				
强筋小麦（原强）	WH	20 吨/手	1 元/吨	元/吨
硬质冬小麦（硬麦）	WT	10 吨/手	1 元/吨	
普通小麦（普麦）	PM	50 吨/手	1 元/吨	
白糖	SR	10 吨/手	1 元/吨	
棉花	CF	5 吨/手	5 元/吨	
PTA	TA	5 吨/手	2 元/吨	
甲醇	ME	50 吨/手	1 元/吨	
菜籽油（菜油）	RO	10 吨/手	2 元/吨	
早籼稻（籼稻）	RI	20 吨/手	1 元/吨	
玻璃	FG	20 吨/手	1 元/吨	
油菜籽	RS	10 吨/手	1 元/吨	
菜籽粕	RM	10 吨/手	1 元/吨	
中国金融期货交易所				
沪深300指数（IF）	IF	300 元/点	0.2 点（60 元）	指数点

86. 什么是商品期货

所谓商品期货,是指标的物为实物商品的期货合约。

商品期货的历史悠久,种类繁多,其中又可分为农副产品期货、金属产品期货、能源产品期货等几个大类。仅仅是农副产品期货,就包括约 20 种左右的农副产品,如玉米、大豆、小麦、稻谷、燕麦、活猪、活牛、小牛、大豆油、棉花、羊毛等等。

从全球期货市场的成交量看,金融期货和期权的交易比重高达百分之八九十(2011 年是 88.7%,2012 年是 84.5%[①]),这一块在我国并不发达,所以我国期货市场总成交量的全球排名长期处于落后位置。可是如果单看商品期货成交量,我国从 2009 年开始就成为全球第一大国,当年我国商品期货的成交总量占全球的 43%,2009、2010、2012 年的排名均为全球第一。

商品期货投资的主要特点是:

以小搏大

以小搏大是指商品期货投资具有杠杆作用,只要投入 5% 至 20% 的履约保证金,就能掌握 100% 的虚拟资金,收益和风险成倍放大。

交易便利

交易便利是指商品期货合约中的各项因素如商品质量、交货地点都是实行标准化的,所以合约的互换性和流动性非常高。

---

① 徐静:《去年全球期货与期权交易量下降 15.3%》,载《期货日报》,2013 年 3 月 14 日。

信息公开

商品期货交易通过公开竞价方式,在平等条件下公开竞争;同时,期货交易拥有固定的场所、程序和规则,所以交易效率极高。

双向操作

双向操作是指商品期货交易在交纳保证金后,既可以买进也可以卖出期货合约,几秒钟内就能达成交易,操作十分简便、灵活。

履约有保证

商品期货交易达成后,会通过专门的结算部门进行结算和确认,所以不用担心期货合约会不会履约的问题。

87. 什么是金融期货

所谓金融期货,是指标的物为金融商品的期货合约。

金融期货与商品期货相比,主要区别在于其合约标的物不是实物商品,而是传统的金融商品、金融工具,如外汇、证券、货币、利率等,其他方面大同小异。尤其是自从金融期货交易从20世纪70年代在美国出现后,交易量迅速增大,目前已占全球期货总交易量的百分之八九十,以至于成为衡量一国经济发达程度的主要标志之一。

金融期货的主要种类有:

外汇期货

外汇期货是指以外汇为标的物的期货合约。交易双方约定在未来某个时间,根据约定比例,以一种货币交换另一种货币,用以规避汇率风险。它在金融期货中出现最早,是全球主要的套期保值工具之一。

股指期货

股指期货是指以股票指数为标的物的期货合约,也是全球金融期货市场最热门、发展速度最快的期货交易。股指期货并不涉及股票本身的交割,只是围绕股票指数来计算价格,现金清算交割合约。

利率期货

利率期货是指以债券类证券为标的物的期货合约,又分为长期利率期货和短期利率期货两种。长期利率期货的标的物是5年期长期国债,短期利率期货的标的物是3个月短期储蓄利率。

货币期货

货币期货是指以汇率为标的物的期货合约。由于它很好地适应了各国对外贸易和金融业务回避汇率风险的需要,所以全球有许多国家纷纷建立了自己的货币期货交易市场,货币期货成为一种全球性的期货交易品种。货币期货涉及的货币主要有:英镑、美元、德国马克、日元、瑞士法郎、加拿大元、法国法郎、澳大利亚元、欧洲货币单位等。

国债期货

国债期货是指以国债为标的物的期货合约。国债期货通过有组织的交易场所,事先确定国债的买卖价格,并且在将来某个特定时间内进行钱券交割,是金融市场不稳定背景下规避利率风险的较好工具。

88. 什么是期货保证金

所谓期货保证金,简称保证金,是指期货投资者按照期货合约价格的一定比例交纳的、作为履行期货合约财力担保的少量资金。

在我国,期货保证金按照性质和作用的不同,分为以下几种:

结算准备金

所谓结算准备金,是指由会员单位按照固定标准向期货交易所交纳的、为交易结算预先准备的资金。

结算准备金又可以分为以下两种:

固定保证金

固定保证金是指在过去采用电子化交易之前,按照固定数额缴纳的期货保证金。因为保证金数额是固定的,所以可以节省大量的计算和动态判断时间,便于快速判断投资者参与期货交易的风险状况。

比例保证金

比例保证金是指按照期货合约价值的一定比例,动态计算的开仓保证金。在期货交易普遍采用电子化之后,交易所主机和期货公司的服务器能够瞬间计算大量数据了,这使得动态计算持仓保证金数额成为可能,所以目前这一做法已得到普遍采用。

计算公式为：

开仓保证金＝股指期货点位×合约乘数×保证金比例×买卖张数

其中，合约乘数表示 1 个指数点相当的价值。例如，在沪深 300 指数期货交易中，合约乘数就是 300 元。

交易准备金

所谓交易准备金，是指会员单位或个人投资者在期货交易中因为持有期货合约需要实际支付的保证金。

交易准备金又可以分为以下两种：

初始保证金

初始保证金又叫原始保证金、开户按金，是期货交易所规定开仓收取的固定的最低资金。

维持保证金

维持保证金又叫追加保证金、维持按金，是在固定保证金基础上打一折扣，所以它也是固定的，交易所可以根据市场状况随时进行微调。例如，香港恒生期货指数的原始保证金约为每张 57 000 元，维持保证金就约为每张 47 000 元。

维持保证金的原理是：当"原始保证金－亏损值＞维持保证金"时，这时候表面上看投资者已经出现亏损，但期货公司一般不会要求投资者立刻强行平仓，而是会通知你追加保证金；当"原始保证金－亏损值＜维持保证金"时，这时候期货公司就不但会发出追保通知书，而且拥有立刻强行平仓的权利。

89. 期货投资有哪几种方式

谈到期货投资，往往会首先令人想到"风险"或"赌博"一词。其实，期货投资也有不同类型，投资者可以根据自己的投资偏好和风险承受能力,来选择适合自己的投资风格。

总体来看,期货投资方式可以分为以下三大类:

稳健型投资

这主要包括跨市套利、跨月套利、跨品种套利等套利交易方式。

这里的"跨"是指"横跨"。所以,跨市套利就是指在某一个期货交易所市场买入某个品种某个月的期货合约,然后在另一个市场上卖出该品种同一个月的期货合约,从而从中套利。同样的道理,跨月套利是指在同一个期货交易所对同一期货品种在不同月份同时买入和卖出,从而赚取季节性差价。跨品种套利是指利用两种虽然不同却有相互关联的期货品种(如玉米和小麦)之间的价格差异进行套利。

由于这些套利交易都是一买一卖、对等持仓,在获取价差的同时就平仓了结,所以比较可靠,被称为稳健型投资。

风险型投资

这主要是指进行单边买卖的交易方式。

单边买卖更容易发挥杠杆效应,投资收益可能会更多,但投资风险也会更大。这种交易方式通常包括当日短线交易和长期交易两种。当日短线交易是指当天内就了结头寸,不留仓到第二个交易日;长期交易是指持仓几日、几个月,等到有获利时再作平仓。

战略型投资

这主要是指大势投资战略交易方式。

大势投资战略交易是指大机构首先对某一商品开展经济周期

大势的深入研究,然后在此基础上进行长期投资(一般一个方向要投资好几年),而不怎么在乎短期的得与失。

总体来看,目前在我国的期货投资队伍中,稳健型投资和风险型投资都很常见,但战略性投资几乎还没有。

90. 期货投资怎么赚钱

人们从事期货投资是想赚钱的,可是怎么赚钱呢?

我们已经知道,期货交易是通过期货合约来进行的,而这种期货合约是一种标准化合约,其中除了合约的价格之外,其他所有条款都是预先规定好了的,不能更改。所以,期货投资要想赚钱就只能从合约价格上动脑筋,获益渠道主要有以下几方面:

期货套期保值

参与期货交易的投资者大致上可以分为两大类:套期保值者和投机者。

所谓套期保值,就是对现货进行保值,简单地说就是在看涨时买入、看跌时卖出——在现货市场上买进或卖出某种商品的同时,在期货市场上卖出或买入相同数量的同一种商品。

这时候,由于其交易对象是同一种商品,所以其价格波动具有内在联系——无论现货市场上价格怎么波动,最终都能取得在一个市场上亏损、在另一个市场上盈利的结果,并且亏损额和盈利额会大致相等,这样就达到了规避风险的目的。

当然,投资者参与期货套期保值并不只是为了规避风险,更主要的还在于获取价差。当投资者对期货价格走势作出正确判断、作出了正确的买入或卖出决定后,将来平仓出局了就能获取价差。

多空双向交易

双向交易是期货交易与股票交易的最大区别。换句话说,期货交易既可以买空,也可以卖空。

所谓买空,也叫多头交易,是指投资者首先买入期货,然后在将来价格上涨的时候高价抛出。

所谓卖空,也叫空头交易,是指投资者在遇到价格下跌时可以先卖后买,这样就能从这种价格下跌中获取差价了。

双向交易虽然会给投资者带来极大的投资风险,但同时也会创造巨大的投资收益,这再次证明收益和风险是相辅相成的。

T+0

期货投资实行的是 T+0 交易,当天交易次数不限。

也就是说,你当天卖出的期货变成现金后马上就能到账,不影响接下来的继续交易。这样就使你的资金利用效率大大提高了,如果做对了趋势,非常有助于扩大投资收益;与此同时,还可以随时平仓、减少亏损。方便资金的进出,也会增强投资安全性。

差额保证金

期货市场上的多空双向交易,是通过交纳差额保证金来保障的。

例如,当投资者认为某种期货价格有上涨趋势时,就可以向期货市场借入资金来购买这种期货。

期货市场为什么要借钱给他呢?道理很简单,因为这位投资者有一部分保证金交在它那里。投资者买入的期货并不能拿走,它依然是要作为投资者将来支付货款的抵押品,抵押在期货市场的。这样,当以后期货价格上涨时,抛出该期货,就能从中获利;而期货市场也可以从中收回贷款,最终结束这种买空过程。

买空是这样,卖空也是如此。投资者可以从这种买空卖空的双向交易中来回获利。所以说,股市中有"牛市"和"熊市"之分,而期货交易中是没有这种说法的。所以常常会看到,在股市非常萧条的熊市,期货市场依然繁荣一片。

期货保证金带来的杠杆作用,在扩大收益方面具有独特魅力。

举例说,如果你投资1万元购买铜,支付的保证金比例是5%,而铜的价格当天是涨停(在上个交易日基础上上涨3%),这就意味着你的当天获利是 $3\% \div 5\% = 60\%$。虽说股市的涨停板高达10%,可是由于这里存在着杠杆作用,期货投资的资金获利率相当于股市中涨停板的6倍,差不多相当于你在股市中一连吃了5个涨停板才抛出!

比较典型的是,沈阳市一位宋先生1993年开始涉足期货投资,参与过沈阳金杯的原始股与认购证投资,后来一直做到沈阳某期货公司总经理,然后他辞去职务专心投资期货。最惨的一次他直接损失1 000多万元,后来用辛苦打工赚来的1万元再次进入期货市场,一年内就把这1万元暴炒到1 700万元,两年内盈利5 000倍以上。

每日无负债结算

期货交易实行每日无负债结算制度。意思是说,期货交易所在每天交易结束后,都要按照当天的结算价格结清所有合约的盈亏、交易保证金、手续费、税金等费用,对应收应付款项按净额实行一次性划转;同时,调整会员的结算准备金。

这种逐日盯市、每日无负债结算制度,本来是控制期货市场风险的,但同时也能为投资者创造投资收益、规避投资风险提供便利。

低廉的交易费用

不用说,期货交易费用的高低也会影响到投资收益。而目前期货交易的费率并不高,政府并不征收印花税等税费,唯一的费用是交易手续费。

目前,我国期货交易所的手续费率为 0.02% 至 0.03%,加上经纪公司的附加费用在内,单边手续费不到交易额的 0.1%。

零和市场

股票市场的价值是随着经济发展上下起伏的,期货市场在这方面是一种零和游戏。当股市步入熊市之际,总市值会出现大幅度缩水,全体投资者的获利总额小于亏损总额,"赚少亏多"。可是在期货市场上,如果不考虑资金进出、提取交易费等情况,期货市场上的总资金量是不变的,一部分人的投资获利完全来自另一部分人的投资亏损。

换句话说就是,期货市场上的这种零和性质,会更有助于投资者获利。道理很简单:零大于任何负数。

信息透明度高

期货市场的相关信息主要是产量、消费量、主产地天气等报告,透明度非常高,不像股市上的主要信息披露渠道是财务年报。大多数上市公司的财务年报都有虚假成分,这风险就大了。

91. 什么是期货投资的基本面分析

期货投资的分析方法有两大类:一是基本面分析法,二是技术分析法。它们的工作模式都是"如果 A（已知条件）那么就 B（推导结果）"。对于战略性投资而言，基本面分析是必需的；相反，对于战术性投资而言，技术分析具有更多优势。

基本面分析法认为市场永远是错的，它所使用的分析数据属于基本市场数据，较适合于战略性投资；并且，这种投资的风险控制能力也弱。而技术分析法认为市场永远是对的，它所使用的分析数据属于交易数据，非常适合于战术性投资，风险控制能力强。

这两种观点看起来相互矛盾，但实际上却表明了同一条真理，那就是：能不能采用分析法来帮助决策，是区别期货投资和赌博的主要依据。换句话说就是，没有任何分析就进行期货投资无异于赌博。

期货投资的基本面分析主要关注以下几点：

影响期货合约的因素

期货合约是期货投资的交易对象，所以所有影响期货合约的因素都会直接影响期货投资收益。

新的期货合约的推出，必定会在很大程度上继承其原生商品的相关特征，表现为商品特征，包括各种商品的自然属性、现货市场的供求变化；与此同时，也会受合约设计本身各因素的影响，表现为合约特征，包括期货交易的基本原理、期货交易过程中的合约和制度设计。所以，在考虑影响期货合约的因素时，就必须考虑到这两个方面。

其中，期货合约的商品特征，主要是从适宜贮藏（这样才适合期货投资）、同质性（商品的规格和质量容易进行量化和评级）、买卖者众多（有利于增强市场流动性）、价格波动（价格波动频繁，市场机会才多）、商品可供量大（这样便于形成完全竞争性价格，不至于造成垄断）、交割成本较低（对参与者才有吸引力）、场外交易等方面来考虑。

而期货合约的合约特征，主要是从对保值者的吸引力、对投机者的吸引力并且防止被人为操纵等方面来考虑的。

行情发展层次

一般来说,一个期货交易品种的行情演绎要经历三个层次:首先是缓慢推动期,这时候还刚刚处于行情启动的初步阶段;其次是加速期,这时候的行情发展已经到了主要运行波段,价格变动成为一种趋势,并且速度会越来越快;最后是疯狂期,这时候的行情波动最大,投资风险也大。

不用说,期货投资应该根据这种行情发展层次,在缓慢推动期就开始进入;然后在加速期捂住,绝不做逆势头寸;而到了疯狂期时虽然仍然不能做逆势头寸,但这时候应当让顺势单子趁机出场。

行情所处时期

关于这一点,可以结合技术分析来进行考察。

一般来说,当技术上的均线聚拢黏合后发散,这时候的商品价格会带量突破压力,只要现货和宏观基本面没有出现反向变化,就意味着接下来的行情会有进一步的展开。

并且,还有这样一条规律:在一波行情展开之后并不会马上就反向展开,而是会呈现出整理或宽幅振荡格局。好好利用这种行情发展时期,就能最大限度地获取投资收益。

市场行为与行情发展的联系

当期货市场行情处在加速期时,即使这时候的市场行为都在做顺势方向(也就是说,大家都在买空或卖空),行情依然会顺势发展。只有在经过一波行情之后到达调整期,市场行为才会成为反向指标。

掌握了这一规律和特点,投资者就知道自己面对这样的市场行情时要做出怎样的投资决定了,而不是非要和别人对着干。

92. 什么是期货投资的技术分析

期货投资的技术分析,就是从技术层面来研究期货商品走势,用以判断下一步的投资价值和方向。

技术分析是中性词,没有褒贬之别,而期货投资中的技术分析有其特殊性,那就是在技术分析的同时特别强调要分析市场规律、分析自己的操作错误、学习别人的成功经验,而不仅仅是分析行情。

证券投资的技术分析究竟有没有作用、作用大小如何历来说法不一。一般认为,如果"专家都这样说",那就一定是"有道理"的。

就好比在茫茫沙漠中有一个点,那里竖着一块空白的石碑。一位探险者走到这里时,下一步怎么走,究竟是继续向前还是掉头向后,可能是随机的,没什么规律可循。可是如果成千上万的人到达这里后都朝着同一方向或若干方向行走,甚至还慢慢地踏出一条路,这里面可能就有规律可循了。更何况,这种方向还可以受人指引呢。

例如,其中的一个人路过这里时,在这块空白石碑上画了一幅美丽的图画,后来者到达这里后选择继续前行的可能性就大大提高了;相反,如果在这里画上一个死人骷髅头,掉头向后的人就可能会增多。

在金融投资领域,这样的图案被称为模块。期货投资的技术分析就是要用模块概念来把交易机会模式化,让后来者觉得朝哪个方向走"可能会更合理"一些。

期货投资中的技术分析方法主要有:

道·琼斯理论

道·琼斯理论认为,市场价格指数可以解释和反映市场中的大部分行为,而市场波动则存在着三种趋势:主要趋势、次要趋势、短期趋势。其中,最应关注的是交易量在确定趋势中的作用,尤其是收盘价。

道·琼斯理论在技术分析中的作用,主要是用于判断大势,对次要趋势和小的波动作用不大。而期货投资更关注次要趋势和中短期波动,所以它在期货投资分析中的作用十分有限。

艾略特波浪理论

艾略特波浪理论认为,一个完整的生产周期要经过8个阶段,其中包括上升(下跌)5浪、下跌(上升)3浪,如此循环,往复不断。

艾略特波浪理论非常关注价格走势形成的形态,以及走势图中各高点和低点所处的相对位置、完成某个形态经历的时间,归纳起来就是形态、比例、时间三要素,其中最重要的是形态。

在实际分析中,这种分析方法最大的缺点是,不同的人面对同一形态会作出不同判断,再加上没有考虑成交量因素,很容易被人为制造出形态来(制造骗线)。

江恩理论

江恩理论认为,股票、期货市场的价格运行趋势是可以通过数学方法来作出预测的,这就是江恩线。

具体分析方法有:

江恩构造圆形图

江恩理论认为,宇宙中的一切都是以圆形来运行的,所以,可以用这种圆形图来预测价格运行的时间周期。

江恩方形图

江恩理论认为,在一张方格纸上以商品价格某个中期性的低点和高点为中心,按照逆时针方向旋转,可以用来预测具体的价格点位。

江恩角度线

江恩理论认为,世界上的一切事物都离不开数学,也离不开几何图案,所以可以用角度线来预测商品价格的支撑位和压力位在哪里。

江恩轮中轮

江恩理论认为,用一张圆形的数字图(其中数字从 1 延伸到 360)就可以用来预测市场支持的价位和阻力水平,以及市场的逆转时间,同时还可以用来分析长周期和短周期。

循环周期理论

循环周期理论认为,不论什么样的价格波动,都不会永远朝同一个方向,而是会发生波动的。价格一旦发生波动,就必定会产生局部的高点和低点,这些高点和低点的出现在时间上具有一定的规律。

相反理论

相反理论认为,在期货市场中赚钱的只是少数人,所以,如果你要想投资获利,就一定要和大多数人的意见不一致,例如在其他人踊跃入场时你就要准备出场,而在其他人不愿意入场时你要敢于入场。

必须注意的是,所有技术分析法都是建立在以下三大基本前提之上的,如果这些前提不稳定或者根本就不存在,这些技术分析法也就成了空中楼阁。这三大前提是:

1. 期货市场行为会包容、消化一切

就是说,能够影响某种商品期货价格的基础性、政治性、心理性等因素,通通都包含在价格变动之中了。只有这样,才能通过研究价格变化来寻找某种规律。

2. 期货价格以趋势的方式进行演变

只有在某个趋势发生、发展的早期就及时准确地把它揭示出来,然后顺着这种趋势进行交易,才能实现获利的目的。从本质上看,技术分析就是以顺应趋势为目的的。

3. 历史是会重演的

只有建立在这种假设基础之上,过去的经验数据和行为规则才会对今后的市场分析有价值。而实际上,这是基于人类的某种心理,那就是可以从过去推断未来,实际上是否如此则很难说。

有鉴于此,在运用技术分析法时,无论采用什么样的分析手段,也不论这种分析手段是怎样产生的,最应关心的是它的实用性,即能否用它来预测未来价格走势,从而为投资决策服务。

而要做到这一点,就必须注意以下问题:技术分析法与基本面分析法要结合起来运用;各种技术分析法要进行综合研判;在使用同一种分析法时,要在前人结论的基础上加以验证,然后才能放心使用。

93. 期货投资的风险在哪里

有道是,高风险才能带来高收入,高收入背后必定潜伏着高风险。这句话对于期货投资来说也适用,而且非常恰当。从上面有关期货投资的收益中可以看出,这些能产生收益的地方,恰恰都潜伏着期货投资的巨大风险,是投资者必须注意的。

期货投资是一个对投资者来说较为陌生而又非常复杂的领域,对方(期货经纪商、顾问商、投资基金管理组织)无论是经济实力还是专业力量都非常强大,双方的地位和信息明显不对等。

正因如此,中国金融期货交易所沪深 300 股指期货合约才会对投资者设定较高的投资门槛,虽然这个门槛在不断降低,但依然会让许多投资者望而却步。原因在哪里?就是因为这种期货投资风险较大。

具体地说,期货投资风险主要体现在以下几方面:

投入资金数额过大

期货市场以小搏大的杠杆效应,会大大加剧投资风险。投资者如果贪心不足、对资金管理缺乏严格的纪律,很容易导致倾家荡产。

在这里,资金管理的严格纪律是:投入期货市场的资金不能超过个人或家庭总资产的 50%;每一轮期货交易允许的最大亏损额应当不超过个人或家庭总资产的 5%。如果资金投入量较大,在单个期货品种上投入的资金不能超过总资产的 10% 至 15%,在同一类期货品种上投入的资金不能超过总资产的 20% 至 30%。只有这样,才能确保今后有后续资金来弥补损失。

入市时机选择不当

有人说,期货投资中只有不当的进入、没有不当的退出。意思是说,如果入市时机选择不当,会导致巨大的投资风险。

投资者在对商品价格趋势作出自己的估计后,应当慎重选择入市时机。有时虽然这种价格趋势的判断是正确的,但如果入市时机错误,也会造成巨大损失。在选择入市时机时,应当特别注意采用技术分析法。因为相对而言,技术分析法对短期分析会更有效,而基本面分析更适合长期分析和趋势分析。

缺乏盈亏目标

盈亏目标的制定和判断是资金管理内容的一部分,但它的重点在于对期货交易的预期盈亏概率作出认真分析,制定出盈利目标来;并且要明确止损额度,防止亏损进一步扩大。

通用的标准是3比1。也就是说,如果判断从这笔期货交易中获利的可能性是亏损可能性的3倍以上,这样的期货投资才是值得的。一旦根据这样的判断入市了,除非验证原来的判断失误,否则绝不要因为短期内的行情变化而仓促改变计划,避免盲目追涨杀跌。

缺乏期货交易计划

缺乏期货交易计划的表现是,事先对期货交易没有通盘考虑,有点"凭着感觉走"的味道,结果不免就慢慢地滑到亏损边缘加上由于期货交易的杠杆效应,这时候稍不留神就会血本无归。

期货交易的风险性很高,所以一定要制订妥善的交易计划,包括限制投入资金比例、谨慎选择交易对象、进行市场分析、确定持有该合约头寸期限、制定盈利目标和亏损限度、选择入市加码和出场时机等。

套用股市操作方法

期货投资对投资者的风险承受能力提出了很高的要求,稍有不慎就可能会产生心理动摇,从而危及原来正确的投资决策。

最常见的情形是,投资者在进入期货市场前都进过股市,而中小股民在股市中一旦发生浮动亏损,就会采取"以时间换取空间"的投资策略,而这恰恰是期货投资中最忌讳的,也是行不通的。

举例说,期货市场中可以用5%至8%的保证金比例做100%

的期货标的物交易,而当期货标的物价值发生不利于自己操作方向的变动幅度超过 5% 至 8% 时,就表示投资者的持仓资金已经全部亏完了,如果持仓保证金不足以维持持仓头寸,就要进行强行平仓。这不但会对投资者的资金造成实际亏损,还会影响接下来的继续操作。

喜欢做短线

股市投资中有一大批短线投机者获利颇丰,相反,长期投资却收益甚微,甚至多少年也解套不了。

可是,这种短线操作法在期货市场中却容易导致亏损,究其原因在于:一是期货市场价格的短期波动具有不可预测性;二是短线波动受人为操纵痕迹明显,投资者不容易把握;三是短线投机操作难度大、技巧高,适合于高水平投资者,普通投资者很难准确把握最佳买卖点。

所以,普通投资者最好是从判断中长线行情中去寻找交易目标,这样才能有效规避风险。因为期货市场中大品种的基本面要发生根本性转变,都需要有一个较长的时间才能完成。

期货交易中的欺诈问题

期货交易中的欺诈问题很复杂,司法实践中缺乏统一认定标准,但它又客观存在。不用说,这种欺诈会给投资者造成极大的风险。

期货交易中的欺诈问题,从主体上看,可以分为期货经纪商的欺诈、顾问商的欺诈、投资基金管理组织的欺诈;从期货交易过程看,可以分为客户进入期货交易市场以前的欺诈、进入以后的欺诈;从具体表现形态看,可以分为片面强调从事期货交易的投资获利而不充分说明存在的风险、约定与投资者分享利润或共担风险、提供的信息资料中存在虚假宣传和隐瞒重要事项等。

不能克服心理弱点

每个人都有心理弱点,这是无可否认的;可是,如果这种弱点无法克服,就会在期货投资中形成风险。

最常见的心理弱点有以下四大表现:一是一厢情愿,总是往好的方面想,结果一错再错;二是梦想不劳而获,把期货当成一项事业来经营;三是贪心不足,多多益善;四是怕这怕那,容易冲动。

克服心理弱点并不是没有办法,那就是要充分利用设计良好的交易系统,来帮助自己分析判断期市行情、提供客观参考。

第十课
外　汇

外汇投资或许会让你感到有些陌生或无从下手;但在全球经济一体化背景下,只要能掌握相关知识及技巧,选择优质的交易平台,获得较高收益是有可能的。

94. 什么是外汇

所谓外汇,全称是国际汇兑。外汇的概念可以从静态和动态两方面看。从静态角度看,外汇是指外国货币或以外国货币表示的、能够用于国际结算的支付手段和资产。这也是我们通常所说的外汇的概念。从动态角度看,是指把一国货币兑换成另一国货币,用来清偿国与国之间债权债务关系的一种经营活动。

根据我国《外汇管理条例》的解释,外汇的范围包括:

①外币现钞,包括纸币、铸币。

②外币支付凭证或支付工具,包括票据、银行存款凭证、银行卡等。

③外币有价证券,包括债券、股票等。

④特别提款权。

⑤其他外汇资产。

95. 什么是汇率

所谓汇率,也叫汇价,是指一国货币用另一国货币来表示的价格。通俗地说,就是两个国家货币之间的比价。

由于各国货币的供求关系时时刻刻都在发生变化,所以汇率是经常要变的,而银行则会根据汇率变动来调整各种外汇的买入价和卖出价。

外汇市场上的汇率是由 5 位数字来显示的,如 0.1622、80.616 等。其最小变动单位是 1 个点,即这 5 位数字中最后一个数字发生的变动。如前者在 0.1622 基础上增加或减少 0.0001、后者在 80.616 基础上增加或减少 0.001。

按照国际惯例,货币名称通常是用三个英文字母来表示的,如用 USD 表示美元、GBP 表示英镑、JPY 表示日元等。

汇率有以下两种标价方式:

直接标价法

这是指以一定单位(如 1、100、1000、10000)的外国货币为标准,来计算应该付出多少单位的本国货币,相当于购买这些外国货币应该付出多少本国货币,所以也叫应付标价法。

这是全球大多数国家包括中国、日本、瑞士、加拿大等国在内通行的标价法。如用直接标价法表示的人民币与美元之间的汇率是 6.1645,就表示购买 1 美元需要付出 6.1645 元人民币,诸如此类。

间接标价法

这是指以一定单位的本国货币为标准,来计算应该收入多少单位的外国货币,相当于出售这些本国货币应该收取多少外国货币,所以也叫应收标价法。

这是欧元、英镑、澳大利亚元等采用的标价法,如用间接标价法表示的人民币与美元之间的汇率是0.1622,就表示1元人民币可兑换0.1622美元。

不过要注意的是,外汇市场上的报价一般均为双向报价,即报价方会同时报出自己的买入价和卖出价,由对方决定买入还是卖出。

不用说,买入价和卖出价之间的价差越小,就表明投资者的成本越低。

96. 什么是外汇市场

所谓外汇市场,是指由银行等金融机构、自营交易商、大型跨国企业,通过各种中介机构和通信系统连接起来的、以各种货币为买卖对象的交易场所。

外汇市场既有有形市场,也有无形市场,前者如外汇交易所,后者如通过通信系统连接起来的银行之间的外汇交易等。

目前全球主要的外汇市场有30多个,分布在世界各地,但主要集中在亚洲的东京、新加坡、香港,欧洲的伦敦、法兰克福、苏黎世、巴黎,北美洲的纽约、洛杉矶等。它们既有共性,又有各自的特点,并且对各自的周围国家和地区产生影响。

外汇市场的出现不是谁规定的,而是有着其自身的客观规律——不同国家和地区之间的进出口贸易商收付的货币不同,这样就产生了在外汇市场上进行货币兑换的需要;两种货币之间的汇率每时每刻都在发生波动,就使得一些投机资金介入其中获取价差(这要占到外汇市场交易的绝大部分);汇率的波动意味着以外币计算的企业资产价值会发生波动,为了对冲这种风险,同样也需要通过外汇交易来抵消这种由于汇率变动所造成的外币资产损益。

总体来看,外汇市场的特点主要有:

有市无场

在西方工业国家,外汇交易并不像股票交易那样拥有集中而统一的证券交易所,它基本上是通过通信系统完成清算和转移的。

需要指出的是,这种外汇交易网络是全球性的,外汇市场也是全球认可的。全球外汇市场上每天平均有4.1万亿美元的交易额,都是在这种既没有集中的场所,也没有中央银行清算系统管制,并且还没有政府监督的情况下完成清算和转移的,堪称没有组织的庞大组织。

循环作业

各国外汇市场所处时区不同,营业时间上彼此交叉衔接,这就在全球形成了一个一体化、全天候、统一的国际外汇市场,只有遇到各国重大节日和星期六、星期天才会关闭。所以,外汇投资是可以全天候交易的。

例如,每天早上8点半(以纽约时间为准)纽约外汇市场就开市了,9点半芝加哥市场开市;10点半旧金山市场开市,18点半悉尼市场开市,19点半东京市场开市,20点半香港、新加坡市场开市,凌晨2点半法兰克福市场开市,3点半伦敦市场开市……如此循环往复,全球外汇市场共同构成了一个不分昼夜的市场,只有节假日才休息。

这种连续作业,为投资者提供了更多的交易时间和空间机会。

零和游戏

汇率的变动意味着一种货币价值的增加和另一种货币价值的减少,体现的是财富的转移。相比而言,股市的普遍上涨或普遍下跌,都会意味着股市总市值的上涨或下跌,这两者是完全不同的。

同样需要指出的是,这种零和游戏并不是无意义的,而是体现了实实在在的财富转移。

举例说,最近几年来,全球外汇市场的平均日交易额规模不断上升,并且波动幅度也在日益扩大,实际上这就意味着全球财富转移的规模也越来越大、速度越来越快。

据国际清算银行的数据,2008年至2010年间,全球外汇市场的交易量增加了20%,日均交易额高达4.1万亿美元。[①] 即使按照1%的涨跌幅计算,每天也会有410亿美元的资金在更换主人。

97. 外汇投资有哪些品种

外汇投资首先要接触的是外国的货币品种,这对刚刚从事外汇交易的投资者来说比较难搞清楚,但却是必须搞清楚的。外汇投资的主要特点就是风险大、杠杆比例大、操作灵活,给投资者带来的结果是如果操作得好收益率就高;而且外汇投资风险并不是不能控制的。

从全球范围看,各种外汇投资品种及其主要影响因素有:

美元

美元的英文是 UNITED STATES DOLLAR,是美国联邦储备银行发行的货币,货币符号是 USD,俗称"绿背"。

美元是全球外汇交易中的基础货币和主要货币,面额有1美元、2美元、5美、10美元、20美元、50美元、100美元7种,辅币有

[①]《全球外汇市场日均交易额4万亿美元》,载《经济参考报》,2010年12月14日。

1美分、5美分、10美分、25美分、50美分等,1美元＝100美分。过去也曾经发行过500元和1 000元面额的美元,但现在已经不流通了。

影响美元价格走势的主要因素有:美国经济的整体表现(包括贸易经常账户失业率、企业获利、生产力成长性等)、美元利率走势、美国股市表现以及世界其他主要货币(如欧元、日元,以及正在崛起中的人民币)的相对强弱程度。

外汇交易中的美元和美元指数期货是两个完全不同的概念。美元指数期货是由纽约棉花交易所(全球最重要的棉花期货与期权交易所)发布的。

英镑

英镑的英文是POUND STERLING,是英国中央银行英格兰银行发行的货币,货币符号是GBP。

英镑的面额有5英镑、10英镑、20英镑、50英镑,1英镑＝100便士。英镑在以前的国际外汇结算中占有相当重要的地位,近几十年来由于英国的经济地位在不断下降,所以英镑的作用也有所降低,但它依然是国际外汇计价结算中使用最广泛的货币。

影响英镑价格走势的主要因素有:英国中央银行(它有权根据通货膨胀率来独立制定货币政策)、货币政策委员会(负责制定利率水平)、银行利率(主要是最低贷款利率,每月初发布一次)、国债利率(英国政府的债券被誉为"金边债券")、3个月欧洲英镑存款(存放在非英国银行的英镑存款)、英国财政部的经济政策、3个月欧洲英镑存款期货(短期英镑)、各种经济数据、英国金融时报100指数(英国的主要股票指数)、交叉汇率等。

欧元

欧元的英文是 EURO，是欧洲联盟中央银行发行的货币，货币符号是 EUR。

欧元的面额有 5 欧元、10 欧元、20 欧元、50 欧元、100 欧元、200 欧元、500 欧元，铸币有 1 欧分、2 欧分、5 欧分、10 欧分、20 欧分、50 欧分、1 欧元、2 欧元，1 欧元＝100 欧分。

影响欧元价格走势的主要因素有：欧元区国家及欧洲中央银行的货币政策、利率、三个月欧洲欧元存款（存放在欧元区以外银行中的欧元存款）利率、10 年期政府债券（通常以德国 10 年期政府债券为基准）、各种经济数据（如 GDP、通货膨胀率、失业率、财政赤字等，以来自德国的经济数据为主要参考）、交叉汇率、3 个月欧洲欧元期货合约、政治因素（因为欧元区是许多国家组成的，所以政治因素在其中的复杂作用格外突出）等。

瑞士法郎

瑞士法郎的英文是 SWISS FRANC，是瑞士国家银行发行的货币，货币符号是 CHF，简称瑞郎。

瑞士法郎的面额有 10 瑞郎、20 瑞郎、50 瑞郎、100 瑞郎、500 瑞郎、1 000 瑞郎，铸币有 1 瑞郎、2 瑞郎、5 瑞郎，1 瑞士法郎＝100 生丁。由于瑞士奉行中立、不结盟政策，所以瑞士法郎被认为是最受稳健型投资者欢迎的外汇交易货币之一。

影响瑞士法郎价格走势的主要因素有：瑞士国家银行的货币流动性政策、利率、3 个月欧洲瑞士法郎存款（存放在非瑞士银行的瑞士法郎存款）利率、各种经济数据（主要是货币供应量、消费物价指数、失业率、GDP）、交叉汇率、3 个月欧洲瑞士法郎存款期货合约、欧元汇率的变动方向等。

日元

日元的英文是 JAPANESE YEN，是日本银行发行的货币，货币符号是 JPY。

日元的面额有 500 元、1 000 元、5 000 元、10 000 元，铸币有 1 元、5 元、10 元、50 元、100 元等。

影响日元价格走势的主要因素有：日本财政部（财政和货币政策的制定部门）的货币政策、日本中央银行独立制定的货币政策、物价水平、经济景气指数、贸易顺逆差、隔夜拆借利率、日本政府债券利率、经济和财政政策署的政策、国际贸易和工业部的竞争力政策、各种经济数据、日经 255 指数（日本主要股票市场指数）、交叉汇率等。

澳大利亚元

澳大利亚元的英文是 AUSTRALIAN DOLLAR，是澳大利亚储备银行发行的货币，货币符号是 AUD，简称澳元。

澳大利亚元的面额有 5 元、10 元、20 元、50 元、100 元，1 澳元 = 100 分。

影响澳大利亚元价格走势的主要因素有：商品价格指数（澳大利亚元的汇率与金、铜、镍、煤炭、羊毛等商品的价格存在密切关系，这些商品约占澳大利亚总出口额的 2/3）、日元和欧元走势（澳大利亚与日本、欧洲的经济联系密切）、储备银行委员会的货币政策、隔夜货币市场利率（现金利率）、财政大臣（负责任命银行行长、副行长）等等。

加拿大元

加拿大元的英文是 CANADA DOLLAR，是加拿大银行发行的货币,货币符号是 CAD,简称加元。

加拿大元的面额有 2 元、5 元、10 元、20 元、50 元、100 元、1 000元,1 元＝100 分。由于加拿大居民主要是英国、法国移民后裔,所以票面上有英语、法语两种文字。

影响加拿大元价格走势的主要因素有:商品价格指数(主要是非能源商品,占总出口额的 1/2)、加拿大银行的货币政策、隔夜货币市场利率(现金利率)等。

从上面容易看出,虽然不同国家实行的是不同的货币制度,但它们基本上都会受到该国中央银行的货币政策、外汇出口、通货膨胀、利率水平等因素的影响,从而形成一国与另一国之间的货币比价。这也是投资者在投资外汇时必须参考的主要因素。

98. 什么是外汇交易

所谓外汇交易,是指一国货币与另一国货币进行交换。

外汇交易市场与其他金融市场不同的是,它没有具体的交易地点,也没有中央银行,而是通过银行、企业、个人之间的电子网络进行交易的。说穿了就是,它是以"货币对"形式出现的、在买入一种货币的同时需要卖出另一种货币。这里的"货币对",是指由两种货币所组成的外汇交易汇率。

外汇不但是国与国之间结算债权债务关系的工具,更是全球最重要的金融商品之一。也就是说,货币本身也是一种商品,也是可以买卖的。从规模来看,目前国际贸易所产生的外汇交易在整个外汇交易中的比重只占 1％左右,换句话说,几乎所有外汇交易都是投资性质的。

99. 外汇交易有哪些方式

外汇交易的方式主要有：

现钞交易

现钞交易是指投资者买卖外汇现钞，包括现金、外汇旅行支票等。

现货交易

现货交易也叫实盘交易，是指各大银行、大交易商之间约定买卖成交后，最迟在两个营业日内完成资金收付交割。

外汇宝

外汇宝是指个人委托银行、参照国际外汇市场实时汇率，把一种外币换成另一种外币的行为，最适合于个人外汇投资的实盘交易。

合约现货交易

合约现货交易是指投资者和金融机构通过签订合约来买卖外汇。

外汇期货交易

外汇期货交易是指按照约定的时间、确定的汇率进行交易，每个合同的金额是确定的。

外汇期权交易

外汇期权交易是指对将来是否购买或出售某种货币的选择权进行交易，它的交易对象并不是这种货币本身。

远期外汇交易

远期外汇交易是指根据合同在约定的日期办理交割，合同大小和交割期都比较灵活。

100. 怎样进行外汇交易

要想实现外汇资产的最快增长，就必须熟悉具体交易过程。要通过切实制订投资方案、科学选择交易品种、合理组织交易方式，尤其是确定符合你风险承受能力的杠杆比例，实现这一目标。

大致说来，主要是掌握以下几个方面：

外汇投资的交易方式

外汇投资的交易方式主要有两种，其优缺点分别如下：

去银行实盘交易

实盘交易的优点是资金的安全性有保证。缺点是：外汇价格波动不大，并且实盘交易不能利用杠杆比例，所以盈利能力差（当然，反过来也可以说它的优点是造成亏损的可能性小）；在银行进行交易的点差比外汇公司要高出很多，这就意味着交易成本较高；银行炒汇软件有可能在速度上达不到要求。

选择外汇公司炒汇

在外汇公司进行炒汇的主要理由是，同行之间存在竞争，从而会给投资者带来许多"渔翁得利"般的好处，如：点差小，交易成本低；交易软件先进而实用；会提供讲座和服务；可以利用杠杆比例，以小搏大。缺点是：资金要汇到国外去交易，随之而来必然存在着投资风险；如果遇到信誉不好的公司和黑平台，就难免会上当受骗。

外汇实盘交易

外汇实盘交易是指通过国内商业银行，把自己手中持有的、可以自由兑换的外汇（或外币，下同）A，兑换成另一种可以自由兑换的外汇B。

为什么要进行这种兑换呢？理由无非是，至少在你看来B未来的升值空间会比A大，所以这种兑换在经济上是有利可图的。

由于这是实打实的外汇兑换，所以称为实盘交易。在这其中，如果你换进换出的外汇中有一种是美元，那么这种交易习惯上称为直盘交易，否则就叫叉盘交易。其中，涉及美元的汇率报价方式又可以分为两种：一是以美元为基本货币报价方式，称之为直接报价，例如USD/JPY就表示美元是基本货币、日元是目标货币；二是以美元为目标货币的报价方式，称之为间接报价，例如EUR/USD。

外汇实盘交易采取的是T+0清算方式。每当完成一笔交易后，电脑系统会马上进行资金交割。如果有必要，接下来你便可以继续买进卖出。

外汇实盘交易的成本，主要体现在银行设置的买卖点差上。许多投资者搞不清哪个是银行的买价或卖价，这里有一个最简单的辨别方法，那就是——银行总是要低买高卖才能获利，所以，低的价格就是它的买入价、高的价格就必定是它的卖出价。

根据我国外汇制度规定，外币分为现汇和现钞两种，其中现汇主要是指通过支票、汇款、托收等国际结算方式取得并形成的银行存款，现钞是指外币的钞票和硬币存入银行所形成的银行存款。

由于外币现钞只有在国外才能作为支付手段,所以外汇实盘交易中有一条原则:"汇变汇"、"钞变钞"。也就是说,在进行外汇实盘交易时,虽然可以进行市价交易和委托交易,但其价格是不一样的。

外汇公司炒汇(外汇保证金交易)

你也可以选择去一家外汇公司进行炒汇,由于可以利用杠杆倍数,所以这种外汇交易也叫外汇保证金交易。

这就是说,投资者只要付出一定比例(通常是0.5%至20%)的保证金(按金),就可以进行100%额度的外汇交易。杠杆倍数在大大增强投资获利的同时,也会陡然增加投资风险。

外汇保证金交易没有具体的、固定的交易场所,属于全天候交易,交易品种涵盖全球所有的可兑换货币。投资者可以根据自己的意愿无限期持有头寸,没有交割日、交割月的概念。

除此以外,要特别搞清楚汇率显示、汇率变化、报价、点差、交易合约、交易说明、盈利和亏损、自动转仓、杠杆等概念。

如何确定杠杆倍数

在外汇保证金交易中,如何确定杠杆倍数非常重要,也非常有学问。杠杆倍数既不是越大越好,也不是越小越好。道理很简单,这是一把双刃剑。

一般认为,用"实盘获利能力的年收益/获利能力"来确定杠杆倍数比较科学。举例说:如果你过去已经进行过实盘交易,那么这时候就可以用实盘交易的业绩(年收益率)放大两三倍来加以确定;如果没有这样的经历,就先练练手,等有了这样的业绩参考后再定。

例如,你在过去一个月中的实盘交易回报率为2.5%,那就可以据此推算出年回报率为2.5%×12=30%。比较保守的心态是扩大 2 倍,把杠杆比例放大到 60％;比较积极的心态是扩大 3 倍(最多不要超过 3 倍),即把杠杆比例放大到 90％。这样,如果实际净收益率打个 6 折,年收益率也会在 36％至 54％之间。这就已经很理想了。

外汇投资开户流程

不同的外汇投资方式,其开户流程各不相同。这里以在业界具有崇高威望、价格刷新和订单执行速度达到国际尖端标准的 FXDD 为例:

首先是要填写开户文件,一共有 6 张表格,包括免税表、电子邮箱地址(这是你和国外交易商的沟通渠道,尤其是交易账单是要通过它来发送的)。

然后是提供相关开户证件,主要是身份证和银行卡。

再次是,对方把真实的交易账号和密码通过电子邮箱发给你。即使你不汇款,这时候也应该可以通过登录平台查到账户内容的。

最后是,当你支付款项后就可以登录真实的服务器开展外汇交易了。

网上外汇交易

网上外汇交易是外汇交易的主要方式,不是可用不可用的问题,而是一定要用。

这里的关键是,要选择一个质量好、服务优的交易平台。选择依据主要是:程序运行要稳定、适应性强;报价迅速、没有错价,遇到行情波动时要稳定有效;成交迅速,可以查到历史成交记录;操作方便,一学就会;能提供在线咨询、图表、账户报告、保证金实时监察、新闻提供、下单实时运行等多种服务。

101. 什么是外汇保证金交易

所谓外汇保证金交易,也叫按金交易、合约现货外汇交易、虚盘交易等,是指在金融机构之间、金融机构与个人投资者之间进行的一种外汇买卖。

外汇保证金交易是外汇交易的主要方式之一,更确切地说,它是全球范围内最公平、最有吸引力的顶级个人理财产品。它既可以是即期交易,也可以是远期交易。从本质上看,它有点像期货交易。

一般来说,投资者只要投入0.5%至20%的按金(保证金),就可以进行100%额度的交易,杠杆倍数非常大。一般来说,这个比例是10%,但最低只有0.25%。也就是说,你只要投入25美元的资金就可以最高炒作1万美元的外汇,非常刺激。

这种刺激有两种含义:一是因为杠杆倍数大,所以大大提高了获取暴利的可能;二是也正因为杠杆倍数大,所以也放大了投资风险。

与期货交易相比,外汇保证金交易具有以下特点:

一是外汇保证金交易市场是无形的,也是不固定的,所有交易都在金融机构之间、金融机构与个人投资者之间进行,没有"证券交易所"。

二是外汇保证金交易没有交割日、交割月概念,因为它没有到期日。投资者可以根据需要无限期持有头寸,只需清算隔夜息差就行。

三是外汇保证金交易规模大,参与人数多,品种(币种)十分丰富(涵盖全球所有可兑换货币),交易时间长(全天候24小时交易)。

四是外汇保证金交易要计算各种货币之间的利率差,然后与投资者进行结算(从外汇保证金中扣除或给付),这是其最特别之处。

外汇保证金交易是允许双向交易的,投资者既可以在低点买入、高点卖出,也可以先在高点卖出(沽空)然后在低点买入,并且没有指定的结算日期,又是全天候24小时进出市场,所以其投资效果会被放大许多倍。

以日元为例,它每天的价格波动幅度通常在 0.7% 至 1.5% 之间。极端地看,如果以 10 倍杠杆计算,每天的投资获利可达 $(1.5\%-0.7\%)\times 10 = 8\%$!

目前,全球外汇市场的交易规模是期货市场总和的 50 倍左右,可见它在全球的受欢迎程度。只不过由于我国尚未建立规范、完善的外汇保证金交易体系,所以该项业务 2006 年 6 月率先在中国银行、交通银行、工商银行、民生银行、建设银行等进行试运行后,由于我国银行系统的电信基础设施相对落后(说穿了就是想买的时候买不到、想卖的时候卖不出去,总是要延迟几秒钟),导致交易风险陡增,随后在 2008 年 6 月 6 日被暂时叫停,直到现在仍未开放。

与此同时,境外机构在我国非法从事地下外汇保证金交易则风起云涌,[①]这种行为风险很大,个人投资者切勿参与。

102. 现钞和现汇有什么不同

在外汇交易中,经常会出现"现钞"、"现汇"的概念。那么,这两者有什么不同呢?

简单地说:"钞"是实实在在的外国货币,可以存、可以取,但不能像汇款一样汇往国外;它只有在兑换成现汇后才能汇出。而"汇"只是账面上的外国货币,在汇往国外时只是表现出账面上的划转,所以不能存也不能取,如果要想取出来,必须首先兑换

---

① 《保证金交易暗涌,境外机构非法渗透做大地下汇市》,载《经济参考报》,2012 年 2 月 15 日。

成"钞"。

之所以要进行这种划分，是因为银行要通过这种办法来控制外汇交易风险；同时，也便于通过控制价差来赚取服务费用。

投资者把现钞兑换成现汇的行为，在银行看来就是卖出外币，所以是根据银行的现钞卖出价来进行结算的；相反，投资者在向银行卖出外汇或外币时，在银行看来就是买入外汇或外币，所以是要根据银行的现汇买入价或现钞买入价来进行结算的。

仔细观察可以发现，在银行公布的外汇牌价中，现钞买入价是小于现汇买入价的；而现钞卖出价和现汇卖出价一样。这里体现了政府的外汇管理政策，那就是：鼓励投资者持有现汇、限制持有现钞。因为现汇是账面上的资金，银行管理起来要比现钞更容易。

换个角度看，也可以理解为：买入价是银行买入外汇时使用的汇率，而卖出价是银行卖出外汇时使用的汇率（这时候的外汇躺在国外银行里，所以外汇牌价上的买入价、卖出价都是现汇价）。

而现钞价是银行买卖外汇现钞时使用的价格。当然，这种现钞不是国外银行里的存款，而是眼前实实在在的现金（现钞），并且在本国是不能流通的，银行在买入你的现钞后，要划拨到其他国外银行的账户中去才能孳生利息；而在此之前，必定要在本行逗留一段时间（因为需要凑足一定的数额才能存入），这样也就必然会造成相应的利息损失，同时带来现钞管理费、运输费、保险费、包装费等。

这部分损失从哪里来加以弥补呢？当然是从你这里了。所以，银行挂牌的现钞买入价肯定要低于现汇买入价。相反，银行从你手里买入现汇后，是可以直接划拨到其他国外银行账户中去立刻孳生利息的，表现为投资者用现汇支取现钞时，是可以支取到等额现钞的。

投资者对上述问题搞清楚了，既会有助于外汇投资决策，也会便于仔细测算其中的交易成本。

103. 为什么要特别关注汇率变动

外汇投资要特别关注汇率变动。究其原因在于，虽然所有投资都必须关注收益和风险，但毫无疑问，外汇投资的盈亏主要取决于汇率变动；而外币的汇率又每天不一样，所以问题的重要性显而易见。

也就是说，外汇投资与其他所有投资方式的不同之处，就在于计算依据。在外汇投资中，同样一笔外汇交易，如果采用不同的基准货币来计价，会得到不同的结果；而在其他任何投资方式中，如果全都采用同一种货币（人民币）结算，就不存在这个问题。所以，在计算外汇投资收益时必须首先确定进行计价的基准货币。

那么，究竟采用哪种货币作为基准货币呢？这方面并没有统一规定，但国际上有一个惯例，那就是一般以本国货币为基准货币。

例如，如果国内投资者要从事外汇宝个人外汇交易业务，就可以用人民币作为基准货币进行计算。不过现在的问题是，在上述外汇交易中人民币并没有真正地参与其中，如果一定要用人民币作为基准货币来计算，又有一些远兜远转了，这又怎么办呢？为了简便起见，也可以用手中的原始货币或美元来作为基准货币。

至此，简单的外汇交易很容易就计算出收益率来，而比较复杂的投资交易则会冒出另一个问题来。例如，如果现在英镑兑美元的汇率是 1.5545，这样你卖出 1 000 美元，可以得到 643.29 英镑。接下来，你如果把它转成一年期定期储蓄，而一年后的英镑兑美元的汇率变成了 1.5041，那么这时候你卖出这 643.29 英镑就只能得到 967.57 美元（这里没有考虑这一年内的存款利息）。别小看只有仅仅 32.43 美元的差额，实际上这就意味着减少了 3.243% 的收益。

从中容易看出，投资和计算外汇收益最关键的就是要考虑汇率变动因素。具体方法有两种：

一是基本面分析

基本面分析主要是侧重于全球及所在国金融、经济形势、政治因素的发展变化,从而判断这种货币的供需影响因素。

在这其中,宏观经济指标主要有:经济增长率、国内生产总值、利息率、通货膨胀率、失业率、货币供应量、外汇储备增减、生产力要素、股票市场、债券市场、房地产市场、国际收支模式等。

二是技术分析

技术分析主要侧重于这种货币的价格变动和交易量数据,以此来判断未来走势。在这个过程中,又主要是采取量化分析和图表分析两种手段,对货币超买、超卖限度以及影响汇率变动的各种因素作出预测。

在这里,依据的理论基础主要是古老的道·琼斯理论、用于判断价格与潜在趋势之间的反弹和回调幅度大小的斐波纳契反驰现象、以固定波状模式将价格走向进行分类的埃利奥特氏波等。由于这些都过于复杂,这里就不作展开了。

紧接着前面所举的例子,在这种情况下,如果你以美元为计价基准货币,这时候的计算结果是 $967.57 \div 1000 = 96.76\%$,年化收益率(这里没有考虑利息收益)实际上是亏损 $100 - 96.76\% = 3.24\%$。

如果当年的英镑存款年利率是 0.1%,这意味着在这一年中只能得到利息 $643.29 \times 0.1\% = 0.64$ 英镑,卖出后可得 $0.64 \times 1.5041 = 0.96$ 美元。两者合计是 $967.57 + 0.96 = 968.53$ 美元,年获利率是 -3.15%。

明白了上述道理,你就要注意各家机构推出的外汇投资产品,它们所承诺的年化收益率是按照什么样的基准货币来计算的。如果它们的基准货币使用不当,就可能会偷换概念、误导你。

外汇投资中的汇率变动,除了基准货币外,还与基准时间有关。换句话说,如果两种外汇投资收益率的时间跨度不一致,也就无法进行直接比较,否则将推导出错误的收益率来。

例如,有的金融机构推出的外汇理财产品,宣称其预期收益率为 7%,却故意隐瞒了这是"18 个月"的到期预期收益率。如果把它换算成年化收益率,实际上只有 4.66%。

此外还有一点要注意,就是所谓的预期收益率都是从高的。即使不能说这是在故意欺骗投资者,也会因为这种预期结果是建立在各种外部状况都比较理想的背景下,而给投资者造成了误导;因为事实上,各种外部环境都要这般理想几乎是不可能的。

上面已经提到,每种外汇的价格走势要受很多因素影响,每一种影响因素都可能会导致这种外汇价格走低,从而影响最终投资收益率。

综上所述,在购买或计算外汇投资收益率时,首先要看它采用的是哪一种基准货币,然后要看基准时间,最后是看这种收益率是"预期"的还是"最低"的,或者是"固定"的,据此判断投资风险。

做到了这一些,接下来还要考虑这种外汇投资产品的流动性如何。如果投资期限较长,就需要考虑能否提前终止或赎回交易,并且这样做需要交纳多少手续费、能否提供质押。这一方面是计算收益率所要考虑的因素,另一方面也是衡量投资风险时必不可少的时间因素。

104. 外汇投资有哪些风险

无论是刚刚入门还是有经验的投资者,外汇投资中都会存在着相应的风险。归纳起来,这些风险主要表现在以下几方面:

保证金交易利大风险大

上面已经提到,外汇投资分为实盘交易和保证金交易两种。

实盘交易很好理解,那就是用真金白银的货币去进行兑换,目的是要从中赚取汇率差价。每笔交易的最低金额是 100 美元或等值外币。因为汇率波动看的是小数点之后的最后一位,所以如果本金过少,交割之后去掉银行的手续费和货币点差后,很可能每次都要亏钱。

保证金交易也叫信用交易、垫头交易,是指只要交付一定的保证金或外汇,就可以由外汇市场提供融资。这里的外汇市场主要指欧美、澳洲提供的大交易平台,如 ODL(欧洲最著名的金融集团之一,全称 ODL Securities,成立于 1994 年)、IFX(全球最大的外汇保证金交易商之一,全称 IFX Markets Inc,中文名叫美国爱福斯有限公司)等,但良莠不齐。一般平台最大的杠杆倍数是 400,按国际惯例每一手是 10 万美元,对应投资就是 500 美元,但如果稳健一点最好是在 2 000 美元以上。由于外汇交易没有涨跌停板,并且我国开展这项业务的时间太短,法律监管基本空白,如果平台选择不当,很可能会因为保证金交易的巨大杠杆效应而血本无归。

预测不等于承诺

投资者在购买银行的外汇理财产品时会发现,它们标榜的预期收益都非常诱人,除了 100% 保本外,还可以获得远远高于外币存款利息的收益分配如 3% 至 5%,有的甚至高达 11%。所以每当有新产品上市,很快就会销售一空,并且还引发外币储蓄存款的大转移。

而实际上呢,这其中隐藏着许多风险,简单地说就是,这只是一种"预测"而不是承诺。所以你能看到,它们在标榜还本时敢说"百分之百",可是在谈到利息收益时却只能含糊其辞,通常只能用

"预计"来表示。如果将来的收益分配低于外币存款利息(外币存款利息本身是很低很低的,说是约等于0也不为过),也不要有什么想法,因为无论是谁的"预计"都可能会南辕北辙的。

究其原因在于,这种预测是建立在许多理想状态基础之上的。这些外汇投资产品主要是结构性存款,其主要特点有:一是这种产品内部结构存在着风险,收益率和风险呈正比;二是期限长收益率才高,通常需要三五年时间跨度,但这时候的不稳定因素也多,并且期限越长风险越大;三是其收益率与国际金融市场的外汇交易价格密切相关,每时每刻都在变动,最终的收益率很难有保障。

更何况,我国的外汇理财产品都是与美元利率挂钩的,而美元利率又在经常变动。如果美元加息,也就意味着国内美元储蓄存款的利率也会相应提高,外汇理财产品相对较高的收益优势就会逐渐消失,甚至不如普通外汇存款的收益高、流动性大。

所以,农民理财如果不是因为将来要用到美元,又没有十足的把握掌控外汇市场,绝不要故意把手中的人民币兑换成美元去进行外汇投资,一旦美元贬值,届时想兑换成人民币会存在很大的汇率风险。

单打独斗

有的投资者会说,鉴于上述风险,我的资金数额并不大,所以"重在参与"。抱着一种"重在参与"的态度参与外汇投资,初看起来值得赞赏,但这样做无非是和钱过不去,会带来另一种风险,那就是:无论心态、技术还是资金方面都难以达到要求。在这种情况下投资外汇可以说凶多吉少,赚一两次有可能,要想长期盈利几乎不可能。

从这个角度看,大多数人其实是不适合从事外汇投资的。要想单打独斗外汇投资,至少需要具备以下两个条件才能较好地规避风险:

一是你有相对稳定的投资模式、风格和套路,并且这种模式是自己摸索出来的(外面很难学到)。无论是基本面派还是技术分析派、消息派,都能自成一体,而不是想怎么弄就怎么弄。

二是要有严明的纪律,进场、交易、割肉、退出,雷厉风行。

不用说,实际上能做到上面两点的很少。所以能看到,国外投资者在投资外汇时大多会购买大型专业投资基金,或者是购买从这些大型基金出来的基金经理个人开设的"管理账户"。这并不表明他们具有更强的"集体意识"或"不自信",实在是规避外汇投资风险的一种本能和自觉。

低于人民币升值幅度就是变相亏损

外汇投资固然能获得投资收益,可是请不要忘了外汇投资的一大背景是汇率变动。

说得更明白一点就是,如果这种外汇投资得到的收益率还赶不上人民币升值幅度,这种外汇投资实际上就是亏的。究其原因在于,人民币升值是大势所趋,至少目前还在这个升值通道中,只不过未来升值幅度究竟有多大谁都难以预测罢了。

从外汇投资角度看,在人民币升值的预期下,投资者购买外汇产品时要更多地考虑结构性投资产品,比如出境旅游时尽量在境外使用信用卡、减少境内购汇境外使用的情形,这样就能利用一定的免息期来减少汇率损失。更重要的是,人民币升值对外汇投资收益提出了更高的要求——如果外汇投资收益低于人民币升值幅度,这种外汇投资实际上就构成了亏损。

与此不同的是,如果是用人民币做投资就不涉及汇率问题,也不存在这样的投资风险。那么,这时候的外汇投资又该怎么办呢?很重要的一点是,一定要弄清各币种之间的走向和强弱趋势。

对于手中外汇数量较多的投资者来说,可以买入走势较强的外汇品种或黄金,卖出走势较弱的外汇品种;如果手中的外汇数量较少,这种币种转换就可能不合适,并且还会由此产生一些不必要的手续费。

第十一课 黄 金

黄金既是商品,又是投资品,是可以用于投资理财的。黄金投资最重要的是踏准涨跌节拍。如果仅仅是为了获利而不是收藏或馈赠亲友,购买纸黄金会显得更加简单而方便。

105.什么是黄金投资

所谓黄金投资,是指以黄金为投资对象的各种理财方式。

黄金既是一种商品,又是一种货币。在人类社会发展到现在的五千多年历史中,黄金一直充当着货币的载体,成为财富和身份的象征。究其原因,就是与黄金的物理特性和稀缺性分不开的。

从历史上看,最近这100年间一共出现过三次黄金投资热潮。一是1929年至1932年间的黄金投资热,当时的黄金采掘业企业股价平均上涨了650%;二是1974年至1980年间的黄金投资热,每盎司黄金的价格从100美元上涨到850美元,黄金采掘业企业的股票价格平均上涨10倍;三是2002年以来的黄金投资热,每盎司黄金从当时的280美元上涨到2013年5月22日的1 367.40美元,10年间上涨3.9倍,显示出这10年来各国对全球经济前景和地区安全局势的担忧。

历史上的黄金价格最高点,出现在 2011 年 9 月 6 日的每盎司 1 923.70 美元,10 年间的最高涨幅达 5.9 倍。

一般认为,目前全球的黄金价格尚未到达谷底,未来有可能逐步向价值回归(每盎司 800 美元左右)。

106. 黄金有哪些特点

黄金投资自古以来就有,并且以后还将永远存在。

几千年来黄金一直散发着光芒和魅力,是因为它易于流通,不会变质;既便于保值,也便于投资。无论历史如何变迁,朝代如何更替,黄金一直具有贮藏功能,在任何环境下都充当着最重要、最安全的资产。尤其是在政治、经济、社会环境不确定的时候,黄金投资更是受到追捧,被称为"没有国界的货币"。这也是"乱世藏金"的由来。这里的"藏"就既可以理解为"储藏",也可以理解为"投资"。

总体来看,黄金具有以下两大特点:

一是自然属性

黄金在阳光的照耀下会发出金黄色的光泽。俗话说"金"光闪闪,指的就是它发出的这种光;又说"是金子总是会发光的",说的也是这个意思。黄金这个名称,在拉丁文中本来就是指"曙光"的意思,在古埃及文字中则用来表示"可以触摸的太阳",都与光有关。

早在 1 万多年以前,黄金就已经被人类发现并得到利用了,比铜、铁、铝等常见金属要早几千年。究其原因是黄金的以下特殊性质决定的:它的熔点高达 1 064.43℃,所以才用"真金不怕火炼"来形容;它在自然界里可以单独存在,不像其他金属那样通常只能以化合物的形态出现;虽然开采成本十分高昂,但由于其许多物理性能良好,便于长期保存,所以得到人类的特别青睐,被当作货币来流通,古今中外莫不如此。

二是货币特性

黄金之所以能充当货币,主要是基于以下三大理由:①这种化学元素在自然状态下几乎不与其他任何物质发生化学反应。要不然,如果它一遇到某种物质便会相互"依偎"在一起,也不好办。②金灿灿的黄金质地柔软,很容易被加工成各种形状,便于携带。③黄金十分稀缺,虽然经过几千年开采,目前全球的黄金存量也只不过约 16.6 万吨,年产量只有 3 000 多吨(目前全球探明的黄金储量为 10 万吨,仅够开采二三十年)。

所以,发展到现在,黄金的主要功能是商品属性,是一种金融产品。我们从黄金的价格波动中看到的更多的是货币和股票特性。甚至可以说,它本身就是一只全球通行的超级大盘股,是农民理财的一种很好的投资对象。

从历史行情看,黄金的价格往往与美元走势相反,即黄金的价格上涨,美元的价格就走低,反之亦然。不过这几年来情况有所改观。这也从一个侧面证明,虽然黄金的价格是以美元标价的,但美元只是标价,而不是定价。换句话说,黄金的价格不是美元能够左右得了的。

之所以说黄金投资可以作为农民理财的一种选择,是因为当目前股市投资收益越来越不稳定、期货投资风险越来越大时,黄金特有的投资特点,正在吸引着先富起来的一部分农民群体投入其中。

107. 黄金投资的特点是什么

黄金人人都喜欢,但黄金投资则不一定适合每个人。在我国,黄金投资还不过只有短短几十年时间,许多人或许还不是很了解黄金投资都有哪些特点，所以接下来就讨论这个问题。

总体来看，黄金作为一种投资对象，与其他投资品相比具有以下不同之处：

税负最低

黄金投资的税负最低，这在全球各国都是如此。所以你能经常在电影和小说中看到，过去有钱人家想把财产留给子孙，最先想到的就是购买黄金（以及白银），然后用陶瓮把它深深地埋在地下。

相比之下，其他投资品种都有或高或低的税收项目，有些税率还非常高，如遗产税（有些国家称之为"死亡税"）的税率就畸高。

我国在20世纪40年代就开征过遗产税。新中国成立之初也曾经多次设立过遗产税，但一直没有实行起来。2004年9月通过的《遗产税暂行条例（草案）》，预示着这项税种的开征已为期不远。

从国外的情况看，遗产税的最高税率可达50%。所以，将来我国开征遗产税后，规避遗产税的最好办法便是把财产变成黄金留给子孙，然后让子孙再把这些黄金变成财产，举手之劳便会"获利"颇丰。

产权转移便利

转让黄金不需要办理任何登记手续，不像住宅、股票、基金等财产的转让那样，有着十分繁琐的过户手续。

举个例子来说，如果你要把自己的一套住宅过户给别人，手续非常多，有时候根本就办不下来。相反，如果你要把一根金条送人就很方便，让他直接拿去就是。孰难孰易，立见分晓。

抵押方便

由于黄金是全球通行的货币财富,所以,无论在什么国家、什么年代,要想把它用作抵押都很方便,并且抵押率极高。

例如,如果你急需用钱,就可以把黄金抵押给银行、典当行,一般能得到黄金价值90%以上的现金。而如果是用住房作抵押,即使能得到银行、典当行的同意,抵押到手的现金最高也不会超过房产评估价的70%,有的地方甚至规定最高不能超过50%。

黄金投资没有庄家

投资股票的人都知道,股市是有庄家的,这些庄家数量不少、规模不一,但都有一个共同点,那就是喜欢兴风作浪,企图操纵市场。庄家的存在,是股市被人为操纵的根本原因。

可是相比之下,黄金投资是没有庄家的。因为黄金市场规模太大,不要说个人,就连一国政府都操纵不了,谁都无法成为这样的"庄家"。这就是为什么黄金价格波动较小的主要原因。

黄金与其他投资品的关联度低

投资股票的人知道,股市波动受宏观经济环境影响很大。当经济形势向好时,以股票、基金为代表的金融资产价格会普遍上升,可是黄金却依然故我,它的价格不一定会必然上升;而当经济形势不好时,股票、基金的价格一定会下跌,可是黄金的价格不一定会随之下降,这在全球都是如此。实际上,这就是黄金保值功能的体现。

据世界黄金协会2010年12月2日披露的资料,[①]目前全球的黄金总存量为16.6万吨,其中首饰用金8.37万吨,约占50%;个人投资黄金2.96万吨,约占18%;各国官方的黄金储备总量为2.93万吨,约占18%;工业和其他用量1.97万吨,约占12%;另外还有几千吨不能确定去向(例如有的已经随同沉船沉入海底等等),约占2%。黄金的全球年开采量约为3 000多吨。

按理说,遵循"物以稀为贵、多则贱"的规则,黄金的存量越来越多,价格应该越来越低才是呀,可事实并非如此。究其原因主要有两条:一是全球黄金需求量的提高,直接牵制了价格的下跌。二是主要发达国家的中央银行有一个售金协议,规定每年对外出售的黄金不能超过500吨,这样就直接限制了进入黄金市场的交易数量。

也就是说,虽然全球黄金存量越来越多,但并不是所有黄金都能拿出来进行交易。展望未来,黄金的开采难度越来越大(南非的黄金开采已经深入到地下4公里处),已经探明的黄金储量也十分有限。

价格波动较小

由于上述特点,黄金的价格一般来说波动较小,至少要比股票指数的波动小得多。所以,投资黄金的风险没有股票那么高。

这里之所以说"一般",是因为在某些特定情况下,黄金价格的波动还是非常剧烈的。

例如,1978年美国"布雷顿森林体系"[②]解体后,由于美元和黄金的官方货币职能相脱钩,这时候的金价便一下子上升到每盎司

---

① 沈玮青:《全球地上黄金总存量达16.6万吨》,载《新京报》,2010年12月3日。

② 第二次世界大战后以美元为中心的国际货币体系。

800美元。与此相似的还有,1988年"两伊"战争①结束时,黄金价格的上涨幅度也很大。最近的例子是,国际金价2005年还只有每盎司420美元,第二年(2006年)的最高点就上升到730美元,2011年的最高点更是达到1 923.70美元,5年间上涨4倍!

108. 黄金投资有哪些品种

黄金投资的品种非常多,最适合农民理财的品种主要是以下9种。

投资者应当根据自己的投资偏好、家庭计划、资金实力、时间安排等因素来通盘考虑,选择最适合自己的一两个品种,切忌面面俱到。

(1)标金投资

所谓标金,全称是标准条金。通俗地说,就是按照规定的形状、规格、成色、重量等要求,精炼而成的条状黄金。

标金的主要作用在于黄金买卖交易行为标准化。所以,标金投资具有交易行为规范化、计价结算国际化、清算交收标准化等特点。

投资标金时,要优先考虑购买全球公认或国内知名度高的黄金精炼公司制造的金块(条)。这样的企业信誉度高,以后你在出售时便可以省去不少费用和麻烦。否则,将来你在出售时对方必定要收取一笔分析黄金成色的费用,盈利空间就被压缩了。

尤其是个人投资者限于实力,购买的往往是金条而不是金块。虽然金条和金块上都有编号、纯度标记、公司名称及标记等,但金条都是从金块(约400盎司重)熔化铸造而来的,所以在价格中必定要含有一笔铸造费用;金条越细,这笔铸造费用相对也就越高。

---

① 指伊拉克与伊朗之间因为边界、民族、宗教矛盾爆发的大规模战争,1980年爆发,1988年结束。

当然，投资金条也有它的好处，那就是不用支付佣金和相关费用，流通性强，可以在全球各国得到报价并立刻兑现；从长远看，具有一定的保值功能。缺点主要是占用资金较多，并且存在保管风险。

(2) 金币投资

所谓金币，全称是黄金铸币。从广义角度看，它包括商品流通中作为货币使用的所有黄金铸件，如金锭、金元宝等；从狭义角度看，它仅仅是指经过国家证明，以黄金作为货币基材，按照规定成色和重量浇铸成一定规格和形状、标明其货币面值的铸金币。

用作投资的金币应该是投资性金币。具体地是指从银行购买的纯金币（包括金块、金条，下同），不包括从银行购买的纪念性金币。

它们的主要区别是：投资性金币发行量没有限制，质量也很普通，图案可以多年不变，并且没有明确的主题，发行价格是在实物黄金价格基础上加一点溢价；而纪念性金币的发行量有限制，并且具有明确的纪念主题和精美图案，发行价格高，往往会成为投机性资金的炒作对象，投资收益较高，但投资风险也大（主要是变现性不强）。

(3) 金饰投资

所谓金饰，全称是黄金饰品，民间俗称金饰品。从广义角度看，它包括所有含黄金成分的装饰品，不论其黄金成色多少，如金杯、奖牌等纪念品或工艺品等都算；从狭义角度看，它仅仅是指成色高于58（即14K）的黄金材料加工而成的装饰物（在金饰投资中有一个非常重要的概念，那就是黄金成色K，下面会有专门的解释）。

纪念性金币属于金饰品范畴，它的价值主要体现在收藏性，而不是黄金特有的抵御通货膨胀的性质。如北京奥运纪念金币、2010上海世界博览会彩色纪念金条等等都是。

纪念币的升值空间大小，主要看以下三点：一是发行数量，数量越少升值空间越大；二是铸造年代，年代越久升值空间越大；三是品相好坏,品相越好升值空间越大。

(4)黄金账户存折

所谓黄金账户存折,是指先在商业银行开设黄金交易账户,然后指定黄金交易的资金账户,两者建立对应关系,在此基础上,利用这个账户存折在网络上进行黄金投资。

黄金账户存折属于无纸账户,所以它必须挂在银行信用卡或理财金账务卡上,投资者可以通过网上银行来申请。

(5)纸黄金

所谓纸黄金,也叫黄金凭证。意思是说,投资者买卖的只是一张标明黄金所有权的凭证,而不是实物黄金。

简单地说,今天我们所说的纸黄金就相当于古代的银票——投资者在银行按当天的黄金价格购买黄金,但拿到的不是实物黄金,而是一张合约(银票);等到将来你想卖出时,再用这张合约去兑换现金。

纸黄金投资实际上属于权证交易。由于它是通过银行平台进行交易的,所以稳定性好、资金变现速度快,可以 24 小时全天候交易,交易费用也低。只不过它不是双边交易,所以不能做空;并且不是保证金交易,所以不适合于那些激进型投资者。

(6)黄金股票

所谓黄金股票,也叫金矿公司股票。意思是说,这种黄金投资的对象实际上是黄金开采企业发行的股票。黄金股票既可以是公开上市发行的,也可以是非上市公司发行的。

投资黄金股票需要通过上海或深圳证券交易所平台,所以稳定性高,并且交易费用低、资金变现快,它的缺点是不适合于大额资金进出。另外就是,既然是股票,那么股票的股价就可能会被庄家所操纵,所以这种方式只适合于激进型投资者。

(7)黄金基金

所谓黄金基金,是指那些主要瞄准黄金、黄金类衍生品种进行投资,从中获取投资收益的共同基金。

当然,这种共同基金既可以是封闭式基金,也可以是开放式基金。

(8) 黄金理财账户

所谓黄金理财账户,也叫黄金管理账户。投资者通过在商业银行开设的黄金理财账户,把买入的实物黄金存放在该银行金库里,委托银行全权管理;然后按照约定的投资收益期间,享受盈利分配。

(9) 黄金保证金交易

所谓黄金保证金交易,是指按照黄金交易全额的一定比例支付保证金作为交易的履约保证。这是目前全球黄金交易中最常见的投资方法,分为期货黄金保证金交易、现货黄金保证金交易两大类。

从我国个人投资者最喜欢的投资方式看,在上述各项选择中,目前最受欢迎的黄金投资品种是实物黄金交易、纸黄金交易、现货黄金保证金交易三种,所以接下来本书会对此作重点介绍。

109. 什么是实物黄金交易

所谓实物黄金,也叫硬黄金,看得见、摸得着,最常见的有金条、金币、金饰三大类。

投资实物黄金与投资其他黄金方法相同,但是对资金实力有更高的要求,并且无法做空,只有在价格上升时才能获得收益。

之所以说对资金实力的要求高,是因为投资实物黄金必须支付全额资金,不可能在仅仅支付少量的保证金后就能取得这些黄金实物。

但毋庸置疑,实物黄金由于其看得见、摸得着,所以受到投资者青睐。不用说,它还具有其他黄金投资方式所不具备的一些优点。

在实物黄金的三大类品种中,它们各有以下特点:

投资性金条和金币的投资特点

对于资金相对充足、风险承受能力较小的投资者来说,购买投资性金条、投资性金币是不错的选择,因为它能长期保值。

究其原因在于,这种实物黄金的价格基本上与国际黄金原料价格同步;并且由于持有的是实物黄金,买进卖出都比较简单,又不需要经常照看(只要放在一个安全的地方如银行金库就行)。长期来看,这种实物黄金的保值功能一定会优于银行储蓄。

投资这种实物黄金的选择面较广,如工商银行推出的"如意金",农业银行、招商银行代理的"高赛尔"金条,以及通过金融类会员银行向黄金交易所申办黄金账户卡、参与现货黄金交易等都是。

这时候投资者要关心的,主要是各投资品种的品质、定价体系、回购渠道是否流畅等,另外就是实物黄金的外观、包装材料、金条和金币本身的完整性。保留好购买单据的重要性就更不用提了。

纪念性金条和金币的投资特点

与投资性金条和金币相比,纪念性金条、纪念性金币虽然也是实物黄金,可是它们在发行时就已经拥有较高的溢价,所以在它们身上体现的收藏价值会更多一些。至于它们的投资价值,也主要是在收藏价值的基础上才能得到反映。

也就是说,只有这些藏品增值了,投资者才能从中获得投资收益;相反,如果它们贬值了或者升值速度不快,这种投资就是有风险的。更不用说,投资这些纪念性金条、金币需要丰富的收藏知识,并不适合所有投资者。

另外就是,目前我国的纪念性金条、金币流通不发达。当投资者需要出手的时候,无论回购渠道还是价格体系对你都是不利的。

黄金首饰的投资特点

许多投资者喜欢购买黄金首饰,并把它当作一种投资方式,甚至是首选的黄金投资方式。而实际上呢,由于黄金首饰的主要功能是装饰和佩戴,所以它更多地表现为一种消费品。

换句话说,这种投资方式的效果并不好;与其说是投资品,还不如说是消费品更恰当。

究其原因在于,黄金首饰的加工费和税收较高,缺乏投资价值。例如,投资者购买黄金首饰的价格通常要比黄金原料价格高出百分之二三十;换句话说,如果你把刚买的黄金首饰立即卖给交易商,价格马上就要跌掉百分之二三十。

综上所述,各种各样的实物黄金投资品种,设计目的和交易机制各不相同,所以收益和风险差别也很大。投资者有必要根据自己的投资风格和风险偏好,选择适合自己的投资品种,绝不要"买到篮里就是菜"。

一般而言,从投资角度看,应该首选投资性金条和金币,不选纪念性金条和金币,黄金首饰就更不适合作为投资标的了。

110. 什么是 K 金

谈到实物黄金,就不得不要提到黄金的成色(纯度)及其鉴定问题,它常用多少"K 金(开金)"来表示。

所谓 K,是德文 karta 的缩写,它的意思是,把纯金看作 24K(即 100%的含量),这样,每 1K 就是其中的 1/24(即 4.1666%)。

黄金的成色"开"与宝石重量单位"克拉"的德文都是 karat、英文都是 carat,所以它们是可以互称的,如 24K 黄金也可以称为 24 克拉金。但为了有所区别,通常还是用"开"(K)来表示黄金纯度。

俗话说,"人无完人,金无足赤",这就表明黄金纯度是不可能

达到100%的。根据国家标准 GB11887－89 规定,从低到高,每开黄金的含金量(按国家标准)分别为:

$$8K = 8 \times 4.1666\% = 33.3328\% \approx 333‰$$
$$9K = 9 \times 4.1666\% = 37.4994\% \approx 375‰$$
$$10K = 10 \times 4.1666\% = 41.6660\% \approx 417‰$$
$$12K = 12 \times 4.1666\% = 49.9992\% \approx 500‰$$
$$14K = 14 \times 4.1666\% = 58.3324\% \approx 583‰$$
$$18K = 18 \times 4.1666\% = 74.9988\% \approx 750‰$$
$$20K = 20 \times 4.1666\% = 83.3320\% \approx 833‰$$
$$21K = 21 \times 4.1666\% = 87.4986\% \approx 875‰$$
$$22K = 22 \times 4.1666\% = 91.6652\% \approx 916‰$$
$$24K = 24 \times 4.1666\% = 99.9984\% \approx 999‰$$

根据我国国家标准,纯度不低于 990‰(俗称"两个 9")的称为"足金",不低于 999‰(俗称"三个 9")的称为"千足金"。不用说,按照这一标准,24K 金就可以被认为是成色 100%的纯金了,不过它的实际含金量是 99.9984%,相当于 23.9996K。

从目前市场上销售的黄金首饰看,可分为足金和 K 金两大类。

所谓足金,就是指 24K 金,按理说,24K 金的含金量应当达到 100%,但实际上当然是做不到的;所以,任何标注 24K 金的方法都不符合国家标准的要求,也是不正确的。

至于 K 金,从颜色上看有黄、红、白之分,口诀是:"七青、八黄、九带赤,四六不呈金。"意思是说,七成(含金量 70%)的黄金呈青黄色;八成的黄金呈正黄色;九成的黄金黄中带赤;六成以下的黄金呈现出来的颜色就已经不是黄金本身具备的颜色了,白中微黄,甚至完全泛白。

这里要注意的是,这种白色的 K 金并不是天然白色,而是黄金在加入了镍、锌、铜等元素后呈现出来的白色,与人们通常所说的白金首饰是完全不同的两个概念。

人们通常所说的白金,是指贵金属铂金 Platinum(简称 Pt)。

铂金在自然界的储量比黄金更少,化学性质也更稳定,所以它的价格当然就比黄金要高。在我国,只有铂金才能叫白金。并且根据国家标准,只有铂金含量在 850‰ 以上的首饰才能被称为铂金首饰,上面必须带有 Pt850 等纯度标志。

111. 什么是纸黄金交易

上面提到,所谓纸黄金也叫黄金凭证。意思是说,纸黄金交易的对象只是一张标明黄金所有权的凭证,而不是实物黄金。

换句话说,这种纸黄金是与硬黄金(实物黄金)相对而言的一种概念。不用说,这里的纸黄金并非是指"纸做的黄金",也不是指这种黄金"薄如一张纸",而是它体现的就是一张"纸",即凭证,专业术语叫"个人凭证式黄金"或"纸上交易"、"账面交易"、"账户金"。因为它不是实物,所以确切地说应该叫虚拟黄金。

投资者在投资纸黄金时,首先要按照银行报价,在账面上买卖这种虚拟黄金,进行高抛低吸;然后,从中赚取差价。而这种买卖交易只是记录在投资者事先在银行开设的黄金存折账户上,不会、不能也不需要发生实物黄金的提取和交割。

现在的问题是,既然有了实物黄金交易,又为什么还要有纸黄金交易呢?究其原因在于,纸黄金交易有它的独特优势——如果投资者不是出于收藏或馈赠亲友的需要,而仅仅是想通过短期交易获得差价,那么,这时候的纸黄金交易比实物黄金交易会更占优势。

例如,纸黄金交易不需要仓储、保管、运输、鉴定成色,所以既方便又能节省上述费用,投资成本自然就降下来了;除此以外,它也不会出现实物黄金交易中经常会遇到的"买易卖难"局面。并且,纸黄金价格与国际黄金市场价格挂钩,可以 24 小时不间断交易。我国的上班族投资者,每天下班后正好对应欧美国家的白天,而这时候正是黄金价格波动最大的时段,这就具备了充裕的投资交易时间。

目前我国开设纸黄金交易业务的有中国银行、工商银行、建设银行、交通银行、华夏银行、民生银行、兴业银行等，具体品种有工商银行的"金行家"、中国银行的"黄金宝"、建设银行的"龙鼎金"等。

纸黄金的主要类别有：

黄金储蓄存单

投资者在中国黄金公司购买黄金后，把黄金存放在该公司，该公司就会向投资者支付与人民币储蓄相同的利息，存单到期后再按照国际黄金价格比率换算成本金和利息。

这样做的好处是，对于投资者来说，既解决了令人头疼的运输、保管、称重、鉴别成色等麻烦问题，又可以拿利息，还能在购买时就得到价格优惠。

黄金交收订单

投资者在银行开设黄金存折账户后，可以像炒股票一样方便地进行现货黄金、白银、铂金投资，并且，现货交收、延期交收产品交易模式还非常多，某种程度上说这比买卖股票更加方便、灵活。

这里的现货交收、延期交收，区别主要是：买卖订单被执行后按规定应当在成交后的第二个交易日完成交收；可是，如果你不想马上平仓，就可以选择将买卖延期。有意思的是，这时候需要买方支付利息、卖方却可以收取利息。

黄金汇票

发行纸黄金的部门通常是那些在黄金市场上资金实力雄厚、资信程度良好的商业银行，以及黄金公司或大型黄金零售商。所以,用以代表纸黄金的一纸凭证同样可以体现为其他信贷方式,如黄金汇票等。

因为纸黄金信用可靠,所以黄金汇票和大面额黄金可转让存单、黄金债券、黄金账户存折、黄金仓储单据、黄金提货单、现货黄金交易中当天尚未交收的成交单等,都和实物黄金具有同等价值,并且随时可以兑换成实物黄金进行支配。

在这其中,能够确定交割日期的叫期货黄金合约,无法确定交割日期或随时可以交割的叫现货黄金合约(如黄金仓储单等)。

大面额黄金可转让存单

所谓大面额黄金可转让存单,是指商业银行发行的可以在金融市场上转让流通的、具有一定期限的黄金凭证,印有期限、利率等要素。

这里的大面额,表明存单金额较大(例如美国的规定是10万美元以上);可转让,是指在市场上可以转让流通;有固定期限,期限一般为14天至1年。发行对象既可以是个人,也可以是企事业单位,分为记名和不记名(便于流通)两种。

发行大面额黄金可转让存单的目的,对银行来说是为了吸收存款;对投资者来说,主要就是为了投资,所以必须便于流通,因而这种交易方式在二级市场上相对活跃。

黄金债券

黄金债券是指金矿公司用未来一定时间内生产的一定量的、一定成色的黄金预期作担保发行的债券。发行期限一般为3年、5年、10年等,利率由基准利率和浮动利率两部分组成,其中浮动利率与到期时的黄金价格有非常密切的联系。

不用说,如果你能在黄金价格底部或上升通道中买入并持有黄金债券,获利回报就会比较有保障。

黄金账户存折

投资者买卖纸黄金时,因为不需要提取和交割实物黄金,所以只能在黄金账户存折上做记录,并且在指定资金账户上收付款项。

黄金账户存折上存的并不是黄金,而是指你存折上的钱是用黄金来计算的。存入时用人民币换算成当天的黄金价格转出存折,售出时用当天的黄金价格换算成人民币存入存折,都是看不到实物黄金的。

所以,黄金账户存折的主要作用,主要是免去黄金买卖时的鉴定、保管、存储、称重手续,以及费用、税金,并且还能提高交易速度。

不过,黄金账户存折对每次提取的实物黄金有一定数额的限制,或者需要提前预约,并收取一定的溢价和手续费用;有的国家则规定黄金账户存折只能买卖纸黄金、不能提取实物黄金,或者成交和转让后的实物黄金只能存在该银行等。

黄金仓储单

黄金仓储单是指黄金账户存折中表示黄金储备、寄存、结余的数额,既可以通过交易系统打印出黄金提货单来提取实物黄金,也可以直接用于转让交易。

黄金提货单

如果你的黄金账户存折中有黄金库存余额,就可以通过交易系统打印出黄金提货单来,随时提取实物黄金。

现货黄金交易中当天尚未交收的成交单

在现货黄金交易中,如果有当天尚未交收的成交单,当然就可以在以后重新进行转让交易,因为这实际上仍然是你的"库存"黄金。

国际货币基金组织的特别提款权

特别提款权(SDR)是国际货币基金组织(IMF)1969年设立的一种储备资产和记账单位。它最早是"布雷顿森林体系"崩溃时设立的,与纸黄金是同义语,后来才称为特别提款权。最早时每特别提款权单位被定义为0.888671克纯金的价格,这也是当时1美元的价值。

综上所述,与实物黄金交易相比,纸黄金交易的独特优势在于可以省却鉴定成色、运输、保管、称重等诸多麻烦,以及由此产生的费用,这对投资者来说是很重要的。

112. 什么是现货保证金交易

所谓现货黄金保证金交易,就是人们通常所说的现货黄金交易。

之所以这样说,是因为在现货黄金保证金交易中,你并不需要为买入的黄金支付全额资金,只要按照买入总额的一定比例支付保证金就行了(目前国际黄金保证金合约的规定比例是1%)。这样,就自然而然地引入了保证金交易的概念。

现货黄金保证金交易是一种即期交易,也就是说交易成功后就必须进行交割,或者在规定的几天内必须进行交割。

与现货黄金保证金交易对应的是期货黄金保证金交易。不用说,期货黄金保证金交易的对象是期货黄金。虽然我国目前还不能进行期货黄金保证金交易,但投资者有必要对它有所了解,并且把它和现货黄金保证金交易对照掌握。

至此容易看出,全球黄金保证金交易分为现货保证金交易、期货保证金交易两大类。之所以要引入保证金交易,是因为它有以下三大作用:

一是价格发现

这项功能虽然只体现在期货黄金保证金交易上,但众所周知,黄金的期货价格与现货价格之间是有紧密联系的。

二是套期保值

这项功能在期货黄金保证金交易、现货保证金交易上都能得到反映。可是如果不是保证金交易,它在现货黄金交易中就是不存在的,因为套期保值这个概念本身只能出现在期货交易中。

三是投机获利

黄金交易双方为了规避未来交易价格不确定造成的市场风险,通常会采取锁定风险、锁定收益的办法来买卖黄金。这样,保证金交易也就自然而然地充当起一种投机获利的工具。

由于保证金交易只需支付少量保证金就可以进行全额交易,所以对你来说,它的最大优点就是可以减轻你的资金压力,用"更少"(1%)的钱办"更多"(100%)的事;当然,这样做缺点也很明显的,这就是这种鼓励信用透支的交易风险太大,一旦投资失误,就会造成重大亏损甚至倾家荡产。

113. 现货保证金交易有哪些特点

现货黄金保证金交易的主要特点是：投资品种单一，容易掌握；杠杆倍数高，便于以小搏大；可以全天候交易；进入门槛低，比较适合上班族。并且，这种投资获利没有封顶，亏损却可以止损，无论市场涨跌都有获利机会。

归纳起来，现货黄金保证金交易具有以下十大特点：

(1)一手(100 盎司，1 盎司＝31.1035 克)交易为双边，买卖算一手。同一个账户可以同时下买单、卖单。

(2)保证金交易杠杆最高可达 1∶100。也就是说，买卖 1 手现货黄金只要用到相当于 1 盎司价格的保证金就行了(相当于 1 500美元或 9 200 元人民币)。

(3)黄金市场的价格变化快，并且没有涨停板也没有跌停板，但一般来说每天的价格波动区间大约在 8 至 12 美元。这就意味着黄金投资的获利机会更大，当然，随之而来的是风险也大。

(4)现货黄金保证金交易既可以做多也可以做空，即双向交易。

(5)现货黄金保证金交易每天可以有 20 个小时用于即时买卖，T＋0，不存在交割期。具体时间段是：上午亚洲盘开市，下午欧洲盘开市，晚上美洲盘开市，其中以美洲盘的价格波动最大、最刺激。当你需要离开时可以锁仓，该做什么就做什么去，轻松做到两不误。

(6)在交易平台上可以设置止损(止亏)点来控制投资风险，可以设置止盈(止赚)点来见好就收，比较适合行情看不准时使用。

(7)买进卖出全都是现金交易，没有赊账和坏账。并且资金回笼快，今天通知明天就可以取款，不需要交纳任何税费。

(8)投资操作不受时间、地点、区域限制，任何人都可以投资。

(9)虽说是现货黄金交易，但既具有现货功能又具有期货特点，长短线投资都可以。

(10)现货黄金保证金交易与期货保证金交易相比,优势是:没有交割期,交易更自由;进入门槛低,5 000美元已足够;交易杠杆高(实际上意味着资金利用率高);交易费率偏低;开户流程相对简单。

114. 现货和期货交易有什么不同

目前,最热门的黄金投资就是现货保证金交易和期货保证金交易。那么,这两者又有什么不同呢?这主要体现在以下几方面:

开户门槛不同

现货黄金保证金交易的标准仓开户一般为5 000美元,折合人民币3万多元。但也有少数平台是允许迷你仓的,门槛是1 000美元。

期货黄金保证金交易的开户门槛不低于5万元人民币。

交易目的不同

现货黄金保证金交易主要是即期交易,即通常所说的"一手交钱,一手交货"。所以,成交时或者成交后几天内必须完成交割。

期货黄金保证金交易的目的主要是为了套期保值,所以成交后不能马上交割,否则就达不到这样的目的了。通常的做法是:双方先签订合同、交付押金,在将来约定的某个时间进行交割。而这样做的结果是,在转嫁风险的同时,客观上能发挥杠杆效应。

交易机制不同

在交易机制上,现货黄金和期货黄金都有做空机制,并且可以

双向交易获利,无论行情涨跌都有获利机会,实行的都是 T＋0 交易制度,当天可以多次开仓平仓。不同之处在于:

现货黄金交易无交割限制,可以无限期持有,只有在保证金不足时才会被强行平仓。

而期货黄金交易是有交割日限制的,到期必须交割,否则会被强行平仓或以实物进行交割。当然,如果保证金不足了,也是会被强行平仓的。

交易场所不同

现货黄金保证金交易以英国伦敦现货黄金市场上的五大商家罗富齐、金宝利、万达基、万加达、美思太平洋为代表,实际上并没有固定的交易场所。投资者买入黄金时需要支付一定比例的保证金,其余货款相当于向银行贷款,但必须每天支付利息。

而期货黄金保证金交易以美国纽约商品交易所、纽约商业交易所为代表,具有固定的交易场所,交易对象是标准化黄金买卖合约。也就是说,实际上双方买卖的只是未来某个特定时间、以约定价格进行的黄金实物交割。

具体到我国,上海黄金交易所推出的黄金延期交收交易同样属于黄金保证金交易,不过它与伦敦现货黄金保证金交易、美国期货黄金保证金交易有很大区别——它与伦敦现货黄金保证金交易不同的是,前者拥有固定的交易场所,撮合买卖双方交易,而自己并不参与黄金买卖;它与美国期货黄金保证金交易不同的是,它的黄金延期交收交易属于现货交易,而不是美国的那种期货黄金保证金交易。所以总体来看,它属于"现货＋黄金"保证金交易。

我国已经连续 6 年成为全球最大的黄金生产国,目前上海黄金交易所的现货黄金交易规模全球第一、期货黄金交易规模全球第七。

杠杆倍数不同

现货黄金保证金交易的杠杆倍数,在不同交易所有不同要求,大多数公司是 100 倍。也就是说,用 1% 的资金能操作 100% 的黄金。倍数是按"手"来计算的,1 标准手 = 100 盎司,但也有允许做 0.1 手的。

期货黄金保证金交易的杠杆倍数,一般是 10 倍,即用 10% 的资金操作 100% 的黄金。

交易时间不同

现货黄金保证金交易的时间,在我国是周一早上 8 点到周六凌晨 3 点,全天候交易,但最活跃的交易时段是每天 8 点至 24 点;基本上是在行情的任何时段都可以进入,价格的连续性好。

期货黄金保证金交易的时间,在我国是上午 9 点至 11 点半,下午 1 点半至 3 点。容易看出,不但交易时间短,而且价格不连续,所以很难在行情初期的第一时间就介入进去。

涨跌幅限制不同

现货黄金保证金交易无涨跌幅限制。

期货黄金保证金交易有涨跌幅限制,但具体幅度大小要看不同的期货品种,涨跌停板从 3% 至 15% 不等。

115. 抢购黄金就是黄金投资吗

需要注意的是,黄金投资绝不是我们通常所看到的黄金"抢购"风潮。尤其是 2013 年 4 月中国、印度、英国等投资者在全球掀起一股抢购黄金潮,中国投资者在短短10天里就买走300吨实物黄金(约占全球黄金年产量的10%)、基本买空国内黄金珠宝行业的黄金库存①后,指出这一点就更有必要。

除了逢年过节我国投资者无论黄金价格涨跌都喜欢集中购买黄金外,由于国际市场担心欧洲债务问题会引发债务国抛售黄金储备,并且美国联邦储备委员会暗示可能会提前缩减货币宽松政策规模,2013年4月中旬,国际黄金价格在两个交易日内就下跌200多美元,创下30年来的最大跌幅,更是直接点燃了我国投资者在接下来的"五一"小长假购买黄金的热情。不但国内的金条、金砖、金币被抢购一空,动不动就刷卡几十万元论"斤"买黄金,而且还引发一队队"中国老大妈"出境奔向全球各地大肆购买黄金。

在这其中,微博上有一首打油诗是这样形容的:"胸赳赳,气娘娘,大妈黄金抢;喝米粥,配咸菜,就是饱加香。中国豪大妈,气死索罗斯,打败高盛打败摩根野心狼!天不怕,地不怕,黄金搬回家,巴菲特,算个啥? 大妈俺最大。"②戏谑之余,必须指出,巴菲特、索罗斯等资本大鳄按兵不动,并不表明中国人"比他们有钱";恰恰相反,这只能说明"资本大鳄"与"中国大妈"不是"一般见识"。常识告诉我们,抢购黄金与资本市场上的黄金投资根本就是两个不同概念。

针对普通百姓认为"黄金保值"的说法,专家指出,国际市场上的黄金价格确实与美元指数有负相关关系,也就是说对美元来说存在着一定的保值功能;但和人民币之间并不存在直接关联。也就是说,如果因为担心国内通货膨胀会导致人民币贬值而购买黄金保值,这种目的是达不到的。

更不用说,黄金首饰从来就不具备保值增值功能,它更多的是

---

① 魏莱、陶短房:《媒体称"中国大妈"10天鲸吞300吨黄金》,载《环球时报》,2013年4月27日。

② 嵇晨:《"中国大妈完胜华尔街"真相:抢金不等于黄金投资》,载《第一财经日报》,2013年5月3日。

一件消费品;即使用金砖、金条去银行回购变现的折扣相对较小,在扣除了放在银行的托管费之后,也未必会跑得过通货膨胀,除非你一放就是几十年。各国政府储备黄金的目的,也主要是为了对冲美元货币风险,而不是为了营利。

举例说,如果你在1980年"两伊"战争爆发后以每盎司850美元的价格买入黄金,即使放到现在,在经过了最近10年的"黄金牛市"后,也未必会保值。在这30年间,考虑到货币贬值因素,黄金的成本价要大约相当于现在的每盎司2 400美元。以2013年5月22日国际金价每盎司1 367.40美元折算,实际上相当于贬值了45%。

看到这里也许你要说了,既然这样,这黄金投资还有什么意义呢?这就引出了另一个问题:本书所指的黄金投资主要是投资期货黄金、远期掉期的实物交易和纸黄金等,以及与黄金挂钩的各种金融衍生产品,而不是在金店里购买金砖、黄金首饰,这完全是两码事。

在这里,最大的区别有三点:一是黄金投资的对象应该是投资品(如纸黄金)而不是消费品(如金首饰);二是要做差价,而不是长期持有不动;三是要有杠杆倍数,否则获利就不会大。离开了这三点,黄金投资就无法确保保值增值。

更不用说,从整个国际环境看,现在的黄金价格不排除有继续探底的可能。也就是说,这时候至少不是黄金投资的最佳时机。

116. 为什么说黄金首饰不适合投资

本书前面反复提到,黄金投资与购买黄金是两回事;购买黄金首饰,更是与黄金投资相去甚远。关于这一点,这里还想再强调一下。

正如2013年5月巴菲特针对"中国大妈"在美国抢购黄金接受电视专访时所说的那样,即使黄金价格跌到每盎司1 000美元甚至800美元,他也不会心动。他说:"我不知道黄金走向如何,但我可以告诉你的是,除了摆着看,黄金什么用也没有。"①

可以说,巴菲特的这一观点在业内很有代表性。就在2013年4月国际黄金价格上演了历史性的大跌之后,全球主要黄金交易所基金都在纷纷抛售黄金。例如,SPDR Gold Trust基金持有的实物黄金当月就创下创立以来的最大规模月流出,一共减少143吨。截至5月1日,该基金黄金持仓量为1 075吨,是2009年以来的最低水平。②

这些黄金都去哪里了呢?研究表明,绝大部分被"中国大妈"们争先恐后地抢走了,在这其中不乏希望通过购买金条、金首饰介入黄金投资的个人投资者,这实在是进入了一个很大的误区。

为什么这么说?根本原因就在于黄金饰品融入了设计、制作等工序,这部分费用要占到价格的30%左右。纸黄金一旦变成金饰品,不但价格要高出30%,而且一下子就阻塞了流通渠道。不是说不能回购,而是指这个程序比金条回购要复杂得多——不但普通百姓很难辨别其成色;即使货真价实,回购价格也只能按原材料价格计算(相当于打个6.5折)。在这种情况下,要想盈利几乎不可能。

---

① 《巴菲特:即使黄金跌至800美元也不买》,载《环球时报》,2013年5月4日。
② 《"中国大妈"接华尔街抛金,业内称黄金饰品不适合投资》,载《上海证券报》,2013年5月3日。

第十二课　珠　宝

珠宝首饰人见人爱,现已越来越多地进入农民理财组合中去。投资得当,不但能保值增值,而且能使你的家产迅速翻番。不过它对投资者的知识面要求也高,并非人人适合。

117. 什么是珠宝

所谓珠宝,是指在金银之外用天然材料制成的,具有一定价值的首饰、工艺品和其他珍藏。这里的天然材料,主要是指矿物、岩石、生物等。比较科学的说法是,珠宝就是广义上的宝石,泛指那些适合雕琢成首饰或工艺品的原料。

从名称看,珠宝中的"珠"是泛指珍珠,"宝"是泛指宝石。如果连同金银一起称为金银珠宝,那么其中的"金"就是泛指用黄金制成的东西或钱币,如金币、金刀等;"银"是泛指用白银制成的东西或钱币,如银两、银镯子等。

无论珠宝还是金银珠宝,都常常用来形容一个人的富有和奢侈。也不用说,如果家里积蓄不多甚至连饭也吃不饱,要想有余钱去购买金银珠宝也是不太可能的。

在金银珠宝中,由于黄金及其首饰在上一章中已有涉及,所以这里重点谈谈珠宝的收藏和投资价值。

珠宝大致上可以分为以下几类：

天然珠宝玉石

所谓天然珠宝玉石，是指由自然界产出的，美观、耐久、稀少、具备工艺价值，可以加工成装饰品的各种物质。

它又可以分为以下几类：

天然宝石

所谓天然宝石，是指天然珠宝玉石中的矿物单晶体（也可含双晶）。主要包括：金刚石、萤石、红宝石、蓝宝石、赤铁矿、水晶、尖晶石、金绿猫眼、黄绿猫眼、黄宝石、绿宝石、祖母绿、碧玺、和氏璧、蛋白石、紫晶金矿石、石英等17种。

天然玉石

所谓天然玉石，是指天然珠宝玉石中的矿物集合体（也有少数是非晶质体）。主要包括：玛瑙、碧玉、灵璧玉、和田玉、岫岩玉、南阳玉、翡翠、蓝田玉、孔雀石、绿松石、东陵玉、准噶尔玉、夜光玉、硅孔雀石、绿冻石、青金石、金黄玉、冰花玉、英石等19种。

天然彩石

所谓天然彩石，是指天然珠宝玉石中硬度在3度及以下，符合工艺美术要求的天然多矿物集合体（也有少数是单矿物集合体），俗称"雕刻石"。主要包括：寿山石、田黄石、青田石、鸡血石、五花石、长白石、端石、洮石、松花石、雨花石、巴林石、贺兰石、菊花石、紫云石、磬石、燕子石、歙石、红丝石、太湖石、昌化石、蛇纹石、上水石、滑石、花岗石、大理石等25种。

天然有机宝石

所谓天然有机宝石，是指天然珠宝玉石中部分或全部由有机物质组成的，可以用于装饰的固体。主要包括：珍珠（含天然珍珠、养殖珍珠、海水珍珠、淡水珍珠）、珊瑚、琥珀、煤精（煤玉）、象牙、龟甲等6种。

人工宝石

所谓人工宝石,是指完全或部分由人工生产出来的、用作首饰或装饰品的各种物质。

它又可以分为以下几类:

合成宝石

所谓合成宝石,是指人工宝石中在自然界有已知对应物的晶质或非晶质体,两者的物理性质和化学成分基本相同。主要包括:合成钻石、合成红宝石、合成绿松石、合成碳硅石、合成立方氧化锆等。

人造宝石

所谓人造宝石,是指人工宝石中在自然界没有已知对应物的晶质或非晶质体。主要包括:人造钇铝榴石、钛酸锶等。

拼合宝石

所谓拼合宝石,是指由两块或两块以上材料人工拼合而成、给人以整体形象的人工宝石,简称拼合石。主要包括:合成欧泊等。

再造宝石

所谓再造宝石,是指通过人工手段,把天然珠宝玉石的碎片融化压结成具有整体外观的人工宝石。主要包括:再造琥珀、再造绿松石等。

仿宝石

所谓仿宝石,是指模仿天然珠宝玉石的颜色、外观、特殊光学效应的人工宝石。主要包括:仿钻石等。

118. 珠宝有哪些特性

上面简单介绍了珠宝的分类和品种,接下来具体说说珠宝都有哪些特性。对于普通投资者来说,搞清楚这些是非常有必要的。

自然界能够制作珠宝的矿物只有 100 多种，数量非常有限。而即使某种矿物可以用来制作珠宝，也不表明这种矿物就全都可以用来制作珠宝，很可能只能用到其中的一小部分。尤其是那些不透明、杂质多、颜色杂乱的，就更是只能作为一般材料来使用。

现实生活中珠宝多以首饰的形式存在于世。而所谓首饰，本来是指男女戴在头上的饰物，现在则泛指佩戴在男女身上的所有以贵金属或其他金属、非金属材料，以及珠、宝、翠、钻，制成的戒指、耳环、项链、吊坠、手镯、手链、胸花等装饰品。

这些首饰既是传统工艺品，又是高级装饰品，当然也是投资品，并且还往往是价值昂贵的投资品。尤其是随着生活水平的快速提高，现在拥有珠宝首饰的农民和家庭越来越多，于是它们也就自然而然地开始成为农民理财的对象。

制作珠宝的材料各不相同，所以其物理特性也相差很大。再加上制作工艺、年代久远不一，每个人的审美观念不一样，所以，在它们身上表现出来的特性会相差很大。

总体来看，珠宝具有以下三大特性：

美

美，主要是指它具有绚丽的色彩、特殊的光学效应或图案，令人赏心悦目。具体地是指：颜色鲜艳、均匀、纯正，或者透明无瑕（或瑕疵较少）、光泽灿烂，或者透明度虽然不高却有某种特殊光学效应，令人一见钟情、再也无法抗拒诱惑。

例如，钻石就是由金刚石琢磨而成的，但并不是所有的金刚石都能成为钻石。只有那些透明无瑕的原料才有可能打造成钻石，那些透明度差、颜色灰暗的金刚石因为实在"拿不出手"，至多也就只能作为工业原料使用罢了。

久

久，主要是指它耐久不变、质地坚硬。具体地是指，它具有一定的化学稳定性和热稳定性；一般都有较高的硬度（莫氏硬度大于7），只有个别具有奇特光学现象的宝石（如珍珠等），才会对硬度没有太高的要求。

总体上看，越是硬度大、耐腐蚀性强的宝石，它的价值就越高，如钻石、翡翠、红宝石和蓝宝石等，所以常常用来作为传家之宝；而那些质地柔软、容易腐蚀的宝石价值就低，如岫玉、南方玉等，一般用来制作工艺品。

但这又不是绝对的，如珍珠、欧泊（又叫澳宝，香港人称为闪山云）等。

稀

稀，主要是指它的稀缺性。具体地是指，它一般具有一定的块度和重量，产地和产量相对稳定（不太可能突然听到某地又发现一个巨大的矿藏之类的消息）。

俗话说，"物以稀为贵"。因为存世极少，所以价值昂贵，如祖母绿宝石等。相反，仿宝石则因为是用塑料等廉价材料制成的，肉眼也能看出来，只是外观像宝石，所以就根本谈不上收藏价值。

119. 珠宝投资有什么特点

珠宝投资具有较强的专业性，价值又大，所以，必须具备相应的专业知识。在此基础上，同样有必要借助于科学鉴定、专家鉴定来辨别真伪；否则，一旦上当受骗不但会造成直接损失，还会坏了心态。

总体来看,珠宝投资具有以下特点:

要有一定的专业知识

珠宝投资需要具备一定的专业知识,只有这样,才能准确评估其投资价值。因为这些东西都很昂贵,而越是昂贵的东西就越有假冒伪劣出现。只有当你积累起这方面的知识,能够辨别真假、识别质量优劣,接下来才谈得上开始你的投资生涯。

在这其中,你必然要认识一些专家(真正的专家),绝不能"蒙头游水"。尤其是在投资初期,一定要在调查市场行情的基础上,多多请教这方面的专家、学者,做到心中有数,然后才能考虑进行投资。

尤其是宝石,它的价格受色泽、做工、重量等多种因素影响,一定要索取国际公认的鉴定书才可以放心地付款。

投资心态要好

珠宝一般只适合长期投资,所以心态一定要好,要做好长期投资的思想准备和经济基础。专家认为,如果条件允许的话,珠宝投资一般要在持有25年以上时才有望获得理想的回报。

一般认为,珠宝投资的收益率从长期看是呈稳定增长态势的,如果你要想在一夜之间价格就上涨多少多少,不太现实。所以你能看到,最终盈利颇丰的投资者,往往都是那些因为喜欢珠宝而投资(不是急功近利),最终积淀了若干年,才变得大富大贵起来的。

踏准市场节拍

珠宝虽然是几千年来一以贯之的装饰品和投资品,但不同时代有不同的市场热点和消费需求。从投资角度看,只有踏准市场节拍,才有可能盈利颇丰。

珠宝的品种非常繁多，但真正具有收藏和投资价值的不过只有10多种。即使是这些少而又少的品种，在不同的时间、地区、市场，其热点也在不断发生变化。

这里所谓的踏准市场节拍，就是要从市场需求、资源供给、变现能力三方面来综合考察，精心挑选市场需求旺盛、资源供给趋少、变现能力增强的品种来投资。不用说，这样的投资品一定是会增值的。

选择合适的货源渠道

最理想的货源渠道，当然是直接从珠宝加工厂、加工工艺师那里拿到一手货，或者直接委托工厂订制，这也完全符合今后高档珠宝销售的大方向。

可是话又说回来，并不是谁都能做到这一点的。尤其是如果你长期生活在农村，基本上不太可能会认识这么多珠宝专家、厂家；即使打过交道，也未必就能得到他们的有效帮助。但无疑，能否得到专家的帮助，对于珠宝投资来说非常重要，因为这直接意味着对珠宝价值的把握和服务是不同的。

除此以外，你当然也可以从专卖店、各种专柜来购买珠宝，但这时候对投资者的鉴赏水平、专业知识以及商家信誉的要求更高。

因为一般来说，商家必定需要比厂家盘剥更多的利润。而实际上这就意味着对你未来投资利润的一种预先抵扣，提高了你的投资成本、增大了投资风险。

所以这里教你一招：经常到珠宝专卖店、专柜那里去练练眼力，同时也要经常光顾珠宝拍卖会等场所，切忌在旅游景区、旅游点上去买珠宝。珠宝专卖店的品种多，足够让你开眼界的；而珠宝拍卖会、古玩市场上常常会有遗珠可捡（虽然这种可能性很小，但毕竟存在），你一旦"捡到大便宜"，马上就会"脱贫致富"。相反，旅游景区、旅游点上的珠宝首饰不是骗人的就是有瑕疵，从这种渠道购买珠宝的投资风险太大，不太可能具备投资价值。

宁缺毋滥

珠宝投资的一条重要原则是宁缺毋滥。也就是说,要想取得较好的投资效益,必须注重少而精,不要拼数量。

具体地说就是,要着眼于中长期、中高档产品投资;低端产品不但升值潜力小,而且很可能根本就不具备什么升值潜力,投资回报率有许多不确定性,弄得不好就要亏本。相反,高档珠宝的升值潜力巨大,并且这种升值非常稳定;即使走上拍卖会,价格也会居高不下,这样也就确保了你的投资收益和变现能力。

除了本身的质地以外,珠宝首饰的品牌、加工工艺、作者名气、雕琢题材等表现出来的附加值也不能小看。尤其是一些机器无法代替的手工设计款式、雕琢工艺,其升值空间更是不可估量。

合理规划投资比重

对于农民理财来说,珠宝投资当然可以作为其中的一部分,但一定要规划好在整个家庭理财中的比重,绝不可以是全部。

一般认为,投资珠宝的家庭都是"有钱"人;而即使这样,用于珠宝投资的资金比重也只占整个家庭投资的10%至20%为好。

当然,具体到珠宝投资中的某些品种和对象,你可以自己选择。宝石投资的资金需求弹性很大,从几千元到几万元都是可以的。

120. 什么是珠宝的自然升值

投资珠宝的收益主要来自两大块:一是珠宝的自然升值,二是珠宝买卖的价差收益。这里先来看它的自然升值。

首先应当明确,珠宝一般是会自然升值的。以钻石为例,它的避险功能会远远胜过黄金,尤其是稀有的克拉钻石,就更是如此。正如作家安德鲁·寇本在《钻石的真相》一书中所说:"它们可用来为国际借贷背书、偿还债务、支付汇款、购买枪械。在许多情况下,它们比钱还好用。"[1]

为什么这么说呢?原来,这是由它的稀缺性所决定的。

钻石产生于亿万年前的地核深处,是地质运动把它带到了地球的表面。它非常稀缺,加工难度大,一般要耗费 250 吨岩石、沙子、砾石后才能开采到一枚 1 克拉以上的裸钻。

有人测算,一颗钻石从开采、分选、加工、分级、销售,到最终到达消费者手里,一共要经过 200 多万人的手。换句话说就是,在这 200 多万人中,每经过一个人的手,它的价值都要增加几分。

由于过度开采,使得钻石这种资源的稀缺性越发明显。目前全球的克拉钻石产量呈逐年递减趋势,通俗地说就是卖一颗少一颗,大克拉的珍贵钻石更是成为市场追逐的焦点。

伴随着这种稀缺性,市场对钻石的需求量却愈来愈大。在我国,"钻石恒久远,一颗永留传"的广告深入人心,结婚钻戒的佩戴比例在全球范围内最高。目前我国市场上的钻石价格在逐年递增,一些优质切工的钻石年平均升值幅度可达 20%。

权威观点认为,钻石价值的高低主要取决于以下因素:

一是颜色。这是决定它是否名贵以及价值高低的首要因素。

二是克拉。克拉越大,价值当然就越大。

三是洁净度。纯度或透明度越高价值越大,完全无色透明的最好。

四是切磨工艺。主要是看角度和比例是否正确、式样是否新潮、琢磨是否精巧等。

---

[1] 甘小虎:《20 克拉巨钻今日淘宝商城 1 元起拍》,载《青年时报》,2010 年 12 月 9 日。

121. 怎样投资珠宝

珠宝投资当然不能单靠它的自然升值,否则也就谈不上投资而只能叫收藏了。更不用说,并非所有珠宝都会随着时间的推移而升值,有的同样也是会贬值的。

仍然以钻石为例,有的能自然升值,并且升值幅度还很大,有的却注定只能贬值;即使是同样的产品,价格也会相差许多。在这其中,首先要确保是真品,如果是仿制品也就谈不上投资价值了;在此基础上,要看中间流通环节的多少,当然是环节越少价格越便宜、盈利空间越大啦。

换句话说就是,珠宝投资的收益主要得靠买卖价差,而这又主要取决于不同时期市场购买力的大小。

我国目前正处于珠宝购买力最旺盛的时期

目前我国已经成为全球少数几个珠宝首饰年消费额超 300 亿美元的国家,一些重要珠宝产品的消费均居全球前列。

据世界黄金协会(WGC)的数据,我国是全球第一大黄金生产国、第二大黄金消费国(仅次于印度)、第二大珠宝首饰消费国(仅次于美国)。其中,由于成分可调、延展性好、硬度高、色彩多变、价格灵活、能够很好地满足各种消费需求,K 金珠宝首饰的消费前景十分广阔,要远远超过黄金首饰。

而来自中国宝玉石协会的资料表明,我国是全球最大的玉石加工及消费国、最大的铂金消费国(2012 年铂金用量占全球 70%左右[①])。我国 2005 年的珍珠年产量就高达 1 500 多吨,占全球总

---

① 潘清:《2012 年全球铂金首饰消费约七成来自中国》,新华网,2013 年 3 月 28 日。

产量的95％以上,其中淡水珍珠产量占全球总产量的99％。① 如果要用一句话来概括的话,那就是"发展速度快、市场潜力大"。

即使面对全球金融危机的冲击,2009年我国的珠宝销售总额仍然同比增长10％,高达2 200亿元,出口超过70亿美元。除此以外,最近几年来我国的出口年增长速度连续多年超过20％。2010年上半年金银珠宝零售额同比增长56.2％,钻石转口贸易同比增长76％;2010年以来高档翡翠延续过去的价格走势,年涨幅高达20％。② 2011年7月,我国社会消费品零售中增幅最高的商品就是金银珠宝,同比增长45％。③ 所有这些,都为投资珠宝获利创造了良好的外部环境。

珠宝投资重点可放在钻石上

从发展趋势看,我国未来的珠宝首饰买卖会更加活跃、投资机会也会更多。农民理财从事珠宝投资,品种可重点放在钻石上。

从发达国家的经验看,当一个国家的经济发展到一定阶段时,金银珠宝尤其是钻石的消费会向文化、品牌、品质转变,这就像追求名车、名表一样。也就是说,文化、品牌、品质等将会在珠宝首饰的价值中占据越来越大的比例,尤其是文化,这是区分各种珠宝产品的关键因素。

当然,目前我国的钻石消费还远远没到这个层次,有时候甚至还停留在"炫耀消费"的层面上。作为投资者,应当很好地把握这

---

① 海燕:《我国珍珠年产量1 500多吨,占世界总产量95％以上》,新华网,2005年9月17日。

② 林金銮:《珊瑚珠宝行业标准亟待制订》,载《中华工商时报》,2010年3月8日。

③ 王优玲、刘铮:《金银珠宝领涨我国7月社会消费品零售总额》,新华网,2011年8月9日。

种消费规律,一旦钻石消费市场真正成熟,就会迅速脱离这种低层次、上升到"钻石文化"境界。只有踏准市场节拍,才能实现投资回报最大化。

整体上看,钻石从1800年以来就一直被认为是最值得购买、最值得投资的珠宝,特别是最近100年来它的价格更是呈跳跃式增长。

数据表明,目前钻石投资的年平均回报率稳定在3%至20%之间,这个区间之所以这么大,是因为不同品质的钻石其升值幅度大不一样。

一方面是,全球90%的钻石资源被控制在四大巨头手中,价格不可能出现飙升;另一方面是,从投资角度看,只有重量在1克拉(0.2克)以上的钻石才有保值升值功能(目前最低价为2万元人民币)。那些体积微小或者净度、切工相对粗糙的钻石,买下来后往往是要贬值的。也难怪,这些小钻石本来就是克拉钻石切割时剩下的次品,更不用说还常常伴随着其他瑕疵呢。

在我国香港、台湾等地,投资者最喜欢瞄准5克拉以上的精品钻石投资。而我国国内的普通投资者,由于目前钻石市场还没有完全成熟,所以建议可以先投资1克拉至3克拉左右的钻石,尤其是那些纯色、净度、切割比较理想的钻石,投资、收藏、佩戴皆宜。如果是完全为了投资或收藏,天然钻石比结婚钻石(婚钻)要更理想。

上面提到,钻石投资每年有最低3%的回报率,依据是:我国上海钻石交易所及其他钻石首饰提供商都在开展钻石回购业务,对高品质钻石会按照每年3%的递增价格进行回购。

这些高品质钻石的特征是:重量在0.5克拉以上,成色、净度、切割等方面均没有明显缺陷。按照行规,正规钻石销售机构卖出的钻石,都会出具全球权威机构提供的钻石证书,表明这款钻石的成色、品质等数据,作为投资者将来变现的"身份证"。

直接网购"一手货"

网络是珠宝投资的一大重要渠道,既方便又快捷,而且还可在更大的范围内货比三家。接下来的问题是,网上销售的珠宝价格虽然要低很多(有时会相差1倍),可是质量会让人放心吗?

专家指出,如果你是这方面有经验的投资者,可以先考察该公司的进货、销售渠道再下结论。也就是说,放心不放心不能一概而论。如果能买到"一手货",投资获利就是铁定的。

例如,有的网络直销商采取的是钻石供货商直接面对消费者的B2C销售模式,挤干了中间环节的一切价格水分,这种销售价格就可能是真实的。如全球钻石的开采环节几乎都被垄断在戴比尔斯手里,而它开采出来的钻石只供80家左右的"一级看货商"前来看货。如果你的销售商货源直接来自"一级看货商",这种巨大的价格差异就是可能的。关键是投资者要有这样的信息、这样的关系买到这种一手货。

除此以外,国际上有一种流行做法是,一些钻石供货商会对自己非常信任的销售商零成本调拨产品,先销售再结算。这种"账期"越长,就意味着这家销售商的销售价格有可能越低,因为它没有资金占用。如果能买到这样的钻石,就表明你找到了一个非常好的投资品。

122. 珠宝投资有哪些风险

任何投资都有风险,珠宝投资也不例外。除了一般的投资风险外,珠宝投资还有其特殊的风险,主要与专业水准和市场混乱有关。

受"钻石恒久远,一颗永留传"的影响,许多人想当然地认为凡是钻石就必定是"好"的。其实不然。从投资角度看,珠宝投资最强调从兴趣爱好出发,先学习、积累,后投资,才能确保游刃有余。

总体来看,珠宝投资的风险体现在以下几方面:

概念混淆

有些投资者连相关概念也没搞清楚,更缺乏辨别真假的能力,就加入珠宝投资行列,这样的投资风险不大才怪。

调查表明,目前市场上珠宝行业产品质量中存在的问题,主要表现为贵金属成色不足、级别与标称不符,故意混淆各种概念。

最典型的是:把足金标为千足金甚至万足金;把应该进行裸石分级后才能销售的1克拉以上的钻石,不进行分级就对外销售;把所有白色的金首饰含糊其辞地全都称为白金;把不管什么等级的碧玺(其实就是电气石)全都按纯红色透明度高的上品对外进行标价,把价格炒到惊人的地步等等,所有这些都让人莫衷一是,防不胜防。高仿宝石冒充天然宝石出售的,更是普遍现象。[①]

尤其是网购,经常会夸大其词,把水钻(锆石)说成是钻石;而所谓的金发晶、红兔毛、绿幽灵等水晶商品,其实都掺有杂质;另外就是把人工祖母绿、人工琥珀、化学处理过的翡翠等,当作天然产品来卖;把养殖珍珠当作天然珍珠卖等等。由于网购通常不开发票,所以这种质量问题出现后很难说得清。[②]

买到假货

珠宝投资需要一定的专业知识,如果这方面知识欠缺或经验不足,就可能会买到假货或者以次充好的投资品,这样损失就大了。所以无论是投资还是收藏,切记要首先鉴定其真伪和成色。

[①] 《高仿宝石冒充天然宝石出售成普遍现象》,21世纪珠宝网,2012年4月11日。

[②] 陈莉:《珠宝首饰网购骗你没商量,7大案例助你辨真伪》,载《信息时报》,2010年3月17日。

怎么鉴定呢？一般要经过两道关口：先肉眼判断，然后仪器鉴别。

肉眼判断，主要是从珠宝的颜色、光泽、透明度、硬度、质地、雕工等方面，来判断这件产品的真假及质量好坏，做到心里大概有个数。与宝石鉴定相比，这种肉眼判断对玉石鉴定的难度较大。

例如翡翠，由于翡翠的内部成分比较复杂，同一块翡翠上会有多种颜色；并且，不同的颜色和结构变化很大，尤其是做得很好的高档"B货"[①]，肉眼很难鉴定出来。当然，如果遇到经验非常丰富的专家，还是可以通过肉眼来判断一个"八九不离十"的，如它究竟是不是翡翠、是否已经经过了处理等等。

仪器鉴别是指通过专门的仪器来鉴别珠宝玉石的仿冒品、处理品，这些常规仪器主要有折射仪、热导仪、分光镜、二色镜等。但如果是一些非常高级的以假乱真，就需要用更高级的大型仪器来检测了。

高估价值

珠宝的投资价值大小，不像其他常见日用品那样容易判断，有时候甚至有不同的估价方法。

俗话说，"珠宝无价"、"黄金有价，玉无价"。其实，在市场经济条件下，任何珠宝都是可以定价的，也都是具有可比性的。所以，你在投资珠宝时，切不要忘记通过货比三家来降低投资风险。

在这里，尤其要当心把以次充好、以假乱真的人造宝石当作天然宝石。这种高估投资价值所造成的风险，很可能会导致投资者血本无归。

[①] 翡翠原石只经过开料、切片、雕琢、打磨、抛光等物理加工的成品或半成品称为 A 货；不仅仅进行过物理加工，还采用硫酸进行过长时间浸泡等化学处理的成品或半成品称为 B 货；如果是在物理加工基础上还进行过人工加色的称为 C 货，时间长了会褪色。

盲目跟风

珠宝投资切忌跟风炒作,而有时候这种跟风炒作又是难免的,不知不觉就会陷入其中,从而影响到对投资价值的判断力。

尤其是当某地发现了一种新的玉石之后,往往动不动就会把它和已经具有几千年历史的和田玉相提并论。这时候就非常有必要看清这种玉石本身材质所具有的投资价值,避免头脑发热。

例如,虽然这种玉石是新发现的,可是其成分却并不一定是唯一的,与此相似的玉石过去可能早就出现过。这时候就可以借鉴其他玉石的材质,来判断其投资价值,判断依据主要是颜色、质地、透明度、净度、稀有性、工艺价值、历史价值等。在上述各种因素中,最基础的是材料和品质级别高低,千万不要本末倒置。

只有当这种新的玉石品种外观很奇特、符合现代人的审美观,最好还附带有关于它的历史传说,并且稀缺性比较明显时,它的价值才会有较大的飞跃。

如果连上面这些因素都没搞清楚,那还是不要盲目跟风为好。否则,这时候高价买入这种玉石,其投资风险是很大的。

安全问题

珠宝在运输、保管、携带过程中,有可能会出现遗失、被盗、被抢劫等安全问题,交易时也容易发生调包等问题。

市场风险

上面已经提到,珠宝的价格并不是必然上涨的,它同样会随着市场供求关系不断发生改变。换句话说,投资珠宝也是有市场风险的,有时候这种风险还很大,谁也不能保证就稳赚不赔。

作为投资者,要时刻了解和掌握市场行情变动情况。如果这些产品仅仅是为了投资而不是收藏之用,就必须考虑将来要有一个恰当的出售时机,以争取更好的投资收益。

总的原则是,要将长线投资和短线投资结合起来规避风险。

因为总体上看,这两种投资方式的投资理念、操作手法相差太大——单纯的长线投资虽然能减少市场风险,可是获利不多、耗时太长;而单纯的短线投资虽然能减少市场风险,却同样会获利不多,如果市场节奏踏错还要造成亏损。把长短线投资结合起来,就是为了较好地避免这种风险。记住这句话:以长线投资为主、短线投资为辅。

123. 珠宝投资的诀窍

投资珠宝的理由之一,就是因为它们不但具有最贵重的材质,而且古往今来一直是人们心目中高贵而富有魅力的装饰品和传统工艺品。与黄金投资相比,珠宝不但有投资价值,更由于这个市场需要丰富的专业知识,又严重缺乏透明度,市场需求量还在快速上升,因而投资价值正在日益显露出来,而这对投资诀窍的要求也越来越高。

珠宝投资的诀窍主要有以下几点:

加强学习

珠宝投资必须从"学习"开始。尤其是普通投资者,要想从事这方面的投资,就必须从完全不懂到慢慢懂得如何投资、收藏珠宝,通过有关珠宝知识的学习和经验积累,为投资打下坚实基础。

具体学习途径有:向书本学习;参加各种珠宝讲座班、研习班、展览会、学术交流会;积极创造条件,争取和宝石专家、学者、收藏家、从业者、消费者等接触,不断积累经验。

例如,如果你想收藏观赏石,就应该知道观赏石同样属于宝石范围,但它的价值主要体现在文化、艺术、内涵上。对于它们的投资价值怎么去判定,就不能简单地用宝玉石、岩石矿物标准去类比。

有人甚至说,观赏石根本用不着去"研究"、也"不必"有什么统一鉴定标准,只要"好看"就行。正因如此,我国《观赏石鉴评标准》直到2007年9月20日才由国土资源部颁布实施,但这仍然没有也不可能解决如何衡量观赏石的投资价值和市场规范等一系列问题。

类似这样的情形在珠宝投资中并不少,非常值得学习和研究。

从收藏开始

珠宝投资最好从收藏开始,先做一个快乐的收藏家而不是"投资家"。这就是说,你在真正进入这项投资前,首先要奏这样三部曲:一是从小额进货开始,进货成本要低,绝不能高于店面销售价;二是投资数量要少,不要大量采购,而是要主攻各类宝石精品;三是结合你的收藏不断研究,时刻关注市场行情尤其是国际市场行情。

收藏的过程实际上就是一个积淀的过程,在这其中你会慢慢了解到将来投资这个行业所需要的各种信息和经验。

例如,通过收藏各类宝石精品你会发现,国际市场上高品质的宝石价格上升幅度最快,尤其是其中的高档红宝石、翡翠等,价格在最近20年里上涨了好几十倍。

如果你是从收藏开始的,这些信息和经验对你将来的珠宝投资会非常有用;而如果你一开始就直接踏入珠宝投资领域,反而会"不识庐山真面目,只因身在此山中",未必会对市场行情看得如此真切。

兼顾珠宝投资三原则

珠宝投资的三大原则是市场需求、资源储备和变现能力。要做到这三者兼顾很不容易,却又是必需的。

就宝石投资而言,需求量最大的是适合大众消费的珠宝首饰,以及人工合成的时尚流行首饰,它们的变现能力强,然而却不是资源储备量日益减少的那一类;资源储备量日益减少的是稀罕的天然宝石,它的需求量也不可谓不大,可是它的变现能力却有问题,不但没有多少人买得起,并且在公开市场、公开行情、公开交易方面都不容易把握投资价值,很容易失误。

这样综合起来看,三者关系结合得较好的还是钻石、红宝石、蓝宝石、祖母绿、金绿宝石、翡翠这类高档宝石,以及石榴石、橄榄石、黄玉、紫晶、马来玉等中低档宝石。

所以你能看到,当今珠宝投资中最有投资价值和收藏价值的四大高档宝玉石就分别是:钻石、红蓝宝石、翡翠、祖母绿。

当然,即使是最有投资价值的珠宝,或者同一种珠宝,也是非常有讲究的,对于刚入这一门道的你来说要特别注意。

例如,同样是钻石,0.5克拉以上的成品钻石的价格差不多每年都在涨,而0.2至0.5克拉之间的价格则相对保持稳定,0.2克拉以下的价格在年年下跌。明白了这一点就知道,投资钻石至少应该选择0.5克拉以上的、级别较高的品种。

这里的所谓级别较高,是指这种钻石的瑕疵很少。钻石鉴定有一套完美的准则,所以绝不能忽略了净度、加工等方面的要求。你如果在这方面不够了解或有所忽略,投资风险就会骤然而增。

建立资源客户群

在真正进入珠宝投资市场前,要结合你的学习、知识积累、收藏过程,尽可能多地去认识一些人,主要是宝石专家、学者、收藏家、从业者、消费者,让他们知道你在收藏并研究这些珠宝。

这些信息慢慢释放出去了,就会在你身边积累起各种各样的资源客户群体来。换句话说就是,这些人将来都可能是你的客户,至少也会是一个信息交流者。有他们在,你在这个领域就会如鱼得水。

注重名人效应

名人效应在珠宝投资中发挥着重要作用。所以,适当利用名人效应来为自己的珠宝投资增值,当是一条捷径。

例如,一枚价值 3 000 美元的普通钻戒,仅仅因为是棒球冠军约翰·迪马乔 1954 年送给玛丽莲·梦露的,就在 1999 年的佳士得纽约拍卖会上拍出 77.2 万美元的高价,45 年间上涨了 256 倍多。

2006 年奥斯卡颁奖晚会上,《加勒比海盗》女主角凯拉·奈特莉佩戴了一款来自宝嘉丽的古董项链,仅仅两个月之后,这款镶有翡翠、红宝石以及钻石的 20 世纪 60 年代的项链,就被贝克汉姆以 800 万英镑(当时约合 1.2 亿元人民币)的价格买走。

正如 VNU 珠宝展览集团全球新业务开发副总裁南茜·罗比所说,"有些顾客径直走到珠宝店要求购买明星们在红地毯上所佩戴的珠宝,丝毫不计较价钱。"试想,有了这样的顾客群体和购买力,你投资的珠宝还可能不升值吗?

在这其中,你要切记一点,那就是这颗宝石一定要让人赏心悦目,这比什么都重要。佳士得珠宝拍卖总监西蒙的经验是,"在最后决定是否要投资一件珠宝的时候,不要用放大镜去仔细研究,也不要用繁琐的统计数据去分析,仅仅单纯地欣赏宝石和珠宝设计带来的视觉享受,这才是最好的投资。"[①]

[①] 《珠宝:女性的"逃离资产"》,21 世纪珠宝网,2007 年 7 月 16 日。

诚信经营

诚信经营是任何行业都需要的,但之所以在这里做特别强调,是因为这个行业中确实有不诚信行为,而且还不少。究其原因在于,珠宝业的水深得很,每个人的社会环境、学识修养、经营手法都不同,但有一点必须相同,那就是"害人之心不可有,防人之心不可无。"

千万要记住,不要让不诚信行为发生在你身上,否则这将是一颗定时炸弹,说不定什么时候引爆就会毁了你的投资。

为了配合这一点,投资珠宝时要作好长期准备,保持一种良好的心态。珠宝投资的资金需求弹性很大,从几千元到几万元都可以投资并获利,但只有长线投资才能获得稳定的回报。

仍然以钻石投资为例,要想获得好的收益,一般要放在手里捂3年以上;翡翠、红宝石等贵重宝石的升值速度较快,但至少也要放在手里一两年才会见到投资差价。不要企图一夜暴富,相反,要避免大起大落对你的心理所造成的冲击,兴趣第一,赚钱其次。

第十三课 收　藏

有人说,世界上最富有的不是银行家,而是收藏家。目前我国正在掀起有史以来的第四次收藏热,收藏与股票、房产一起构成三大投资领域。但它显然对鉴赏力的要求极高。

124. 什么是收藏

所谓收藏,本意是指收集、保藏或保存。从投资理财的角度看,收藏是一种对于物品的收集、储存、分类、维护的癖好和行为。

不用说,收藏的对象主要是那些有价值的、存世量较少、有特殊纪念意义的东西,如邮票、明信片、古钱币、古陶瓷、火柴盒贴画、烟标、名人书画及手稿、其他小古董等。

农民理财中的收藏,实际上是收藏投资,或者叫收藏品投资,是指通过藏品的价值升值来实现投资回报,合理计划和运用未来家庭财产。

长期以来,收藏投资因为藏品价值难以准确估算(只有专家级的收藏家才有资格决定其价格高低)、缺乏有效市场(收藏市场缺乏流动性),从而使得投资者在购买藏品时顾虑多多、困难重重,很难被纳入到个人和家庭的投资理财组合中去。

而实际上呢,收藏投资历来是整个投资领域中升值速度最快、回报率最高的项目之一。有人说,"世界上最富有的不是银行家,而是收藏家",说的就是这个意思。

从整个历史进程看,我国目前正在掀起一股继北宋末年的第一次收藏热、康乾时代的第二次收藏热、清末民初的第三次收藏热之后的第四次收藏热潮,越来越多的投资者正在像规划家庭财富一样规划收藏投资。也难怪,藏品本身就是一项金融性资产。

凡此种种,都意味着农民理财把收藏纳入其中正逢其时。

125. 藏品有什么特点

进行收藏投资,首先要搞清楚藏品都有哪些特点。

总体来看,藏品具有以下五大特点:

一是稀缺性

所谓稀缺性,很好理解,就是这种东西存世量少。因为存世量少,所以"物以稀为贵",就有了收藏的必要,有了增值的可能。

例如,和田玉中的羊脂白玉(又叫羊脂玉、白玉,即成语"白玉无瑕"中所指的这种白玉),就因为经过上千年的开采挖掘,目前已经非常稀缺而身价百倍,是我国最优质的玉石,堪比钻石。

二是唯一性

唯一性是指这种东西不但稀缺,而且单件具有不可替代性,至少要做到不容易仿制。

例如,名人的手稿。也许他有多部手稿存世,但每部手稿是各不相同的,不能相互替代,这就是唯一性。如果某部手稿是打印或复写出来的,不说价值顿失也会身价大跌的。

三是升值性

收藏的目的之一就是为了保值升值,而这一定会涉及许多因素。但只要具备上述几点,就一定会升值。

四是艺术性

藏品的一大特点,就是具有艺术观赏性。这不但指藏品本身具有许多美的自然特性,更在于其中倾注了设计制作人员的智慧和汗水。再加上高贵典雅的气质、博大精深的文化内涵、神奇巧夺的雕工、丰富多彩的题材……可以说,每件作品都是一则故事、一本书,在给人带来精神享受的同时,无形中也提高了作品的价值。

五是保存性

藏品便于保存或能够传世,是收藏的一大特征和前提。想想也是,如果某件作品因为易燃、易爆、易碎、易霉变、易氧化,瞬间就会失去价值,这样的收藏就会让人感到担忧甚至恐惧。

虽说世界上没有什么东西是永恒的,上述担心也是很难克服的,但物理、化学性能稳定,通过精心保管能够让藏品得到妥善保管,还是在收藏时必须考虑的因素。

126. 收藏投资有哪些特点

上一节阐述了藏品的艺术性和物理性,而这一节主要是阐述收藏投资这一行为本身有哪些特点。总体来看,收藏投资的特点有:

收藏的本质是鉴赏

就是说,收藏投资虽然是一种投资,但却要抱着一种鉴赏、研究的态度来对待。如果纯粹是把它当作一项买卖,反而会适得其反。这不但因为藏品的经济价值和艺术价值不是一回事,而且在市场运作、价值实现方式方面也会有很大的不同。

特别是有些藏品具有某种"概念"性质。随着这种概念的炒作和流行,短时间内看其投资价值会非常"巨大",而实际上呢,它的背后充满"阴谋"和"泡沫",为投资而投资很容易造成巨大损失。相反,如果对这种艺术品的内在价值有深刻了解和认识,就会避免上当受骗。

艺术品更可靠

虽然艺术品本身也是一种商品,可是因为它是艺术,所以就成了一种特殊商品,从而使得投资艺术品比投资其他商品更可靠。

理论上说,"艺术是无价的";从最近几年的实践看,2009年爆发全球金融危机时,全球股市一片狼藉,唯独收藏市场一枝独秀,不用担心出现崩盘,并且这些年还出现了快速升值。

例如,2010年3月在荷兰举行的第23届欧洲艺术和古董展览会上,由于艺术品和古董更具保值性,全球金融危机对它的影响就不大;新兴国家的艺术品和古董市场反而还在增长。2009年中国、印度的艺术品和古董交易额分别比上年增长9%和6%。[①] 北京迅速崛起,成为全球著名的中国文物艺术品交易中心之一,2011年艺术品交易额达560亿元,在全球艺术品市场中所占份额从上年的23%提高到30%,首次超过美国,成为全球最大的艺术品与

---

① 金力:《新兴国家艺术品和古董市场正在增长》,载《国际在线》,2010年3月12日。

古董市场。①

这一连串的数字告诉我们,收藏投资在我国正如火如荼。

藏品的真正价值难以确定

收藏投资的一大特点,就是藏品的真正价值难以确定,而这又是非常重要的。一般认为,藏品的真正价值应当参考它在实际生活中的角色,以及你最初的收藏动机来确定。而这样一来,就势必会影响你的整个投资理财结构。

既然是收藏,那么大多数人当初在购买这件藏品时,并不一定就考虑好了会在将来的某个时候变现,许多人是把它当作传家宝来看待的;但它又毫无疑问是一件金融资产,一旦有需要,确实是可以卖出去的,所以你又必须知道它的确切价值才行。

能不能作为传家宝很难说

正如上面所说,许多人购买藏品的最初动因,并不是把它当作投资品来看待的,而很可能是希望能够传给下一代。

这种愿望最终能否如愿,很难说。一般认为,在一个比较和谐的家庭中,传世相对更容易做到,但也不排除下一代对这种收藏不感兴趣,或者缺少有效的维护手段,或者不具备这方面的知识和资金。

设想一下:如果在一个矛盾多的家庭中从事收藏投资,困难和各种干扰就会大了许多,很可能会影响最终理财计划的实现。

---

① 王婉莹:《北京正逐渐成为全国文物艺术品拍卖中心》,中国经济网,2012年5月8日。

127. 哪些物品值得收藏

前面已经提到,一切有价值的、稀缺的物品都有收藏价值。那么,农民理财一般又都收藏些什么呢?归纳起来,比较适合的有:

古陶瓷

古陶瓷的收藏在我国历史悠久,这几年的价格在直线上升。在偏远山区,许多农民家中还有过去留下的古陶瓷,所以,古陶瓷收藏特别适合列入农民理财的收藏组合。

古陶瓷收藏首先要学会鉴定年代、了解相关知识,这样才能确定其真实价值,具体途径包括胎质、釉色、造型、纹饰、款识、重量等方面。这些虽然很复杂,但只要潜心钻研还是可以学到手的。

尤其是在一些市郊农村,田野河滩和小路上古瓷片随处可见,随时可以进行反复比较。只要不懂就问,就会降低门槛,甚至可以说根本就没有门槛。

一般认为,古陶瓷收藏一开始只能追求数量;当鉴赏水平有了提高后,自然而然就会注重质量的。提高鉴赏水平有规律可行,那就是:多看书、多实践、多比较、多请教、多总结,附加一点就是多看假货。其中最后一条最重要,假货看多了,自然就知道什么是真货了。①

钱币

钱币是所有藏品中品种最多的一项。据统计,全球发行过的钱币共有 200 多万种。这就是说,任何人都不可能收集齐全,所

---

① 胡平:《古陶瓷专家谈收藏》,新华网,2012 年 9 月 17 日。

以,只能另辟蹊径,依据钱币的不同类别进行收藏。例如就我国而言,就可以分为古钱类、中国近代币、纸币、现代钱币四个方面来收藏。

具体到农民理财的钱币收藏来说,难度最小的是现代钱币收藏。现代钱币是指新中国成立后发行的人民币,共有五套,其中第一、第二、第三套已经退出流通、进入藏品行列。这些在城里已经找不到了,可是在偏远的农村依然能收购到,收藏成本低,但升值潜力却不小。

例如2013年初,我国1948年12月1日发行的第一套人民币(12种面值、62个版本、总面值17.655万元旧币,相当于现在的17.655元人民币面值),拍卖价普遍在400万元以上,最高的可达600万元;可是仅仅在6年前的2007年,拍卖价还只是100万元。①

需要指出的是,钱币收藏并没有哪个朝代、哪种钱币最主流。但一般认为,刚开始时还是应该把宋钱作为古钱币入门的"教材",它不但品种多,而且欣赏价值高。大多数人比较喜欢收藏清钱,主要原因是清朝离现在近、收藏难度较小。当然,这也不是绝对的。②

古玩字画

古玩字画初听起来很高雅、很高档,好像与"农民"关系不大。但其实不然。一方面,现在的信息、交通很发达,城乡差别已不大。另一方面,现在的农民文化程度并不低,基本找不到过去那种文盲半文盲了。尤其是进城务工人员,走南闯北、见多识广,知识很丰

---

① 《第一套人民币收藏身价不断飙升,最高已达600万元》,载《内蒙古日报》,2013年4月10日。

② 林琳、郭晓昊:《宋钱可作古钱币入门教材,新手宜从普通品入手》,人民网,2013年5月6日。

富。更不用说,富裕起来的农民追求文化生活,农民画家队伍也日益庞大。

所有这些,都为农民收藏古玩字画创造了良好的条件。但显而易见,要想确保投资收益,首先必须具有一定的文化修养和艺术鉴赏水平,确保自己买到的是真品、是完整系列,并且具有市场潜力。

总的要求是四个字:真(真品,赝品无价值)、精(精致,不是粗货)、新(品相好,完好如新)、稀(存世量少,最好是独一无二)。

邮票

邮票历来是一大收藏热点,号称"十大收藏"之首。不过这几年来热度有所下降,收藏方式也有所改变,但本质没变。

邮票被称为"国家名片",意思是说,全球各国都会把自己在政治、经济、科学、文化、历史、地理、体育、卫生等方面,最有代表性、最引以为傲的内容印在邮票上,作为对外宣传的窗口。正因如此,邮票的作用和效果可以与一切艺术品相媲美。

邮票是一次性生产的特殊商品,印数和发行量是一定的,时间越久、存世量就越少,从而显得越珍贵。

从大类看,邮票分为以下几类:普通邮票,简称普票,特点是发行数量大,可多次加印;纪念邮票,简称纪票,发行数量有限,一般不重印;特种门票,简称特票、专题邮票,一般限期出售,不重印;附捐邮票,也叫福利邮票、慈善邮票,面值之外有附捐金额;专用邮票,包括航空邮票、欠资邮票、军用邮票、快信邮票、挂号邮票、公事邮票、包裹邮票、汇兑邮票等。

收藏邮票首先要了解邮市行情,然后确定自己是准备做短期投资还是长期投资。如果经济条件一般,最好是做短期投资、优先考虑近期邮票尤其是其中的小型张,因为它们增值快、出手也方便。如果经济条件较好,建议做长期投资,在吃准行情的基础上,慢慢地将重点放在中高档邮票上。这些邮票的价格高、资金需求量大，但获利和风险也大。一般来说，放在家里几年或十几年获利会是颇丰的。

古籍图书、名家手稿

古籍图书是传统文化的象征，并且存世量少，这就注定了它的收藏价值所在。可以说，古书的价值不低于任何一种藏品。另外就是，古书的市场并不大，变现能力差，所以更适合长期投资。只要版本合适、品相好，无论市场价值还是文化价值都会只涨不跌。

举例来说，一本普通的宋版书（宋代出版印刷的书），20世纪30年代的平均价格是10块大洋，50年代是100元人民币（相当于全社会平均工资的4倍，即现在的差不多10万元）。在2003年的拍卖会上，1页（仅仅是1页）1244年蒙古刻《玄都宝藏·云笈七签》的成交价就达4.95万元，一组《钱境塘藏明代名人尺牍》的成交价更是高达990万元，①早已超过民间所说的"一页宋版，一两黄金"的价值。

当然，收藏古书绝不是一件容易的事。古代书本的繁体字、竖排版、无标点、文言文都是对投资者的高门槛，为此，就需早作准备了。

古籍图书的收藏渠道主要有拍卖公司、古旧书店，以及自己在民间觅寻。尤其是在一些偏远山区，祖上传下来的古籍图书常常会被当作废纸卖掉，偶有收获便会价值连城。为此，一方面要具有超人的眼力，同时也要拥有极大的耐心。

与古书有得一比的是名家手稿。手稿由于其唯一性，所以与同时代的图书价值相比，价值不知要高出多少倍。尤其是现在都用电脑写作了，新的手稿已经基本"绝种"；不用说名家手稿了，就

---

① 陈品高：《古籍善本渐成收藏市场热门》，载《光明日报》，2004年12月22日。

是非名家的手稿也会成为稀世珍品,其升值速度之突飞猛进可想而知。

莫言 2012 年获得诺贝尔文学奖后,在我国带动起了一轮作家手稿收藏热,莫言的手稿在一夜之间就飙升到上百万元。[1]

近现代藏品

从难易角度看,当然是近现代藏品的收藏难度要小得多。一定要破除一种旧观念,认为收藏只是那些有钱人做的事;其实呢,只要做个有心人,什么东西都可以收藏成系列的,假以时日就能升值。

例如,打火机、酒标、烟斗、旧钟表、旧书包、扇子、照片、现代字画、禁书、书报杂志;直至家里用过的各种农具和生活品,如犁、耙、秒、镰、磨、碾、水车、机井、铡刀、风扇、脱粒机、拖拉机、板车、推车、独轮车、鸡公车、平板车、马拉车、土车、翻斗车、人力车、牛车、轿子、风车、水车、纺车、秧篮、粪桶等。人家不要了,你做个有心人,把它们一一收藏起来,最简单不过了。

这些藏品有的已有几千年历史,收藏成本很低,甚至完全没有成本。因为现在已经绝迹了,将来的升值潜力不可估量。

当然,即使是近现代藏品,也有不少收藏技巧。以收藏现代艺术作品为例,就至少要了解以下三点:一是投资风险最小的是国内名家的作品,它们的价格高、容易变现,至于价格将来究竟能涨多少,谁也不知道。二是投资风险中等的是 50 岁左右的画家作品,他们的产量高、作品风格已趋成熟,未来的价格涨幅有可能会很大,但也不一定。三是投资风险最大的是年轻画家的作品,价格虽然低,但谁也不知道他们将来能不能成名成家,所以只能少量收藏一些试试。

---

[1] 师文静:《名家手稿收藏成热潮》,载《齐鲁晚报》,2013 年 2 月 27 日。

128. 藏品从哪里来

对于想收藏的人来说，大多数人首先想到的问题是：去哪里进货？其实，这个问题不同的人有不同的回答，因为每个人所处的环境、人际交往的圈子、经济收入、收藏目的、兴趣爱好各不相同，鉴赏力更是悬殊，这方面绝对没有统一的标准答案可言。

归纳起来，收藏的进货渠道主要有以下途径：

拍卖会

拍卖会主要有三种形式：大型拍卖会、小型拍卖会、通讯拍卖会。

我国的大型拍卖会每年有2次，分别是春季拍卖会和秋季拍卖会。大型拍卖会上拍卖的藏品可信度好、档次高，主要是满足企业和有实力的个人收藏。

小型拍卖会每个月都有，分别称为月末拍卖会、季度拍卖会等。小型拍卖会拍卖的藏品价格较低，但假货多，主要是为了满足个人收藏甚至家庭消费的需要。至于能不能拍到有价值的藏品，要看收藏者是否有独到的眼力了。合适的藏品，可谓收藏投资两相宜。

通讯拍卖会，是指通过网络、视频、电话等通讯方式进行拍卖。

古玩商店

从古玩商店购买藏品，关键是看你的眼力和能耐，这里不存在商业信誉、消费欺诈等问题，也没有后悔药可吃。

古玩商店出售的藏品，多是档次较高的社会流散文物，所以，如果你有这方面的知识和经验，从这里淘宝是一条捷径；可是，如果你不具备这方面的鉴赏能力和收藏知识，基本上必输无疑。

旧货市场

旧货市场上出售的藏品,一般都是那些没有文物监管资格、禁止买卖的文物,这其中既有专业的旧物旧货市场,也有工艺品市场。如果是后者,一般和旅游部门有关联;如果是旅游定点单位,那价格必定会高得离奇,主要是骗外地人和外国人的。

如果你的眼力和收藏知识高过摊主,不排除也能淘到真宝贝;如果你在这方面不如摊主,那你就基本上注定了得不偿失。

专项交易会

专项交易会如古玩交易会、票证交易会、连环画交易会等等,它们的特点是价位低、地域广,尤其受到非主流收藏家好评,从而为那些不怎么进行公开交易、没有明确价格体系的藏品提供交易机会。由于影响力大、参与对象固定,所以同样受到专项收藏者的青睐。

通过书画展览、笔会、艺术画廊,或从代理人那里购买书画、紫砂茶壶、雕塑等藏品,基本上也可以归入这种类型。它的优点是可以附带获得作者一定的知名度,缺点是作品数量可能会很多,而质量却可能不一定会太高。

直接购买

直接购买也是一种比较可取的交易方式,尤其是像书画、紫砂茶壶、雕塑等现代藏品,完全可以并且也应该向作者直接购买或索取。

这种方式的主要优点是可以寻求到一个最合适的价格,但前提条件是你要识货,并且不受各种蒙蔽因素的干扰(例如不是因为作者是某某"著名"书画家就去买他的作品,而要看他的真功夫);

缺点是许多人就是受不了这种诱惑,从而头脑发热去哄抬价格、盲目购买。

例如,在北京收藏圈里就流传着这样一种说法:"山东人敢买假画,广东人(包括港澳投资者)敢花大钱。"意思是说,这些财大气粗的收藏者用高价买回了藏品,却因为这种藏品买入成本过高,今后要想获利难度就很大了。

民间淘宝

民间淘宝也是一条有效的进货渠道,关键仍然是你要识货。如果你具备这方面的眼力,完全可以把它作为最有利可图的收藏渠道。

例如,有人在我国海南雇用农民走街串巷,收购已经倒闭多年的原广东省琼山县日用制品厂生产的红城牌算盘,原因就是生产这种算盘的材料是现在禁止砍伐的国家一级保护树种花梨木。每把旧算盘的民间收购价在 1995 年前后是 10 元,2005 年涨到 150 元。收藏者从中挑选部分精品自己收藏,其余的则通过网络对外出售,价格在 200 元到 2 000 元之间,[①]之后的增值潜力就更是不可小看了。

据介绍,1985 年海南的黄花梨木材价格是每 500 克 1 元,仅仅 20 年后的 2005 年就涨到 9 000 元,即 20 年上涨 9 000 倍![②] 不用说,如果是当地人收藏这些东西,会比城里人收藏更方便、成本也更低。

[①] 《记者调查:市场上海南花梨木不多见》,载《海南特区报》,2006 年 12 月 9 日。

[②] 陈统奎、赵倩倩:《花梨木 20 年涨价九千倍》,新浪网,2007 年 10 月 26 日。

电视网络

电视、网络交易主要是指在线交易,如各大电视台的收藏鉴宝栏目,嘉德在线、中拍网、雅宝拍卖、中国收藏网、收藏家、中艺网、美术同盟、中国书画家等网站,它们都是不可忽视的信息渠道。

电视网络交易的最大缺点是不知道货物究竟如何,真伪鉴别的难度太大。除非你与这些机构关系特好,能够得知该藏品的真实情况,否则主要还是为了从中了解信息,不要轻易发生实质性交易。

平面媒体

平面媒体是指报纸、杂志等刊登收藏投资信息,从而引导投资者进行这方面的交易。其中最著名的有台湾的《典藏》杂志、西安的《收藏》杂志、北京的《中国收藏》杂志,以及中国文物报、中国商报、中国美术报、珠宝首饰报等相关专版。

从平面媒体上得到交易信息后,有的可以和卖家直接洽谈交易,有的要通过该媒体才能进行交易(实际上这是卖家没有支付广告费、委托媒体销售的)。一般来说,后面一种方式比较安全、可靠。

129. 什么是藏品的自然升值

藏品的收益主要有两方面:一是藏品价值的自然升值;二是出售藏品所得到的价差收益。这里先来看藏品的自然升值。

具体地说,藏品的自然升值主要体现在以下两方面:

收藏题材本身就意味着升值

藏品都有不同的收藏题材,而这些题材本身就意味着它们是具有升值潜力的。在潜意识中,正因为这些藏品将来有可能升值,你才会去收藏,至于结果如何则是另一回事。如果你明知道这是"一堆垃圾",是不会去主动收藏的。

以金银纪念币为例。金银纪念币一般选用重大历史事件、特殊纪念意义的内容为题材(如北京奥运系列、三国演义系列、中国杰出历史人物系列等),再加上它具有先进的铸造工艺和精美的制作质量,具有彩色、幻彩、微雕等不同风格,发行量又十分有限,享有很高的国际声誉,更不用说它本身作为一种贵金属所具有的价值了。所有这些,都注定了金银纪念币的价值升值速度会很快。

专家指出,纪念币中最有投资价值的是金币(尤其是国外发行的纪念金币);普通纪念币升值空间则不大,甚至还有亏损的。

例如,2013年初的行情是,1984年发行的新中国成立35周年流通纪念币一套3枚,面值均为1元,已涨到1 000多元;1988年发行的宁夏回族自治区成立30周年纪念币一套1枚,面值1元,已涨到4 000元以上;1988年发行的中国人民银行成立40周年纪念币一套1枚,面值1元,已涨到近8 000元(但市场上有90%是假的)。在20多年间价格上涨上千倍,这在全球钱币史上也是罕见的。[①]

收藏投资本身具有时间价值

在许多人眼里,藏品尤其是当代艺术品并不一定能成为投资品;但是,这种藏品一旦成为投资品,其投资价值就会随着时间的推移而不断呈现出来。

---

① 《收购中国流通纪念币大全套》,苏州热线网,2013年4月8日。

经常有这样的现象:买家在拍卖会上拍下作品后,虽然也去付款,却根本不提货,就把藏品存在拍卖公司库房里,然后在下一次拍卖会上摇身一变成为卖家出货,几轮下来居然也会赚个盆满钵满。

这就是藏品的时间价值在起作用,虽然这里的时间间隔并不长。

而国外收藏者的做法也如出一辙:通常是首先买断某个或某几个艺术家在某段时间里的所有作品,然后把它们全部捐赠给(实际上是存放在)某家艺术基金会或博物馆,等过去一段时间(通常是半年)后,再让它们出现在某家国际拍卖公司的图录中。

专家指出,收藏要想获得好的时间价值,一般时间不能短于5年。究其原因在于,目前我国的藏品基本上处于"第一代收藏"阶段。换句话说就是,大家都要不断地买进才能实现"原始积累",所以重要的拍卖品都比较容易成交,这与宏观经济环境好坏关系不大。

130. 收藏投资怎样获利

除了藏品的自然升值外,收藏的获利主要来自藏品买卖的价差收益。也就是说,如果你的这种藏品不通过交易,其最终获利就无法体现出来,至多不过是"账上富贵"罢了。

一般认为,除非你有非常强大的经济实力;否则,要想从收藏中获得丰厚的回报,就必须处理好短线投资和长期收藏之间的关系,通过短线投资来培育长期收藏,这就是业界所说的"以藏养藏"、"以空间换时间"。如果只藏不卖,最终获利不会太高。

总体来看,收藏投资的获利渠道有以下几种:

古玩千分利

收藏行业中有句俗话叫:"粮油一分利,百货十分利,珠宝百分利,古玩千分利。"意思是说,收藏中发生"一本万利"的神话故事并不奇怪。例如,一幅三尺见方的山水画卖到500万元人民币、一件半米高的青铜器卖到900万元人民币,等等。

但应注意的是,要想创造这样的神话,你必须具有好眼力、真功夫,能够辨别真假、觅得宝货,然后假以时日、等待其价值被发现。

利用收藏热趁热打铁

收藏也有高潮低潮之别,而目前我国正在掀起一股收藏热潮,这时候的藏品买卖差价收益也会放大许多倍。

究其原因在于,我国居民的投资渠道狭窄,除了股票、房产、储蓄、保险这几个基本领域外,在解决了房子和车子之后,收藏是最易于驾驭的投资方式。正因如此,才掀起了历史上的第四次收藏热潮。

市场强劲、交投活跃,就为收藏投资获利创造了良好的外部环境。

拍卖方式容易推高成交价

不容否认,拍卖方式容易推高藏品价格,提高卖方获利水平。

拍卖时的拍卖价涉及以下一系列概念:估价,也叫参考价;底价,也叫保留价,即具有法律效力的最低成交价,一般是对外保密的;起拍价,也叫起叫价,与底价无关;落槌价,是指竞价结束时的确认价格;成交价,是指买方应该支付的价格,即在落槌价基础上再加佣金和其他费用。

从实践中看,藏品拍卖的最终成交价落在预先估价范围内的比例只占 19.2%,也就是说,绝大多数和估价无关。

了解了这一点,你就不必对拍卖估价的高低关注过多,不必因此有什么心理压力。归根到底,拍卖方式下的最终成交价格受多种因素影响,买卖双方都可能从中获益匪浅。

捡漏有可能一本万利

收藏界一直有"捡漏"一说,意思是说用很便宜的价格或完全没有成本就拥有很有价值的藏品,可是对方却居然一点不知情。为什么会发生这样的怪事呢?关键就是对方不懂它的投资价值。

捡漏是所有收藏者梦寐以求的,可也有许多人不相信会发生这样的事,但这又是真真切切发生过的,虽然这样的案例并不多。

问题的关键是,你必须首先要懂它。如果做到了这一点,甚至可以说,收藏投资的过程本身就是一个捡漏过程,这种乐趣是无法想象的。不用说,一旦遇到这种捡漏机会,会大大提高投资回报,完全可能一本万利。而这种事情,在普通商品交易中几乎不可能发生。

例如,扬州收藏家杭从明听朋友说邻居家中有不少字画,便专程前往吉林通化。他以 37 万元买回了钱维城的《山水画页》,经专家鉴定是出自故宫的国宝,市场价至少在 1 500 万至 2 000 万元。[①]

131. 收藏投资的风险在哪

收藏需要深厚的功底,并不是人人适合。总体来看,收藏对象

---

① 王昌磊:《收藏也有"捡漏"事》,载《乌鲁木齐晚报》,2012 年 5 月 18 日。

（藏品）的艺术价值、收藏方式的低效率（长期搁置）、潜在买家群体的狭窄、交易价格的不确定性等因素，都注定了收藏投资回报的不确定和不透明。所以，收藏作为一种投资理财方式，其风险显而易见。

具体地说，这种风险主要表现在以下几方面：

最大的风险是赝品

收藏最大的风险是用真钱买到假货，即赝品。

赝品的准确概念有两个：一是指伪托原作的书画、伪造的文物，二是指不符合质量标准的作品。

这两种情形古已有之，并且已有 2000 多年历史。南京一位农民从路边买了"太平天国圣宝"后，以为真的能在国外卖 1 万美元以上呢，殊不知这是红铜铸造的赝品，最后不得不因此身背外债去打工。[①]

相对而言，买到赝品的原因多半是你眼力不够，而买到不符合质量标准的藏品更多的是上当受骗，这两种情形都防不胜防。

举例说，一些有实力的收藏机构专门去找有一定知名度、市场价格在 8 万元左右的画家签订一个 3 年期合同，然后与画廊、拍卖公司等机构联手包装该画家，要求该画家每年提供 50 张画，这样三年就是 150 张，每张收购价在 40 万至 50 万元。这些画放上两三年后就开始出现在国际书画拍卖会上，但标价高达 500 万至 1 000 万元。这样高的价格当然很少有买家，所以卖主便自己做托，弄许多人参与其中拍卖。可是，拍卖成功了要按 10% 的标准给拍卖公司支付佣金，这样卖主不就亏了吗？不要紧，这时候他们再和拍卖公司签订一份秘密约定，不管成交价多少，卖掉一幅就给多少固定的佣金。一般来说，这样的操作手法第一年会卖出三分

---

① 小明：《赝品，收藏投资的最大风险》，载《人民政协报》，2004 年 12 月 24 日。

之一,这就意味着成本可以收回了。剩下的作品在以后慢慢推,每年多多少少总能卖掉一部分,这就完全是它们的利润了。

这种"小猫钓鱼"的游戏,会不时吸引一两个不了解行情的收藏家"一激动"就把它买回去。回家后一想不对,再想办法把"烫手山芋"转卖给别人,别人再卖给下一个别人,不断地找人给自己垫背。

当然,赝品也并非一无是处,也有许多藏家是故意知假买假的,原因在于:一是真品数量太少,不可能买到;二是实力有限,买不起真品;三是想用赝品冒充真品,将来卖个好价钱;四是购买精美的复制品,目的纯粹是把玩把玩、自娱自乐、送礼,也用不着真。

从历史上看,有相当多的赝品是"名家仿名家"、"高手仿高手",同样具有高超的技艺、深刻的思想内涵、完美的表现形式,同样具有投资价值。当原来的真品灭失后,这些赝品也就成了价值连城的文物。

疯狂恶炒看不清真实价值

收藏界过去还算平静,但随着越来越多的人加入,情况已有了很大不同。尤其是在期货、股票市场上转过来的那些藏家看来,收藏市场就是另一个股市,所以他们更习惯于采用期市、股市的操作手法,动不动就掀起一阵铺天盖地、令人心跳加速的恶炒,迷惑真正的收藏价值。

例如,电话磁卡、IC卡无疑是藏品。1994年中国电信发行的面值50元的试机卡,2010年9月北京市场上的报价还是6 900元,仅仅一个月后价格就被炒至15 500元,上涨8 600元。如果你不知根底就一头扎进去,以为可以从中大赚一笔,其风险多大就可想而知了。[1]

---

[1] 刘启银、王一如:《公用电话卡收藏渐热,50元试机卡现价15 500》,载《生活新报》,2010年10月20日。

容易受别人"讲故事"诱惑

收藏界充满各种"传奇"和"故事",心理定力差的人就会受此迷惑影响判断力,从而陷入别人预先设下的圈套。

例如,在拍卖行预展作品时,现场有许多人会醉翁之意不在酒,把目光紧盯在那些看拍品的藏家身上,并且主动上前搭讪,说些有关这件藏品的来历等无法考证的故事,这往往就是套。这也是为什么有的精品一辈子都卖不出去,可是有的作品很一般却频频卖出好价钱。在这里,"故事"会干扰收藏行为。

拍卖会上卖方的圈套

藏品来源的主渠道是拍卖,而拍卖会上常常会出现卖方设计的圈套,让你往里面钻。

拍卖活动的当事人主要有三方:委托人(卖主)、拍卖人(拍卖公司)、竞买人。从利益博弈角度看,作为买方的你除了"做托"(假买)以外别无好处,所以不可能去设什么圈套;拍卖公司处在中间环节,得罪哪一头都无法达成交易,从而拿不到佣金,所以一般也不愿意设圈套;而只有卖方,它既可以以假乱真忽悠专家、拍卖公司、买家,又有利益驱动,所以在拍卖会上雇人哄抬价格的积极性最高,令你防不胜防。

潜在买家群体的狭窄

藏品虽然也是商品,可是它的潜在买家群体非常狭窄,不是人人有这种购买欲望,更不是人人有购买实力,所以它的变现速度不一定会如愿以偿。这也是许多受人欢迎的藏品拍卖之前总要被雪藏一段时间的原因,因为它需要借此来逗引收藏者的关注和购买兴趣。

与此同时,藏品虽然也是一种资产,可是如果一直被你捂在手里,就无法享受到它的利息和分红。并且它的价值是波动的,具体是多少连你自己也不知道,所以很难把它纳入到你的个人理财规划中去。

然而,藏品的价值又是客观存在的。比如你过去花2万元买了一幅1960年的油画,现在估计价值至少在400万元以上(由于它还没有变现,所以只能是估计),但你依然可以把它保守地估作300万元现金来安排"使用",当然不是说它没有变成现金就什么都不是了。

132. 收藏有什么诀窍

从前文容易看出,收藏的"水"是很深的。要把收藏列入家庭理财规划中去,最大限度地发挥效用,就必须讲求以下策略:

重实力,轻名气

知名度高低确实是衡量藏品价值的因素之一,但是如果你陷入了"知名度陷阱",就会适得其反。归根到底,藏品的价值还是要取决于它本身的价值。凡是靠媒体炒作、上层接见、继承名号,或江郎才尽、自吹自擂得到的知名度,水分太大,总有一天会被晒干。

重个体,轻群体

收藏是分门别类的。在同类藏品中,要重视每件作品的自身价值,不要被大类所迷惑。

以收藏书画为例,绝不要以为凡是"书法家"、"画家"的作品都有收藏价值,不是的。归根到底,艺术创作是个体劳动,任何标签都不能代表作品的质量。更何况,据说现在这样自称的人在我国至少有 30 万,这还不包括别人给封的,滥竽充数的太多。只有重视画作质量才不至于迷失。这就像你找对象一样,重要的是个体而不是群体。

重质量,轻数量

"重质量、轻数量"与上面所提的"重个体、轻群体"有相似之处,但这里强调的是宁缺毋滥,不捡艺术垃圾。

因为大凡藏品,都会受到悉心保护,损坏率极低。只要真正有质量,将来就会随着时间的推移而得到升值;相反,如果质量不行,同样会遭到时间的无情淘汰。请相信:"真金不怕火炼"。

重长线,轻短利

这就是俗话所说的"放长线钓大鱼"。收藏的特点是要假以时日,所以一定要有长远眼光。最好的办法是:专门挑选那些因为研究的人不多,所以知名度不高却有真正价值的藏品。

这样,既降低了收藏成本,又具备了将来藏品大幅度升值的基础(因为有质量)。一旦价值被市场发现,就会获利颇丰。相反,如果用高价去追求名家作品,虽然将来也可能增值,却可能盈利不多。

重功力,轻地域

我国地域辽阔,不同地方的地域文化、审美观念、交通条件、活动空间各不相同,所以表现在收藏上,会具有明显的地域性差别。

尤其是农民理财中的收藏投资,更会由于农村相对偏僻、不同地区农业生产和农民生活的特点大不相同,在收藏类别上显示出明显的地域特征来。好好利用这一点,同样会对收藏投资有帮助。

常常会看到这样的情况：一件同样功力的藏品在不同地区的价格相差非常大，而这就为收藏投资盈利创造了好的商机。

133. 收藏最忌讳什么

收藏最忌讳什么呢？简单地说，可以归纳为以下四点：

忌哄抢

在评估藏品品位和价值时，宜采取一种相对保守的态度，千万不要去加入哄抢队伍。头脑发热，就无异于赌博了。

忌跟风

藏品是一种特殊商品，它的价值受审美、艺术趋向、艺术功力、艺术创造、社会功能、文化底蕴、作者的社会知名度等一系列因素影响，这是媒体炒作无能为力的。

忌眼浅

也就是说，眼睛不能只盯着眼下转手倒卖所赚的那一点点小钱，从而忽略了它长期的丰厚回报。要知道，如果你再转手倒卖，是很容易被套牢的。

忌猎奇

藏品是艺术品，艺术产品需要创新，但创新和猎奇是两个概念。拿书画来说，绝不是画卷越长等等什么的就越有价值，这是一种误区。收藏，不该朝这种稀奇古怪的方向前行。

134. 为什么不要收藏金银首饰

无论投资还是收藏,都要力避金银首饰。道理很简单,金银首饰本来就是用来佩戴的,是一种消费品,基本上不具备投资价值。

从收藏角度看,这里还想补充以下几点:

最有收藏价值的是古金银器

通常所说的金银收藏,并不是指金银首饰,而是指古代的金银器,即所谓的"老货"。不用说,这种古金银器与其简单地称之为金银收藏,还不如说是文物收藏更恰当。

从历史上看,早在3000多年前的商代,当时的金银器就以青铜工艺的副产品形式出现了。之后,历朝历代都非常重视金银器制造。所以,在收藏这些金银器时,更应用文物收藏的眼光来看待。

例如,近年来拍卖会上经常出现的清代金银器品种银烧蓝,就可以引起适当关注。这种银烧蓝与著名的景泰蓝有得一比,而其数量比景泰蓝要少得多。究其原因在于黄金和白银都属于稀有贵金属,不可能大批量生产,过去一般也只是在皇宫里才有的。

普通的金银首饰并非理想藏品

普通的金银首饰虽然也是金银制品,可是作为收藏和投资对象来说,却是不理想的。

从收藏角度看,金银饰品虽然也有美学价值,可是由于购买时已经包含很高的附加费用在内,买入价格与黄金原料价格相差很大,这就对它的美学价值提出了更高的要求,大大压缩了盈利空间。

也就是说,你在收藏金银首饰时是把它当作藏品来对待的,可是将来变现时,主要还是看它的金银原料价值大小,这就很亏了。

分清金银首饰的类别

金银首饰具有很多类别,不能泛泛而谈收藏价值,否则说明不了问题。所以,在收藏金银首饰时一定要分清它的具体类别。

以黄金饰品为例,按照黄金和其他金属成分的构成不同,可以分为纯金制品、合金(K金)制品、包裹金制品三大类,不同国家的划分标准是不同的。在我国,含金量99.99%称为"四九金",即通常所说的纯金。

金银首饰需要日常保养

在金银首饰收藏中,日常保养很重要,否则就会影响它的观赏价值和收藏价值。以足金首饰为例,它的保养要领主要有:

(1)避免各种刺激性液体污染,尤其是做家务、化妆、游泳时最好不要佩戴,以免受化妆品、洗涤品沾染,令首饰发生化学反应。

(2)每件金饰品要单独存放,避免相互碰撞发生刮划。

(3)足金戒指不要和铂金戒指戴在相邻的两根手指上,以免铂金戒指把足金戒指划伤、足金戒指把铂金戒指染黄。

(4)在进行剧烈运动或重体力劳动时,要力避首饰与硬物发生碰撞,以免损坏宝石。

(5)首饰应当定期清洗、专业养护。每次佩戴完毕后要放在容器中用中性清洗剂清洗,用软毛刷轻轻刷洗干净,然后烘干。

其他金银首饰也有各种保养要求,但基本上大同小异。

135. 农民怎样收藏

对于农民来说,到底应该怎样进行收藏呢?最关键的有以下几点:

打好应有的知识功底

任何收藏都需要相应的鉴赏力,为此必须首先打好知识功底。

例如,许多人从来没去过美术馆、博物馆,根本没见过货真价实的藏品,鉴赏力无从得到提高,这就不适合搞收藏。

所以,当你看到有些人在购买藏品时,更多的是看价格,什么东西贵就买什么;或者是看流行,市场流行什么就买什么,就觉得一定会十分可笑。收藏者如果缺乏艺术鉴赏力,收藏风险就大了。

低价原创原则

低价、原创,是投资者从事收藏的一条基本原则。究其原因在于,那些具有巨大价值的藏品早就被富商收藏了。他们不缺钱,所以一般不会出售。你如果要等这样的"好处",恐怕这辈子都等不到,甚至连看一眼的机会也没有。既然这样,不如把目光转向低端,收藏那些投资风险相对较小的藏品,这会更加稳妥可靠。

专家指出,普通投资者一开始应该选择那些价格在1万元以内的藏品,养眼、养性、养见识,以后等到条件具备了再逐步升级。

这样做有一个好处,就是这个价位上的好货其实并不少,关键是你要具备眼力。真正财力雄厚的人很可能看不上这一块,这样对你来说反而是一件好事。这些藏品的艺术价值并不差,往往是作者缺乏名气,所以,将来的升值机会反而更大。

从简单的开始收藏起,越买越精

开始收藏时,要从最简单的藏品开始,越买越精,循序渐进。

究其原因在于,一方面你刚开始时可能经验不足,收藏有一个经验积累的过程。例如陶瓷藏品的真伪就比较难鉴定,并且即使是真品,也有一个年代断定过程,考虑的层面比较多。另一方面,当你经历了一段收藏过程后,眼光自然就高了,从而导致收藏档次也会越来越高。所以,一开始可以收藏那些不太复杂、又不需要进行年代鉴定的藏品如鼻烟壶、田黄等;不要急于涉及陶瓷、书画等。

如果相反,当你的藏品已经达到一个较高层次后,接下来却莫名其妙地增添一些档次较低的仿古品,这种做法就令人不解了。

不要贪小便宜

收藏投资主要看价值而不是价格。如果倒过来,专门挑价格便宜的买,这种做法就有问题。要知道,如果藏品的价格低于平均水平,很可能表明它的质量有问题,不是有瑕疵,就是赝品。

在这里,价格高低同样与鉴赏力有关。需要强调的是,收藏当然要买真货,假货再便宜也无收藏价值;真货中又要看质量(品相),宁缺毋滥。当然,质量(品相)与价格的关系很复杂,并不是价格越高质量越好,也不是质量越好价格就越高,关键要看双方识货不识货。

不要走极端

有些收藏者会走极端,专门去收藏那些过于冷门或过于热门的藏品,其实这两个极端都是误区。

过于冷门的东西,如果不是你特别喜欢、将来收藏后不准备卖出去了,最好还是不要收藏,否则不但升值慢,而且很难脱手。过于热门的东西没有这些缺点,可是价格早就抬上去了,并且短时间内不会轻易下跌,不会给你出手的机会。或者相反,如果短时间内价格暴跌了,你也不敢买进,因为这本身就意味着收藏这玩意有风险。

寻找放心的收藏渠道

对于专家来说,98%的藏品真伪可以一眼看出来;可是对于非专业人士尤其是刚刚入门的收藏者来说,这可是比登天还难的事。尤其是许多赝品、仿古品,看上去比真的还"真",很容易上当受骗。

有鉴于此,挑选可靠的藏品购买渠道比鉴定作品本身更重要,这是减少投资风险的一条捷径。

不要超过你的经济承受力

与其他理财方式一样,农民理财在选择收藏时,绝不要超出自己的经济承受能力,否则很危险。轻则影响你的个人或家庭理财规划,重则很可能会因为买入的是赝品而导致倾家荡产、妻离子散。

例如,2013年上半年精品和田玉的价格已经涨到每克2万元,比黄金高出70倍,短短几年间上涨200多倍,几乎从来不跌价,这就不是普通人收藏得起的。统计表明,2000年每克1元的和田玉,2004年就涨到4元,2006年100元,2008年200元,2012年更是攀升到500元。[①] 盲目跟进,必定会打乱你的正常理财计划和家庭生活。

[①] 孙晶、谭伟彬:《极品羊脂玉每克2万,和田玉可当银行抵押品?》,载《羊城晚报》,2013年4月26日。

第十四课 保　险

人生在世,不如意事十有八九,风险随时存在。财富积累就像一场游戏,要考虑的事情实在太多。为此就非常需要通过购买保险来保障未来,并把它与其他理财方式相融合。

136. 什么是保险

保险,本来是指稳妥、可靠的意思。而我们通常所说的保险,更多地是指一种金融产品、法律术语,一种理财行为。

保险的概念

所谓保险,是指投保人根据合同的约定,向保险人支付保险费用,保险人对于合同约定的、可能发生的事故所造成的财产损失承担赔偿保险金责任;或者,当被保险人死亡、伤残、疾病或达到合同约定的年龄、期限时,承担给付保险金责任的商业保险行为。

容易看出,保险的实质,就是一种建立在经济互助基础上的经济补偿制度。通俗地说,就是"人人为我,我为人人"。

这里之所以说保险是一种商业行为,是为了与政策性保险相区别。因为除了保险公司开办的商业保险业务，还有另一种具有社会福利性和强制性的政策性保险，如社会保险、机动车交通事故责任强制保险（简称"交强险"）等。与政策性保险相比，商业保险只具备商业性质，不带有强制性，说穿了，它纯粹是一种金融理财产品。

保险应当作为农民理财组合方式之一。因为从经济角度看，一旦发生意外事故，保险能够在一定程度上分担事故所造成的损失，最大限度地降低由此造成的风险，有助于农民合理安排生活和生产。

保险的本质是理财

保险的本质是理财，而不是投资。因为它的初衷是用确定的、少量的损失，来对冲不确定的、可能发生的大量损失，而不是希望获取多大的投资收益。从全社会角度看，它相当于一种互助金——让所有投保者组成一个互助联盟，用所有投保者的钱来保障少数投保者面临灾难时的补偿和安慰。

以汽车保险为例。如果你买了一辆价值15万元的家庭自用小轿车，每年投入3 000元保险费是可以承受的。这3 000元保险费是确定的，但在投保后的这一年内会不会遇到汽车失窃、交通事故等则是不确定的。如果投入保险后你在这一年内没有遇到这些麻烦，那么这3 000元保险费就"充公"了；如果遇到这些麻烦，就可以从这个"互助组"（保险公司）中得到赔偿。无论是否遇到麻烦，都是你乐意看到的，即使3 000元钱"充公"了也乐意，因为你至少避免了事故发生后所必须面对的一系列麻烦事。

从上面容易看出，由于购买了这种汽车保险，不论驾驶员本人还是整个家庭都会少了一份担忧，不至于因为汽车失窃或发生重大交通事故而赔得太惨，不至于因此背上沉重的经济负担、降低生活质量。

137. 有关保险的几个概念

为了更好地理解保险理财,这里先来搞清楚有关保险的几个基本概念,然后再讨论购买保险都要注意哪些事项。

保险主体

所谓保险主体,是指保险合同的主体,包括投保人和保险人。除非与投保人是同一个人,否则被保险人、受益人、保单所有人等都不能算是保险主体。

保险客体

所谓保险客体,是指保险合同的客体,而不是保险标的本身。也就是说,保险客体是投保人或被保险人对保险标的的可保利益(法律承认的投保人或被保险人的利益)。

投保人

所谓投保人,是指与保险公司签订保险合同,根据保险合同规定向保险公司支付费用的人或组织。

保险人(承保人)

所谓保险人,也叫承保人,是指与投保人签订保险合同,并且承担赔偿或给付保险金责任的保险公司。

容易看出,保险人必然是单位或组织,不可能是个人(自然人)。

被保险人

所谓被保险人,是指根据保险合同规定,在保险事故发生后有权享有保险金的人。一般来说,被保险人就是投保人。

受益人

所谓受益人,是指根据保险合同规定,由被保险人或投保人指定的、有权享有保险金的人。受益人也可以是投保人或被保险人自己。如果没有这种指定,那么受益人就是投保人或被保险人的法定继承人。

保单所有人

所谓保单所有人,是指拥有保险利益所有权的人。既可以是投保人、受益人,也可以是保单受让人。

保险利益

所谓保险利益,是指投保人对保险标的拥有的法律上承认的利益。

一般来说,财产保险的保险利益要在保险事故发生时才存在,也就是说,只有到这时候才能补偿损失;而人身保险的保险利益是在订立保险合同时就存在的,这主要是为了防止道德风险。

保险内容

所谓保险内容,是指保险合同上载明的内容,是以条文形式呈现的合同双方依法约定的权利和义务,包括合同的主要条款、特约条款和条款解释等。

保险标的

所谓保险标的,就是保险对象。具体地说:
财产保险的标的,是指被保险的财产;
人身保险的标的,是指被保险人的身体和生命;
责任保险的标的,是指被保险人所要承担的经济赔偿责任;
信用保险的标的,是指被保险人的信用导致的经济损失。

保险费

所谓保险费,是指投保人向保险人(保险公司)支付的费用。
保险费缴给保险人之后,一部分被用来建立保险基金,以便应付将来预期可能会发生的赔偿;另一部分则用作营业费用支出,以维持保险公司的简单再生产和扩大再生产。如果总体上这两部分费用小于保险费收入,差额就成了保险公司的盈利;反之,则为亏损。

保险费率(保险价格)

所谓保险费率,也叫保险价格,是指保险费与保险金额的比例,通常是以每百元或每千元保险金额应该缴纳的保险费用来表示的,显示为百分率或千分率。
保险费率一般包括纯费率和附加费率两部分,称为毛费率。

138. 什么是商业保险

所谓商业保险,是指由专门的商业保险公司经营,以营利为目的的一种保险形式。

我们平常所说的保险,一般就是指商业保险。它的一大特征是,需要通过签订保险合同来确认双方的保险关系——投保人根据合同的约定,向保险公司支付保险费;保险公司根据合同的约定,对约定发生的事故所造成的损失承担赔偿或给付保险金的责任。

容易看出,商业保险的经营主体就是各家商业保险公司,而不是有人所说的"社保局"。保险对象,既可以是人,也可以是物(包括有形的和无形的)。相应地,保险标的可以是人的生命和身体,也可以是财产以及与财产有关的利益、责任、信用等。

并且,商业保险是要营利的。一方面,"无利不起早",保险公司为你提供了各种各样的服务,当然就需要最大限度地获取回报;另一方面,也只有保险公司有了利益回报,才有动力最大限度地去保障被保险人。

商业保险一般可划分为以下几种:

财产保险

所谓财产保险,是指保险公司按照保险合同约定,对所承保的财产及其有关利益因为自然灾害或意外事故造成的损失承担赔偿责任。

财产保险的主要品种有:机动车保险、企业财产保险、家庭财产保险、船舶保险、责任保险、信用保险、保证保险、货物运输保险、农业保险、工程保险等。

人身保险

人身保险一般有以下几种划分方法:

按照投保人的数量划分,分为个人健康险和团体健康险。

按照投保时间长短划分,分为短期健康险和长期健康险(两者结合,又可以进一步分为个人短期健康险、个人长期健康险、团体短期健康险、团体长期健康险)。

按照保险责任划分,分为疾病保险、医疗保险(也叫医疗费用保险)、失能保险(也叫收入损失保险,收入保障保险)。

按照损失种类划分,分为医疗费用保险、失能收入损失保险、长期护理保险。

按照给付方式划分,分为费用型保险、津贴型保险、提供服务产品型保险。

139. 什么是政策性保险

所谓政策性保险,是指政府由于某种政策需要,运用商业保险原理予以政策扶持而开办的保险业务。

政策性保险一般具有非营利、政府提供补贴、免税、立法保护等特点。具体可以分为以下两大类:

社会政策保险(社会保险)

所谓社会政策保险,也叫社会保险,是指政府为了稳定社会秩序、贯彻社会公平原则而开办的保险业务,具有一定的强制性和政治意义。

经济政策保险

所谓经济政策保险,是指政府从宏观经济角度出发,对某些关系到国计民生的行业采取保护措施而开办的保险,如出口信用保险、农业保险、存款保险等。

140. 什么是财产保险

财产保险有广义和狭义之分。

广义概念上的财产保险,是指投保人根据合同约定向保险人缴付保险费,保险人对其所保财产及其相关利益造成的损失承担赔偿责任。狭义概念上的财产保险,单指以物质财产为保险标的的财产保险。

我们平常所说的财产保险一般是广义概念上的,狭义概念上的财产保险更准确的说法是财产损失保险。

根据上面的分类,各种财产保险的主要含义如下:

机动车保险

所谓机动车保险,是指对机动车辆本身及其第三者责任等进行的运输工具保险,险种有交强险和商业险两种。

交强险全称"机动车交通事故责任强制保险",是我国第一个由法律规定必须实行的强制保险制度。

商业险又可分为基本险和附加险两部分。其中,基本险包括车辆损失保险、第三者责任保险等险种;附加险则有全车盗抢险(简称盗抢险)、车上人员责任险(分为司机责任险和乘客责任险两种类型)、车身损失险(包括玻璃单独破碎险、划痕险、自燃损失险)、涉水行驶险、无过失责任险、车载货物掉落责任险、车辆停驶损失险、新增设备损失险、不计免赔特约险等。

不用说,这里的机动车范围涵盖各种汽车、电车、电瓶车、摩托车、拖拉机、特种车、各种专用机械车等。

财产损失保险

财产损失保险主要分为两大类：企业财产保险和家庭财产保险，详见下一节"什么是企业财产保险"和"什么是家庭财产保险"。

船舶保险

所谓船舶保险，是指对各种船舶进行的保险，其特点是保险责任以水上为限。也就是说，只要投保的船舶在水上，无论是在海上航行还是在港内停泊，遇到自然灾害和意外事故造成损失时，保险公司就会给予责任赔偿。

具体险种又可分为船舶营运险、船舶建造险、船舶停航险、船舶修理险、拆船保险、集装箱保险等险种。

狭义的船舶保险仅仅是指其中的船舶营运险，包括基本险、附加险、特殊附加险等。

责任保险

所谓责任保险，是指对承保人民事损害赔偿责任所进行的保险，又可分为公众责任保险、第三者责任险、雇主责任保险、职业责任保险等。

保证保险

所谓保证保险，是指对承保人信用所进行的保险，又可分为合同保证保险、忠实保证保险、产品保证保险、商业信用保证保险、出口信用保险、投资（政治风险）保险等。

信用保险

所谓信用保险,是指权利人向保险人投保债务人信用风险的一种保险,目的是要保障应收账款安全。

也就是说,投保人把债务人的保证责任转移给保险人,当债务人不能正常履行其还款义务时,就要由保险人来承担赔偿责任。

信用保险又可分为以下三种:一是商业信用保险,主要是针对商品交易过程中产生的风险,如贷款信用保险、赊销信用保险、预付信用保险等;二是出口信用保险,也叫出口信贷保险,这是一种非营利性保险业务,主要有短期出口信用保险、中长期出口信用保险、海外投资保险等。

货物运输保险

所谓货物运输保险,是指对所承保的货物在运输过程中因为自然灾害或意外事故所致财产损失进行的保险,又可分为国内货物运输保险、国际航空运输保险、涉外货物运输保险、邮包保险、各种附加险和特约保险等。

农业保险

所谓农业保险,是指对所承保的种植业、养殖业、饲养业、捕捞业在生产过程中因为自然灾害和意外事故所致损失所进行的保险。

工程保险

所谓工程保险,是指对引进技术项目或与外贸有关的专业工程,以及国内建筑和安装工程项目所造成的损失进行的保险,又可分为建筑工程一切险、安装工程一切险、机器损害保险、安装工程保险、船舶建造险等。

141. 什么是企业财产保险

所谓企业财产保险，是指投保人（企业）以存放在固定地点的财产和物资作为保险标的的一种保险。这种固定地点，主要是指一种处于相对静止的状态。

企业财产保险是我国财产保险业务中的主要险种之一，适用范围很广，涵盖一切工商、建筑、交通、服务企业，政府机关，会团体等独立核算法人单位。

投保范围

企业财产按照是否可保，可以分为可保财产、特约可保财产、不保财产三大类。不用说，企业财产保险的标的，应该是可保财产和特约投保财产，不可能包括不保财产。

可保财产

所谓可保财产，是指保险公司允许投保企业财产保险的财产，如房屋、建筑物及附属装修设备；机器及设备，工具、仪器及生产用具；交通运输工具及设备；管理用具及低值易耗品；原材料、半成品、在产品、产成品或库存商品、特种储备商品；建造中的房屋、建筑物和建筑材料；账外或已经摊销的财产、代保管财产等。

特约投保财产（特保财产）

所谓特约投保财产，简称特保财产，是指经双方约定、在保险单上单独载明的财产。它又分为不提高费率的特保财产、需要提高费率的特保财产两大类。前者主要是市场价格变化较大或价格不定的财产，如金银珠宝首饰、古玩字画邮票等，以及水闸、铁路、涵洞、桥梁、码头等；后者主要是需要附加保险特约条款的财产，如包括矿井、矿坑的地下建筑物、设备和矿下物资等。

不可保财产

所谓不可保财产,主要是指以下六种情况:不属于一般性生产资料和物资的财产,如土地、矿藏、森林、水产资源、尚未收割或收割后尚未入库的农作物;风险特殊的财产,如现金、票证、有价证券等(这种情况下应投保专门的现金保险);无法鉴定价值的财产,如文件、账册、图表、技术资料等;违反法律法规的财产,如违章建筑、非法占用的财产等;必然会发生危险的财产,如危险房屋;应投保其他险种的财产,即不属于企业财产保险承保范围的财产。

保险责任

企业财产保险的保险责任分为以下三种:

基本责任

所谓基本责任,是指投保人要求保险人承担的基本赔偿责任。换句话说就是,如果连这些赔偿也拿不到,那还要投保干什么?如:

自然灾害或意外事故造成损失的赔偿,这些自然灾害或意外事故有火灾、爆炸、雷电、暴风、龙卷风、洪水、地陷、崖崩、突发性滑坡、雪灾、雹灾、冰凌、泥石流、空中运行物体坠落等;

供电、供水、供气设备在遭受保险条款中列明的自然灾害或意外事故造成的损失,以及由于这些设备损坏引起停电、停水、停气,以致直接造成的保险财产的损失,包括机器设备、在产品和贮藏物品的损坏或报废;

在发生上述灾害和事故时,为了抢救财产或防止灾害蔓延,采取合理、必要的措施所造成的保险财产的损失,以及为了减少被保险财产损失,采取施救、保护措施而支出的合理费用。

除外责任(责任免除)

所谓除外责任,也叫责任免除,是指按照法律规定或合同约定,保险公司不需要对这些财产损失承担赔偿责任。

这又分为以下三大类：

一是基本险的除外责任，主要有：被保险人及其代表的故意破坏或纵容行为导致的损失；由于行政行为或执法行为导致的损失；战争、敌对行为、军事行为、武装冲突或罢工导致的损失；地震、海啸导致的损失；核反应、核辐射、放射性污染导致的损失；大气污染、土地污染、水污染、其他放射性污染导致的损失；贬值、丧失市场或使用价值、停工停产导致的各种间接损失；锅炉、压力容器爆炸造成的损失；水箱、水管爆裂造成的损失和费用；供水、供电、供气及其他能源供应中断造成的损失和费用；物体自燃造成的损失；保险合同中载明的免赔额。

二是综合险的除外责任，主要有：财产本身缺陷、保管不善导致的损失；广告牌、天线等建筑物外部设施因雷电、暴风、暴雨造成的损失。

三是所有保险的除外责任，主要有：因为盗窃、抢劫导致的损失；设计错误、原材料缺陷、工艺不善造成的损失；非外力造成的机械和电气设备本身的损失；操作不当、技术缺陷造成的机械和电气设备的损失；盘点时发现的短缺。

特约责任（附加责任）

所谓特约责任，又叫附加责任，是指本来根据相关规定保险公司不能承保，而现在经过双方协商同意由保险公司负责保险的责任，如矿下财产保险、露堆财产保险、特约盗窃保险、涵洞特约保险等。

142. 什么是家庭财产保险

所谓家庭财产保险，简称"家财险"，是指以居民室内有形财产为保险标的的保险。

这是我国个人和家庭投保的最主要的险种，可以分为以下两大类：

普通家庭财产险

普通家庭财产险的期限为 1 年,从保单签发之日 0 时算起,到保险期满日 24 时止。保险金额虽然可以由投保人根据投保财产的实际价值自行估计,但一般要求在"谱"上。

一方面,如果投保金额估价过低,将来一旦造成损失,赔偿就会不足;另一方面,估价过高了,既要多缴保费,又无法在发生灾害后得到更多好处。因为保险中有一条"补偿原则",就是说赔偿上限是投保财产的实际价值。如果你的实际财产价值为 100 万元,不可能因为投保了 500 万元的金额就能赔到 500 万元的。

普通家庭财产险根据保险责任的不同,又可以分为以下两类:

灾害损失险

灾害损失险的保险标的,主要有自有资产、代管财产、共有财产,具体有:日用品、床上用品;家具、用具、室内装修物;家用电器,文化、娱乐用品;农民家庭的农具、工具、收获入库的农副产品等;以及经过专家鉴定、能够确定价值的金银珠宝首饰和古玩字画等。

但以下财产不能投保:财产损失发生后无法确定具体价值的,如货币、票证、有价证券、邮票、文件、账册、图表、技术资料等;日用消费品,如食品、粮食、烟酒、药品、化妆品等;法律禁止个人保管或拥有的财产,如枪支、弹药、爆炸物品、毒品等;处于危险状态下的财产;保险人声明不予承保的其他财产。

灾害损失险的保险责任主要有:火灾、爆炸、雷击、冰雹、洪水、海啸、地震、泥石流、暴风雨、空中运行物体坠落等,这些都属于自然灾害或意外事故,不是被保险人故意而为并能防止得了的。

所要注意的是,被保险人为了预防这些灾害发生,预先支出的预防费用一般不会得到赔偿;但如果是灾害事故发生后,为了防止灾害损失的进一步扩大,积极抢救、施救、保护保险标的所发生的费用,则是可以根据保险合同规定得到补偿的。

另外就是，以下原因造成的家庭财产损失无法得到保险赔偿：战争、军事行为或暴力行为；核辐射和污染；电机、电器、电器设备因为使用过度、超电压、碰线、弧花、漏电、自身发热等原因造成的本身损毁；被保险人及其家庭成员、服务人员、寄居人员的故意行为，或勾结纵容他人盗窃或被外来人员顺手偷摸，或窗外钩物所致损失等。

盗窃险

盗窃险的保险责任是，在正常安全状态下留有明显现场痕迹的盗窃行为，并且致使保险财产产生了损失。

换句话说，如果是因为你房门、门窗没关好发生的盗窃行为，或者被保险人及其家庭成员、服务人员、寄居人员自己或纵容的盗窃行为所造成的损失，是不会得到保险公司赔偿的。

从保险标的范围、保险金额的确定、保险期限的规定看，盗窃险与家庭财产灾害损失险完全一样，但自行车、助动车除外。

家庭财产两全险

顾名思义，家庭财产两全险既有经济补偿功能，又有到期还本的性质。它与普通家庭财产险的不同，主要在于保险金额的确定上。

具体地说，家庭财产两全险的保险金额是按份数确定的，按份投保。每份金额在城镇居民是1 000元，农村居民是2 000元。具体份数多少要根据投保财产的实际价值来定，但至少需要投保1份金额。

确定投保份数后，一次性缴纳保险金，保险公司把保险金的利息作为保费；保险期满后，无论是否发生过赔付，你都可以如数得到全部保险金的本金。

143. 什么是人身保险

所谓人身保险，是指以人的身体或生命作为保险标的的保险。

也就是说，被保险人在保险期间遇到人身伤亡，或者保险期满伤亡或生存时，都可以从保险公司得到一定的保险金赔偿。

人身保险主要分为以下几大类：

人寿保险

所谓人寿保险，简称"寿险"，是指以人的生死为保险对象的保险。被保险人在保险期内生存或死亡，可以根据保险合同的约定，得到一定的保险金赔偿。

健康保险（疾病保险）

所谓健康保险，也叫疾病保险，是指被保险人因为疾病而支出的医疗费用，或者因为疾病死亡丧失劳动能力时，可以按照保险合同的约定，得到一定的保险金赔偿。

人身意外伤害险

所谓人身意外伤害险，简称"意外伤害险"，是指被保险人遇到外来突发事故，致使身体蒙受伤害导致残疾或死亡时，可以按照保险合同的约定，得到一定的保险金赔偿。

144. 什么是社会保险

所谓社会保险,也叫社会政策保险,是指政府通过收取保险费的形式形成社会保险基金,对年老、疾病、生育、伤残、死亡、失业导致丧失劳动能力或失去工作机会的成员提供基本生活保障的一种社会保障制度。

社会保险具有政府强制性(由政府立法规定,强制用人单位和劳动者个人参加)、保障性(保障劳动者的基本生活)、普遍性(覆盖全社会劳动者)、互助性、福利性(不以营利为目的),由劳动者个人、企业(雇主)或社区、政府三方共同筹集资金建立社会保险基金。

社会保险通常有所谓"五险一金"的说法,具体地是指养老保险、医疗保险、失业保险、工伤保险、生育保险和住房公积金。其中,"五险"的缴费是法定的,而"一金"的缴费则不是法定的。

从缴费对象看,养老保险、医疗保险、失业保险是企业和职工个人共同缴费的,工伤保险和生育保险则完全由企业缴费、个人不需要缴费。

我国实行政府、单位和个人共同负担这样一种政府基本养老保险制度,在全球属于首创,但现在看来问题非常突出。主要是机关事业单位人员退休养老金和企业人员退休养老金的"双轨制"待遇差距过大(相差1至3倍),凸现出其歧视性,激化了社会矛盾,所以将来非并轨不可。

145. 什么是"新农保"

所谓"新农保",全称新型农村社会养老保险,是与城镇职工基本养老保险(简称"职保")、城镇居民社会养老保险(简称"城居保")并列的概念。它同样属于社会保险,只不过是专门针对农民的社会保险。

从定义看,"新农保"是以保障农村居民年老时的基本生活为目的,通过建立个人缴费、集体补助、政府补贴相结合的筹资模式,养老待遇由社会统筹与个人账户相结合,与家庭养老、土地保障、社会救助等其他社会保障政策措施相配套,由政府组织实施的一项社会养老保险制度,是政府社会保险体系的重要组成部分。

我国的"新农保"是从2009年9月开始试点的,计划在2020年前覆盖全国农村。参加对象主要是年满16周岁(不含在校学生)、没有参加城镇职工基本养老保险的农村居民,缴费方式同样由个人缴费、集体补助、政府补贴三部分构成。个人缴费标准定为每年100、200、300、400、500元五个档次,多缴多得。缴费者年满60周岁就可以按月领取养老金,并且终身领取,政府会不定期地调整最低领取标准。

在"新农保"实施之前推行的农村社会养老保险称为"老农保"。两者的区别主要有两点:一是筹资结构不同,"老农保"主要是农民个人的缴费,相当于自我储蓄;而"新农保"中有集体补助、政府补贴在内。二是管理账户不同,"老农保"是完全的个人账户,不缴费就不能领取养老金,而"新农保"账户中除了个人账户养老金之外,还包括政府财政全额支付的基础养老金。

从待遇水平看,"职保"、"新农保"、"城居保"之间的差距还是很大的,所以现行政策规定,如果你在上述三种社会养老保险中参加过两种或两种以上,并且目前仍然处于缴费期、缴费期限已满15年,那么是可以从一种保险转到另一种保险的,如从"职保"转为"新农保"或"城居保"、从"新农保"或"城居保"转为"职保"、"新农保"和"城居保"互转等等。

146. 商业保险和社会保险有什么区别

上面详细探讨了各类商业保险和社会保险,那么,这两者之间又有什么区别呢?这主要表现在以下几方面:

一是社会保险是我国多层次社会保障体系的主体,商业保险只是社会保险的补充,或者说是这种多层次社会保障体系的一部分。虽然目前我国农村的社会保障体系还不健全、层次还很低,但已经可以看出这种端倪。今后,社会保险体系的比重将会越来越高。

二是社会保险是一种政府行为,所有用人单位和劳动者个人都必须参加,它以政府财政支持为后盾,不以营利为目的,出现亏损会由政府财政兜底;而商业保险是一种经营行为,保险公司当然是要追求盈利的,完全实行独立核算、自主经营、自负盈亏。

三是社会保险具有强制性,由政府立法规定缴费对象和标准,被保险人拥有永久获得保障的权利;而商业保险不具备这种强制性,每个人都可以自愿选择参加或不参加,保障期限由保险合同约定。

四是社会保险的保障范围较小,并且是由政府事先规定的,保障水平比较低;而商业保险的保障范围是由投保人、被保险人、保险公司共同协商确定的,不同的保险项目和品种,其保障范围和水平也各有不同。

五是社会保险的对象是劳动者及其供养的直系亲属,在劳动者丧失劳动能力后给予物质帮助;商业保险面向全体自然人,并且只根据缴纳保险费的多少和事故发生的种类来给予经济补偿。

六是社会保险强调劳动者必须履行为社会贡献劳动的义务,这就是权利和义务的基本对等;而商业保险更侧重于"多投多保、少投少保"的等价交换关系。

七是社会保险的标准是保障劳动者的基本生活需求,侧重于追求社会公平,强调的是"保障";而商业保险的标准主要是看缴纳保费的多少,侧重于追求个人公平,强调的是"偿还"。

八是社会保险由中央政府和各级地方政府集中领导,有相应的专业机构来进行组织管理,属于行政体制;而商业保险是由各保险公司依法自主经营的,属于金融体制。

九是社会保险的受益人只能是法定继承人;而商业保险的受益人除了法定继承人之外,还可以是任何指定的受益人。

147. 为什么要买保险

农民理财为什么要买保险?保险又怎样列入农民理财组合呢?这实际上就涉及保险有什么用的问题了。

总体来看,保险具有以下两大功能:

经济补偿

保险的首要功能是经济补偿。这种经济补偿,自然会有助于受益人合理安排个人生活和家庭生产,避免因灾陷入困境甚至绝境。

举例来说,农民家中最大的财产莫过于住房。而在商业保险中就有一种农村住房保险,如果你投保了这一险种,房屋因灾倒塌了就可以在获得政府原有救助的基础上,另外得到一份保险赔付,使得你"重建家园"具有足够的经济实力,不至于"无家可归"。

遗憾的是,现实状况是我国广大农民并没有投保这一险种的习惯,所以在每当发生自然灾害、房屋倒塌后,保险公司"想赔也不能赔"。有鉴于此,许多地方的政府部门不得不从财政支出中专门拿出一块来"代替"农民参加这一保险,避免因灾致贫。

经济补偿是保险的基本功能,也是保险区别于其他行业的主要特征。如果出了事故后不能得到应有的补偿,那还要投保干什么呢?

在此基础上，从保险公司的角度看，又派生出了一个资金融通功能，即把所有投保人的保费投入集中在一起，用于社会再生产，同时确保保值增值。因为只有保值增值，才能保证保险业务的经营稳定。

毫无疑问，投保人最关心的还是这最基础的经济补偿功能。

社会管理

社会管理功能是指，从政府层面看，保险能够对全社会各环节进行调节和控制，从而实现社会关系的和谐、良性运营和有效管理。

在这其中，又可以主要分为社会保障管理、社会风险管理、社会关系管理、社会信用管理等。由于这些和投保人的关系有些"远"，所以这里就不再一一展开叙述了。

148. 买保险要遵循什么原则

农民理财买保险要遵循哪些原则呢？归纳起来有以下五大标准：

最大诚信原则

这就是说，双方在签订保险合同时要有一种最大限度的诚信，彼此遵守信用、互不欺骗和隐瞒。具体到投保人来说，应当如实说明情况，不要企图蒙混过关。否则，如果到后来发现你有欺骗和隐瞒，从而导致保险合同无效，"最倒霉"的岂不是还是你自己？

有鉴于此，无论购买什么样的险种，你都应当对自己所关心的问题向对方了解个一清二楚；同时，面对对方的询问也要如实陈述，这是一条基本原则。

可保利益原则

通俗地说就是,投保人或被保险人对保险标的要有法律认可的利害关系,只有这样你才能从中享受到应有的经济利益。

从保险公司的角度看,只有存在这种可保利益,保险合同才会生效;而从投保人的角度看,只有具有这种可保利益,这种投保才有必要,否则你买这种保险干什么呢?

可保利益在不同险种中是各不相同的。以人身保险为例,一般以下几种对象之间会有可保利益:投保人对本人、配偶、子女、父母等,以及其他具有收养、赡养等法定义务,有合同关系和其他债务关系,有其他合法经济关系的人。

此外就是《保险法》规定,被保险人如果同意投保人为自己签订保险合同,就表明投保人对被保险人具有可保利益。

补偿原则

购买保险的目的,就是为了在保险事故发生后能够在经济上得到一定的补偿,这毫无疑问。但你有必要了解保险公司是根据什么来进行经济补偿的。这一点很重要,因为它直接决定着你的投保标准。

一般来说,保险公司在对你进行理赔时有这样三条衡量标准:一是实际损失多少,不能超过实际损失(也就是说,不会让你从中赚到钱);二是以保险金额为限,如果你的保额是 20 万元,那么最多也就只会赔给你 20 万元,不可能多给;三是被保险人对保险标的的可保利益。在这三个标准中,取其最低者进行赔偿。

懂得这一点,你就知道自己应该投保多少保额以及为谁投保了。

总的原则是,每个农民家庭一般可以拿出年收入结余的 10% 至 20% 买保险,优先考虑投保家中的"经济支柱"(主要劳动力、主要收入来源、危险程度较高的工作)和"贵重物品"(价值高、容易损坏、一旦造成损失家庭无力重新添置的财产)。

近因原则

具体到某个人来说,需要投保的方面可能会有很多很多,可是又不能面面俱到,这时候优先投保什么方面呢?近因原则是最需要考虑的,就是你将来最担心的是什么?最担心什么就保什么。

对于保险公司来说,只有当保险事故的发生与损失的形成两者之间有直接因果关系,才会给你经济补偿。请不要忘了,任何事故的发生都可能是多种因素共同作用造成的,这些事故风险除了有被保风险之外,还有非保风险和除外风险。而这时候的近因原则(即用来判断什么才是造成保险标的损失的最主要原因)便是主要衡量标准。

重点突出原则

既然买保险无法面面俱到,那么就一定会有所侧重,而这时候如何侧重十分重要。总的要求是重点突出、思路清晰,例如:

在确定投保险种时,应当遵循以下顺序:首先是意外险(寿险附加意外医疗住院等);其次是健康险(主要是重大疾病及附加的医疗险、定期寿险);最后是养老险(分红、年金、投资连接险等)。

在确定投保人员时,应当遵循以下顺序:首先是收入较高者(因为他是整个家庭的经济支柱,千万不能倒);其次是妇女(妇女疾病相对较多,这时可选择针对性强的"美丽人生"等险种);最后才是儿童(因为孩子受到家人的呵护多,一般很少发生意外)。

在确定投保金额时,应当遵循以下顺序:以是否开车、有无"社保"(农保)等工作风险程度为依据,保额一般为其年收入的5至10倍。一种最简单的办法是以年龄为金额单位,如20岁以下投保10万元、20岁以上20万元、30岁以上30万元、40岁以上40万元、50岁以上50万元等,这基本上就考虑到了上述因素。

149. 怎样选择保险公司

面对全国上百家保险公司,怎样选择最适合的保险公司也很有学问。除了详细了解对方的自我介绍外,还要注意以下几方面:

看资产结构

保险公司的资产结构虽然看起来好像与你无关,但实际上还是有关系的。资产结构好,就表明这家公司的经营、管理相对正规和可靠,把钱投给这样的公司,心里会更踏实一点。

那么怎样看资产结构呢?这倒并不非得要你去看该公司的财务年报。最简单的办法是,看该公司是否为上市公司,最好是以该公司全部资产为基础的整体上市公司;如果是,那就可以基本放心了。

看偿付能力

保险公司的偿付能力对你来说至关重要。毫无疑问,同样的险种、同等的条件下应该选择偿付能力强的保险公司。那么,怎样来衡量这一点呢?最简单的办法是看该公司披露的偿付能力额度。不用说,偿付能力越强,表明该公司的经济实力越可靠。

根据中国保险监督管理委员会2003年发布的《保险公司偿付能力额度及监管指标管理规定》,财产保险公司的最低偿付能力额度为以下两项中数额较大的一项:①最近会计年度自留保费减营业税及附加后1亿元人民币以下部分的18%和1亿元人民币以上部分的16%;②公司最近三年平均综合赔款金额7 000万元以下部分的 26% 和 7 000 万元以上部分的 23%。人寿保险公司的最低偿付能力额度为：长期人身险业务最低偿付能力额度与短期人身险业务最低偿付能力额度之和。

在考察这项指标时，同样是不用你去具体计算的。根据规定，每年 4 月 30 日之前，保险公司都应当对外公布经过注册会计师审计过的上年度本公司偿付能力额度，所以，你一查就知道了。

看信用等级

全球有多家机构如穆迪、标准普尔公司等，会对各家保险公司进行信用等级评估。这些评估结果虽然不能保证完全真实可靠，但对你来说参考一下还是非常有价值的。

不用说，同等条件下应当选择信用等级更优的公司。

看工作效率

俗话说，"质量就是生命，效率就是金钱"。工作效率在一定程度上预示着一家企业的兴衰存亡和发展潜力。对此，你完全可以从自己的耳闻目睹中感悟得到。

不用说，当然应该选择工作效率更高的公司啦。

看服务质量

保险不是一次性买卖，有的险种将会伴随着你的一生。无论是缴费、生存金领取、地址变更还是保险理赔等，每年甚至每个月你都要和保险公司打交道，所以，对方的服务质量如何十分重要。

同样的险种，一个能让你开开心心地享受服务，另一个却让你受了一肚子气和委屈，你会选择哪一个呢？答案是不言而喻的。

150. 买保险要避免哪些误区

对许多人来说,保险有些"看不懂";反过来,买保险也容易步入误区。归纳起来,这些误区主要有:

投保误区

许多人对买保险存在着片面看法,最典型的有:

收入稳定(或不多),用不着买保险

有人认为自己现在收入稳定,将来"没有风险",所以不需要买保险;有人则相反,认为自己现在的收入并不多,"没有钱"买保险。

其实,保险保障的是风险补偿。人生在世总有风险,所以总得做好防范抵御风险的准备,与收入高低没多大关系。

换句话说就是,一个人无论收入高低,都是需要保险保障的,只不过所买的险种、范围、保额大小可能会有不同罢了。

自己有了"社保",不需要"其他"保险

有人认为自己已经缴了"社保",所以就不需要再买"其他"商业保险了。在他们说这话的时候,对"其他"(商业)保险是鄙视的。

而其实呢,这两种保险各有不同、互为补充(本书前面已提到),所以在社保之外根据自己的具体情况适当买些商业保险很有必要。

也买保险,但乱买一通

有人虽然已经买了保险,但究竟买的是什么险种连自己也说不清。尤其是在亲朋好友推荐下购买的保险,过于相信对方的好言相劝,稀里糊涂地就签了合同、缴了钱。至于是否真正符合自己及家人的需要,不得而知。

也有人买了保险后,保单、收据等重要资料不知道放在哪里,又不知道哪些险种什么时候到期,这些当然就不利于将来的经济补偿。

更有甚者,被人拿去退保或虚假理赔了,自己依然蒙在鼓里。

选择误区

许多人对买什么样的保险存在着片面想法,最典型的有:

过于看重将来能有多少分红

有人错误地把买保险与买基金、储蓄等同起来,过于看重将来能拿多少分红,盲目地把买保险与储蓄利率作对比。

本书前面反复提到,保险是一种理财工具而不是投资手段,它更强调的是经济补偿和风险保障功能,不是赚多少钱。所以,凡是用盈利水平高低来衡量买保险行为的,就都是步入了误区。

例如,你把1万元存在银行里,一年下来能拿300多元利息;同样,你用这1万元购买还本型分红险就肯定得不到这么多回报,但它的优势是另外可以有5万至10万元的风险保障(视险种不同),这完全是两个不同概念,不能盲目对比。

只看费用高低,不看合同条款

有人买保险就像去菜市场买菜一样货比三家。货比三家本来没错,但错的是他比的不是性价比高低,而是只看价格大小(很可能是他对各种复杂的险种实在搞不清,所以只能比价格)。

可是殊不知,这样一来买保险就有很大的盲目性了。

第十五课 房　产

俗话说,"一铺养三代"。意思是说,投资一间商铺,足以让子孙三代人衣食无忧。其实,无论是投资商铺还是住宅或者是房地产股票,都是可以作为农民理财组合的一部分的。

151. 什么是房产投资

所谓房产投资,是指以房地产为投资对象获取预期收益的行为。

这里的预期收益,是指这种收益是确定的,但需要到将来才能实现。就好比说,你把房产租给别人使用,每个月的租金是讲定了的,但要在房客使用后租金才能到你手中。并且,既然是预期,那就是有可能会发生变故的,表现在收入的时间和总量都可能会有变动。

有鉴于此,房产投资在测算未来收益时,一方面要考虑时间因素,另一方面又无法做到过于精确,这是好理解的。

房产投资的概念,是与房产自用对应的。房产投资的目的主要是为了保值增值,即通常所理解的对外出租收取租金、转手倒卖赚取差价,或者两者兼而有之;而房产自住的目的主要是为了居住、生产和经营,改善生活和生产条件。

要强调的是,只有房产投资能作为农民理财方式来选择;自住房产因为不产生现金流,所以这种行为虽能改善个人和家庭条件,却与农民理财本身还是有区别的,所以不在这里进行讨论。

不用说,这里的房产投资,既包括各种实体房产如商品住宅、门面房投资,也包括房地产股票投资,还包括把资金委托给信托投资公司购买或合作开发房产等等。但由于房地产股票投资更多地具有股票投资性质,委托购买或合作开发房产实际上是资本经营行为,所以这里为了集中叙述起见,只讨论实体房产投资,另两种投资可参见本书其他相关内容。

152. 房产投资有哪些特点

房产作为一种特殊商品,与其他商品相比,具有独特的投资特性,这主要表现在以下几方面:

投资对象的固定性和不可移动性

不用说,房产是无法移动的,否则就会价值顿失。这就决定了这种投资品所处的地理位置与其价值有密切关系。

有鉴于此,需要注意两点:一是投资决策时一定要考虑地理位置及其户型在其中所起的作用。有道是"买房就是买地段",不同地段、不同户型的房产其投资价值不可同日而语。二是地段虽然不能移动却会变化。具体地说,现在的冷门地段将来有可能变热门,从而推高你的投资价值;同样,现在的热门地段也会因为炒得过热而提前透支预期收益,变得冷门下来,投资这样的地段同样有可能得不偿失。

至于户型,当然是越"好"越好,虽然每个人对"好"的理解不一样;甚至可以说,户型比地理位置更重要——地段有可能会冷热转换，但户型是"胎里毛病"，无法推倒重来。这方面有许多讲究。

例如，户型的好坏与面积大小虽然无关，但如果是为了出租用，一般来说小户型会因为绝对价格便宜更好租。在同一个小区，户型类型越少越好租，因为这意味着你的竞争对手少；在同样的住房面积中，两个卫生间的户型更好租，尤其是租给外国人就更是如此。另外就是，用于出租的房产尤其是租给外国人住的房屋，社区规模应在 1 000 户以下。规模太大，人群构成复杂，环境就会变差，物业管理也很难上档次，这些对提高房租标准都是不利的。

建设周期长

房产建设周期长，一般要经过若干年，有时候甚至还会半途而废成为烂尾楼。建设周期长，对投资者的超前眼光以及政策、知识、信息方面提出了更高的要求。

如果你能从众多纷繁复杂的信息中学会鉴别，正确判断该楼盘未来的投资价值大小，也就意味着这种投资会包赚不赔。

毫无疑问，建设周期长会带来许多不确定性，但也可能会因此得福。例如，如果你能判断某个冷门地段 5 年后将会成为热门、繁华地段，现在就买入该地段的紧俏房产在 5 年后抛出，这样的投资就不但没有风险，而且会获利颇丰。

投入成本高

房产投资成本高，动辄就是上百万元乃至几千万元，几十万元的已经很少见了。所以，在作出这样重大的投资决策时要慎之又慎。

慎之又慎的重点，首先是看该项目的合规和合法。假如说，这个项目本身就是不规范甚至非法的，到时候不是拿不到土地证、房产证，就是要延期交付；或者质量不合格、漏风漏雨，甚至开发商根本就没钱继续造下去,最终成了烂尾楼;或者开发商携款跑了,等等。遇到这些情况,你的投资风险就大了,迟迟无法变现还是小事,血本无归也不是没可能。

房产投资的高成本,主要是土地开发高成本、房屋建筑高价值、房地产经济运作中的高费用和不规范决定的。

环境约束性

房产开发有着全局性的规划和布局,需要服从城市规划、土地规划和生态环境规划的要求。这就是说,在确定房产投资时,一定要前瞻性地了解当地未来的城市规划、土地规划等,确保投资效益。

除此以外,这种环境约束还包括各种配套措施,如整个小区的物业管理、环境、游泳池、饭店、园林绿化、会所及其他配套等。虽然这些属于公共部位或者提供的是公共服务,却与你的房产价值和使用价值、投资价值有很大关系。

一般来说,房客一开始并不一定会强调需要这些外部环境,可是在他居住了一段时间后,就很可能会因为这些环境的舒适、自然、方便而决定长期续租下去,这时候就看出其长期价值来了。

低流动性

由于房产价值高,所以不可能像一般商品买卖那样交易频繁。这就是说,房产投资的变现时间长、难度大,资金流动性低。

房产交易流动性低,要求一开始就要明确投资类型。虽然理论上说任何房产都可以用于交易,但如果是为了投资获利而不是自己居住,那么在具体的房产类型、地段、户型等选择上还是有讲究的。

例如,现房和期房、一手房和二手房、内销房和外销房、住宅和商铺、普通住宅和别墅投资等等,相互之间就有诸多不同。

以内销房和外销房为例，外销房的销售价格虽然要比内销房高出很多，但由于外销房的租金收入高（主要针对的是外国人），并且更容易找到租户（房源少），所以一般来说投资外销房的回报率会更高。当然这也有前提，那就是投资外销房项目时要看得准，尤其是外销房的房价高，你的供楼款要有切实保证，不能出现资金链断裂。

顺便一提的是，房产交易的低流动性并不一定是坏事。尤其是在房产价值不断上升通道中时，这一特点最终会体现为它的耐久保值性。也就是说，房产投资的回报率有可能会因此高于其他投资对象。可是相反，如果房产价格处于不断下跌通道中时，你也可能会因为无法及时脱手而蒙受损失。

总之一句话，这种低流动性会加剧价格助涨、助跌作用。

153. 怎样投资现房

所谓现房，按照国家规定的严格定义，是指已经领取房产证和土地使用证的房产。

购买这种房产时用不着看"五证"，只要查看房产证和土地使用证就行了；签订买卖合同时，也不必用到"商品房买卖合同范本"。

投资现房的最大特点是眼见为实，需要投资者眼光敏锐、行动果断，但又不能心血来潮，否则买下来以后想反悔就没这么简单了。

投资现房的诀窍主要有：

不看白天看晚上

只有晚上去看房，才能切身感受到入夜以后附近有没有噪音源、照明、安全情况怎么样，这些在白天是看不到的。

不看晴天看雨天

房屋是不是漏雨、墙面是不是渗水,只有下雨天能看出来,而且最好是在黄梅天一连下了好几场透雨后去看,一看一个准。

不看建材看户型

有些样板房宣称它用的建材是如何如何漂亮,其实,这远远没有户型来得重要。房屋的使用功能是由户型决定的,这就是买房特别要强调户型的理由所在。

不看墙面看墙角

墙面面积大,容易做平,无法体现房屋质量的高低来;而从墙角转弯处去考察是否平整、龟裂、有无渗水,这才是更关键的,也是更重要的。

不看装潢看做工

一般来说,新房的装潢总是很漂亮的,可是当这股新鲜劲过去以后,墙角、窗沿、天花板等处的做工是否细致,才会决定这装修质量的高与低,这些地方同样是你进行讨价还价的筹码。

不看窗帘看窗外

如果你在室内拉上窗帘,就等于把整个一面墙连同窗外的通风、采光以及排气管道隐患等等全都遮挡掉了。只有打开窗帘才能"说亮话",看看这方面的细节是否合乎你要求。

不看电器看插座

电器插座比电器更重要。电器坏了可以修,而电器插座有问题,很可能会危及人身安全。还有电源开关问题,开关虽然小,但由于要反复使用,所以质量问题更是重中之重。

不看电梯看楼梯

在既有电梯也有楼梯的房产,虽然平常使用得更多的是电梯,楼梯是备用的,但一旦发生险情时楼梯才是逃生之路。所以,电梯虽然比楼梯更常用,但关键时刻楼梯比电梯更重要,绝不要忽略这一点。

不看家具看空屋

家具是实用品,也可以是装饰品。但只有考察搬掉家具之后的空屋,才能考察到最真实的房屋质量和布局。

不看地上看天上

意思是说,如果地面不平、毛糙,还可以通过装修来弥补;可是如果天花板和墙角渗水,那就麻烦得不得了了。

不看客厅看厨卫

现在的房产都把客厅造得大大的,很漂亮,而实际上呢,厨房、卫生间里集中着所有的水电煤系统,这里的问题更多。

从上面容易看出,投资现房时绝不要忽略了以上这些细微之处,这会直接关系到将来的对外出租和投资回报率的高低。

154. 怎样投资二手房

谈完了现房来谈二手房。这些年二手房交易非常火暴，不亚于一手房。尤其是一些地理位置好、交通便利、环境成熟的二手房，其交易价格还要高于现房，自住、投资两相宜。

所谓二手房，按照国家规定的严格定义，是指相对于开发商手里的商品房而言的房地产产权交易二级市场，包括产权明晰、已经经历过一手买卖之后重新上市交易的商品房，以及允许上市交易的二手公房如房改房、解困房、拆迁房、自建房、经济适用房、限价房等。

二手房同样具有眼见为实的特点，但是在购买时与一手房还是有诸多不同，这主要表现在：

地理位置最重要

地段好的二手房，无论自住或投资都是占优的。自己住交通方便、周围设施配套好，用于出租则租金收入也高。

房屋质量看周详

有些二手房建成时间较久、使用时间较长，所以要特别关心其管线老化、走线不合理、墙体爆裂、天花板漏水等问题。

户型面积要选好

早期的80式二手房，面积普遍较小、通风采光有问题，但由于其房屋面积小，所以投资总价低；之后建成的户型一般就比较合理了，但是其总价也会上一个台阶。

房屋产权验仔细

二手房买卖要特别关注是不是存在产权问题，一定要对方提供产权证书、身份证，并且仔细看清房产证上的面积是多少、有没有产权抵押以及房产共有人。

装修结构弄清楚

二手房一般都已装修过，有的甚至已经多次装修，原有结构可能会遭到破坏甚至混乱不堪。购买时对这些细枝末节要搞清楚，这样今后如果要重新装修的话，就会减少许多麻烦。

屋内配置细查看

有的二手房在买下时会要求和屋内的部分配置如沙发、橱柜、热水器等一并买下。这时一定要仔细查看这些物品是否对你还有用，然后再算一算它们的价钱是否值得。绝不要贪图一时便宜就答应下来，否则很可能会后悔。

物业杂费看真切

仔细了解这二手房的物业费、水电费、燃气费、电梯费、数字电视费等是单独抄表还是集体分摊，是上门收缴还是自己去交，以及物业公司都提供哪些服务，这样会便于判断投资价值。

探访邻里有必要

购买一手房时你不一定有条件了解到邻居，买二手房就有这个条件了。这关系到日后你的居住状态，所以非常有必要观察一下周围邻居的生活水平和社会层次,打听一下房屋质量。

买卖价格好商量

二手房交易价格非常市场化,买卖双方都在博弈,成交价格更具灵活性。当然,这些都需要运用你的谈判技巧,才能更有利。

"乘人之危"可原谅

二手房的出售方通常都有"故事",如家人出国、病人看病、换房扩大面积急需用钱等,都是因为急需现金才脱手的。所以,这时候适当"乘人之危"压低一下房价,是情有可原的。

中介公司要找好

买二手房与买一手房相比,在选择中介公司方面具有更大的余地。整个二手房买卖过程会有七八个步骤,通过正规中介公司来操作,各个环节会把控得更好,一系列过程下来既轻松又放心。

从上面容易看出,投资二手房与一手房各有所长。上班族会考虑交通是否方便,有孩子的会考虑附近是否有学校,老年人会考虑环境是否安静、产权是否清晰,因为接下来就会涉及遗产继承问题。

155. 怎样投资期房

所谓期房,按照国家规定的严格定义,是指还没有竣工的房产,也就是现在还不能领取房产证和土地使用证的房产。不管这种房产有没有造好或有没有人住,都叫期房(香港人称为"楼花")。

投资期房时主要注意以下几点:

先下手为强

房产项目开发投资大,所以开发商总是希望在项目开发初期就开始出售期房,把它作为一种融资手段,来提前收回些现金、减少自身的资金流动风险。而作为一种回报,这时候它推出的认购价和开盘价会比较低,一般会降低10%甚至20%以上。

不用说,这时候购买期房,不但能在价格上得到更多实惠,还容易买到比较理想的户型、朝向、楼层。户型同样是有投资价值的,户型好的房产舒适度高、将来的升值空间更大。

避免受开发商花言巧语迷惑

开发商在销售期房时都有一套现成的策略,就是专门针对投资者想要的说,所有概念炒作都是围绕这个来进行的。

所以,对于开发商承诺的位置、楼距、学校、会所,尤其是社区氛围、物业管理等,不能仅仅凭开发商自说自话,而要进行实地考察。以怀疑的态度去求证,往往更容易得到事情真相。

查看开发商的资质和项目合法性

房产开发的时间跨度长,如果开发商实力不够,将来成为烂尾楼也说不定。所以一定要确保投资项目的真实、合法,避免上当受骗。

这时候主要是查看开发商是否具有企业法人营业执照、房地产开发企业资质证书,并且是否在资质规定的范围内进行开发,如必须有土地使用权证、建设用地规划许可证、建设工程规划许可证、建设工程施工许可证、商品房预售许可证,并且要签订国家工商行政管理总局、国家住房和城乡建设部制定的商品房买卖合同(示范文本)。

购房流程符合规定

正确的流程是:

首先签订认购书,缴纳定金,确定房产楼层、地址、户型、房号、面积、单价、总价、付款方式、认购条件等;

其次是签订买卖契约,即按照认购书中规定的时间、地点签订商品房预售契约,这是整个买房过程中最重要的一环;

接下来是预售登记,即要在签订契约后30天内到所属房屋土地管理部门办理预售登记,同时缴纳印花税,这样,这份契约才具有法律效力;

最后是按照契约的有关条款约定,付清房款,这样交房时就可以签订管理公约、办理入住手续了。

留意房产是否被抵押

购买期房时除了查看房屋预售许可证外,要特别留意自己想买的房产是否已经被抵押出去。

要知道,已经盖好的房子尚未预售出去时,被抵押出去的可能性是存在的。

156. 怎样投资尾房

所谓尾房,是指只剩最后几套没有卖出去的房产。

不用说,这时候的房屋预售许可证已经过期,而房产证还没有办法办下来。这种"无证"房产能不能买呢?各人的观点不一,但事实上最终总会有人买下它们的。

投资尾房时要注意以下几点:

尾房并不一定是最差的

俗话说:"拣掉卖尽"。意思是说,剩到最后的总是不好的。其实,尾房并一定是最差的,甚至会有最好的,关键看你的运气如何。

最好的尾房,是指开发公司本来准备留给关系户的,现在它的使命已经完成,所以可以公开对外出售了;最差的尾房,是指这些尾房是其他投资者拣剩下来的,无论楼层、朝向、户型、面积都可能不是很理想。但无论最好的还是最差的,开发商都有一个心理,那就是整个楼盘销售将要结束或已经结束,这时候要尽快卖掉它们,以便更有效地盘活资产,腾出精力来去开发另外的楼盘。

不过,这两种尾房的结果可能会不一样:"最好"的房产这时候的价格或许已经不低了,尤其是在当前房价上涨的背景下,它的价格上冲还有惯性;"最差"的房产,价格可能不会太高,因为开发商的目的是要尽快把它们处理掉。但无论"最好的"还是"最差的",投资者都要善于砍价,要知道,砍下去的部分都是你将来的投资差价。

寻找房源很重要

哪里有尾房,投资者往往并不清楚,所以可以通过以下途径去寻找:一是直接到售楼处去问询;二是到开发商设置的尾房销售机构去查询,如房屋中介、广告媒体等;三是网上查询,有些开发商在销售量达到70%以后就会撤走销售人员,改在网上发布尾房信息。

学会正确区分和鉴别

得到有尾房出售的信息后,要学会正确区分和鉴别,目的是要防止虚假信息,避免买到一连串的诉讼纠纷。这方面的技巧是:
①查验开发商的资格、证件,学会分析比较该楼盘的品质优劣。

②判断并区分尾房与烂尾房、一般空置房,这一点非常重要。

如果是尾房,说明它只是还没有卖出去,问题不大;如果是空置房,则要进一步分析它究竟是因为销售不畅造成的积压,还是手续不全、拆迁周转、历史遗留问题等造成的闲置;如果是烂尾房,那麻烦就大了。

③既然是尾房,你就不能对它要求过高。关键是要从房产的地理位置、价格、楼层、户型、朝向、社区环境等方面去衡量,看你最看重的地方它是不是都能达到要求,如果是,那就行了。

④根据自己的经济能力,在多套尾房中,选择自己最满意的位置、价格、楼层、户型。

⑤注意尾房还剩下多少保修期限,以防日后产生纠纷。

⑥即使你非常看好这套尾房,也不要在对方面前暴露出强烈的购买欲来,否则接下来你的讨价还价余地就小了。

综上所述容易看出,投资期房和尾房与现房相比各有利弊。一方面是,投资期房和尾房可能会存在更多风险;另一方面,期房和尾房买得好也会带来更多获利。非常重要的一点是,一定要签订正规的商品房买卖合同,最好是去工商部门合同鉴证,以规避可能的风险。

157. 怎样投资门面房

所谓门面房,又叫商铺,确切地说是那种开在马路旁的经营用房。

门面房投资是一种高投入、高产出、高风险的行为,这里的关键是要规避投资风险;而能否规避投资风险,又主要取决于你的综合把握能力。从发展现状看,社区商业项目正在取代商业中心的门面房,摇身一变成为商业地产市场的走俏产品。

投资门面房要注意以下几点:

要有超前意识

成熟地段的门面房当然也能投资,但价格已经很高了;专门为新建市场、小区配套的门面房价格则要便宜得多。如果你有超前眼光,在新开发的小区或新城区地段投资门面房,由于建设初期这些地区人口密度小,价格会很便宜;几年之后经济快速发展后,这种区位的资产升值潜力反而会更大。

要抢占要地

不用说,要地就是指这个区域性地段中最重要的位置。具体地是指人口密度最大、人流量最多、消费能力最强,人口结构、消费结构、商业设施网点及其结构、配套设施等都是最好的地段。

一般来说,商业地段可以划分为核心圈层、次核心圈层、外圈层、影响圈层等多种,门面房投资应当首选核心圈层。它的特点是,半径在 250 米,不超过 500 米,周围地区的公交线路都可到达,这种地段适合经营任何商品;而如果投资其他商圈,一般只适合开专卖店。当然除此以外,车站码头、专业市场等人流量大的区位投资价值也较高。

讲究微观环境

这主要是指临街、临巷铺面的选择。目前我国城市住宅向集约化发展,已经形成一个个颇具规模的居民小区,住宅社区化发展趋势越来越明显。

在这些住宅小区中,"家带店"式的商业店铺如小餐馆、平价超市、小型连锁店、发廊、药店、诊所等,无论投资业绩还是经营业绩都不错。并且还有这样的特点:面积在三五十平方米的门面房,其投资效益比面积大的更好,更容易对外出租和收回成本。

要善于"养"

俗话说,"一铺养三代",这当然指的是在投资后期。在投资之初尤其是投资在新开发区时,首先要学会"养"铺。道理很简单,即使每天都下蛋的老母鸡,也有一个从小鸡成长为老母鸡的过程。

尤其是在当前房地产调控政策不明的背景下,无论选择投资方向还是在投资后,对于纯投资性的大型市场、现有商业项目尤其是小型商业社区项目,都要等待商业定位和商业氛围的形成。

也就是说,这种门面房一开始的经营、对外出租形势可能不是太好,但只要假以时日就会形成火暴局面,要经得起这种时间的考验。

要一举多得

投资门面房的收益来自两方面:一是门面房自身的升值空间,二是对外出租收取的租金收益。

随着时间的不断推移,这两种收益都会上升的。

158. 怎样投资待拆迁房

所谓待拆迁房,是指已经列入旧城改造规划和进程、将来早晚要被拆迁的房产。

提前介入投资待拆迁房,然后等待将来拆迁时得到一笔很优惠的补偿,把它作为投资收益,是一种不被普通投资者重视,却又是非常可取的投资渠道。而要做到这一点,前提条件是你要对城市建设的发展和规划有了解,并且消息准确。

投资待拆迁房要注意以下几点:

了解当地长短期城市发展规划

关于这一点,可以通过新闻、城市规划展览或内幕等方式了解到,或者到相关部门去进行咨询,越详细越好。

了解当地的拆迁补偿方案

目前的拆迁补偿方案一般有以下两种:

货币性补偿

各地的货币性补偿方案多种多样,但一般来说,会要求在一定期限内签订搬迁合同(签订搬迁合同后并不一定必须马上搬出,根据拆迁进度,一般会提前两个月告诉你什么时候搬),补偿标准较高。并且在签订搬迁合同时可以先得到30%的补偿款,余下的70%在搬迁后一次性到位。

一般来说,如果原有房产全部是私产,这时候你既可以选择货币性补偿也可以选择产权调换。如果这种房产中有部分是私产、部分是公产(产权证上注明所有权属于房管部门),这时候就只能选择货币补偿方式,根据私产部分的面积大小领取补偿金。由于这部分补偿金数额较小,遇到这种情况时可以与拆迁部门协商处理。

产权调换

各地的产权调换方式也是多种多样。但一般来说,调换面积是以房产证上记载的合法建筑面积为依据,然后扣除公共分摊面积,从而得到房屋使用面积,以此为标准获得补偿的。

由于拆迁安置房面积不可能与原被拆迁房面积完全一致,所以一般规定补偿面积如果不超过原面积的多少,这部分超出面积按建筑成本价结算;如果继续超出,则要按商品房价格来结算。

产权调换又有两种选择:一是现房调换,二是期房调换。

现房调换时一般要根据签订搬迁合同的先后顺序来选择户

型;而期房调换则需要解决暂时过渡问题,一般需要几年时间。而这时候既可以选择政府提供的周转房临时居住,也可以选择自行解决住所;如果是后者,可以按每月每平方米多少钱来获得临时安置补助费,领取时间从交出被拆迁房产起,到通知交付安置新房后的两个月内为止。

从上面容易看出,投资待拆迁房的重点是要具有超前意识,同时要了解政策、消息灵通;相反,投资门面房虽然也和投资待拆迁房一样资金投入大、回报率高、风险不易把握,但重点是放在"养"房上的。

159. 哪些房产是限制买卖的

农民理财的主体是农村村民,在我国,由于存在着严重的城乡二元体制,所以政府在农民买卖房产方面有着诸多限制。所以,要了解哪些房产是限制农民买卖的,这样才能最大限度地规避投资风险。

总体来看,农民买卖以下房产会有权利限制:

房改房

所谓房改房,是指城镇职工根据住房制度改革政策的规定,把原来单位分配给自己的住房以优惠价买断,从而变成个人产权房。

房改房的购买价格分为市场价、成本价、标准价(优惠价)等不同类型,它们涉及的上市交易方式各有不同,享受到的权利也不一样。简单地说,按照市场价购买的房改房,产权完全归个人所有,可以随时上市交易;按照成本价购买的房改房,虽然产权也归个人所有,但必须在5年后先补足土地出让金才能上市交易;按照标准价购买的房改房,个人只有部分产权,5年后上市交易时要先补足(标准价与成本价之间的)差价、拥有完全产权后才能上市交易。

由此可见，买卖房改房时一定要首先搞清楚该房产究竟是拥有完全产权还是部分产权。只有对方拥有完全产权，你才能放心地进行交易；如果只有部分产权，那么就要首先补足差价变成完全产权后，才能进行正式交易。并且，房改房的产权与普通二手房相比要复杂得多，产权过户一律要以房屋土地管理部门办完过户手续为准，所有中介机构、律师事务所、公证处以及对方当事人的保证和口头协议均属无效。换句话说就是，只要产权过户手续还没完成，对方就是随时可能违约的。

另外就是，有些房改房如部队、保密单位、国家教育部直属高校的房改房，按照政策规定，目前依然是不能上市交易的。

拆迁安置房

所谓拆迁安置房，也叫动迁安置房，简称安置房，是指政府为了保障土地储备地块、非经营公益性项目建设、城市基础设施建设、军事设施建设、土地开发等进行拆迁，安置给被拆迁人或承租人居住使用的房屋。

拆迁安置房的对象是特定的动迁安置户，既包括城镇居民被拆迁户，也包括农村村民被拆迁户。它又分为以下两大类：

配套商品房

所谓配套商品房，是指因重大市政工程建设项目进行拆迁，而安置给被拆迁人或承租人居住使用的房屋，产权属个人所有，但要在取得产权5年后才能上市交易。在这5年中，买方需要承担极大的法律风险，这主要包括：

一是如果遇到房价上涨，卖方有可能会毁约，甚至一房多卖。

二是如果你购买的是还没有摇号的配套商品房，房屋地段、结构、朝向、小区环境、房屋竣工后的面积增减、交房时间等都是不确定的。

三是如果在房屋尚未过户时卖方不幸去世，卖方继承人有可能会不承认这桩买卖，从而使双方陷入无休止的法律纠纷中。

四是如果税收、信贷等宏观调控政策发生变化,买卖双方都可能会对交易得失进行重新评估,从而导致摇摆不定。

五是如果在尚未办理正式过户时再遭拆迁,法律上只会把拆迁补偿款付给房屋所有人。并且,拆迁补偿款的数额往往要高于拆迁安置房的交易价格,也就是说,利益的大头基本上与你无关。

中低价商品房

所谓中低价商品房,是指因为房地产开发等原因进行拆迁,而安置给被拆迁人或承租人居住使用的房屋,其价格与市场价相比较低,但房屋产权同样是属于个人的,没有上市时间方面的限制。

由此可见,你在购买拆迁安置房时,首先要搞清楚这究竟属于什么类型,因为不同类型下交易双方承担的交易风险是不同的。

回迁房

所谓回迁房,是指原有房屋被拆迁后在原地安置的住房。

回迁房既可以是大面积的小区,也可以是散落在商品房小区中的零星房屋,但无论如何,它们的价格都要普遍低于商品房。也正因如此,它的买卖与商品房相比还是有很大差别的。

简单地说,主要是看对方这种回迁房有没有房产证和土地证,如果两证齐全,那么在交易上和商品房就没有什么两样;如果没有房产证而只有回迁协议,那就属于小产权房,交易上存在一定风险

这种风险主要体现为两点:

一是原有房价中因为不包含土地出让金,所以将来在办理正式过户手续时是需要补缴土地出让金的,并且手续不一定能办得下来(如果拆迁前是经济适用房,那么这种回迁房就是不能买卖的;如果拆迁前是集体土地上的私房,那么在补缴土地出让金后是允许买卖的)。

二是这种回迁房可能没有房产证,只有回迁协议,而回迁协议是得不到房产管理部门认可的。也就是说,你们的私下买卖无法进行公证过户和改名。这时候怎么办呢?为了降低风险,你可以

只付一部分房款,余款说好等将来办完过户手续后结清,这样你多少有点主动权。

需要指出的是,回迁房的政策在各地有所不同,请咨询当地部门。

经济适用房

所谓经济适用房,过去叫安居房,国外叫公共房屋(香港称居屋、新加坡称组房、澳门称经济房屋、台湾称国民住宅),是指已经列入国家计划,由城市政府组织房地产开发企业或集资建房单位建造,以微利价格向城镇低收入家庭出售的住房。

经济适用房的最大特点是具有社会保障性质,所以价格要比同一地段的商品住宅低不少。价格低的原因,主要是政府免除了土地出让金、减半征收了各种税费、只准微利销售的结果。

经济适用房只售不租,廉租房只租不售。它们都属于商品住宅,但购房者只拥有部分产权。购房后5年内不能上市交易(特殊原因需要转让的,需按原价出售给住房储备机构);5年后如需出售,需要补足土地出让金。

由于经济适用房的建造、分配过程中腐败行为较多,所以目前全国基本停止新建经济适用房了,而是把经济适用房、廉租房、公共租赁房并轨成了公共租赁房,申请者不受户籍限制,租金相当于市场价的60%。

集资合作建房

所谓集资合作建房,是指由组织或个人多方面提供资金及技术、劳务等合作建房,按照事先约定的方式分配的新建住房。说穿了就是这种方式有点像AA制,大家有钱出钱、有力出力,按照投资多少、贡献大小分配新建房屋。

这种方式在我国还是新生事物,鲜有成功范例。所以如果你要购买(实际上是转让)这种房产,一定要了解相关法律,重点是能不能办到房产证。一般来说,能够办理房产证的就是合法的,否则虽然不能说一概不合法,至少也有不规范之处;等到你将来要对外转让出去时,就必定会有大麻烦。而众所周知,房产投资不仅仅是出租,更重要的是对外出售,所以这方面是很重要的。如果集资合作建房尚未建成你就要转卖,这时候的投资风险会更大。

现行政策是,这种合作建房同样属于经济适用房,建房单位在满足本单位低收入住房困难户的需求后,少量剩余房源只能出售给符合条件的经济适用房购买对象,或者出售给政府作为廉租房。

也就是说,即使你符合经济适用房的购买条件,买下这种集资合作建房后,也是无法重新对外销售的。

廉价房和廉租房

所谓廉价房,又叫平价房,正规名称是中低价普通商品房,是指以成本加上3%的管理费作为销售价格,向城镇大多数中低收入家庭提供的住宅。这种成本主要包括以下7部分:征地和拆迁补偿费、勘察和前期工程费、建安工程费、住宅小区基础建设费、管理费、贷款利息和税金。

所谓廉租房,是指政府以租金补贴或实物配租方式,向符合城镇居民最低生活保障标准并且住房困难的家庭,提供的具有社会保障性质的住房。在这里,廉租房的分配形式以租金补贴为主,以实物配租、租金减免为辅,保障范围约占城镇居民的10%。

廉租房与经济适用房相比有以下区别:一是经济适用房是新建住房,而廉租房的房源会多样化,既有新建住房,也有空置房屋、危旧房改造房、老旧公房等。二是经济适用房是用于出售的;而廉租房是只租不售的,并且没有继承权。三是经济适用房面向买不起商品房的城市低收入者出售,而廉租房只面向城市特困人口出租,象征性地收取房租。

从历史进程看,我国的住宅政策重点在20世纪90年代是"安居房"（安居工程）、本世纪初的 10 年是"经济适用房"，眼下的 10 年是"廉租房"。在中共"十七大"报告中就已经只提"廉租房"而不提"经济适用房"了，就能说明这一点；同时，保障对象也从原来的"中低收入家庭"缩小成了"最低收入家庭"。

不用说，由于这两种房产都具有政府保障性质，所以上市交易要受限制，以后在对外出售中是需要补缴土地出让金的。

小产权房

所谓小产权房，又叫乡产权房、农民安置房，是指在农村集体土地上建造的房屋，因为没有缴纳土地出让金等费用，所以无法从政府房产部门领到产权证，只能由乡政府或村委会颁发一纸证明。

小产权房和大产权房的区别主要不是房屋所有权，而是土地使用权。因为从乡政府或村委会领到的"产权证"并不是真正合法有效的房产证，所以它实际上没有产权。因为当初在建造时就无法领到土地使用证和预售许可证，也没有购房合同（即使有也无法在国土资源局备案），所以它有两大特点：一是针对农村居民建造的，对象不包括城镇居民；二是属于保障性住房，所以不能卖给城镇居民。否则，政府当初免费划拨土地省下的一大笔土地转让收益，岂不是就全都进了卖房者的腰包？所以，至少现在还看不到有允许上市的那一天。

根据现行政策规定，农村村民每户只能有一处宅基地，面积不能超过当地省级政府标准。小产权房既不能卖给城镇居民（否则不但领不到房产证，有的地方还要没收房款），也不能卖给所有农村村民。

具体地说，只能卖给符合以下条件的本村本组村民：一是因为结婚（包括入赘）等原因需要扩房、原有宅基地不能解决住房需求的；二是因为村镇规划和旧村改造需要搬迁的；三是因为国家、集体建设项目占用了原有宅基地需要搬迁的；四是经县级以上政府批准回原籍落户定居、在农村确实没有住房的。

小产权房不能卖给以下对象：一是本村以外的村民（城镇居民就更不用说了）；二是出卖、出租或改变原有住房用途后再想扩房的本村村民；三是原有宅基地面积超过标准0.8倍、能够解决分户需要的本村村民；四是户口已经迁出、不住在本村的村民。

容易看出，经过上面这样一厘清，投资小产权房要想对外出租还是有可能的，如果要对外出售基本上办不到房产证和土地证，投资收益必然会受严重制约。所以，有必要密切关注这方面的政策走向。

农村村级留用地上开发的房产无法卖给城镇居民

从性质上看，这种村级留用地是政府在征用集体所有的土地时，按照征地面积的一定比例核定给农村的用地指标，目的是让被征地集体经济组织用于发展第二、第三产业，安置失地农民的。

这种房产虽然也有点像公建房产，但不能走正常房产销售的途径，无法享受到城镇房产的各类保障如迁户口、学区划定、民用水电生活费标准等，存在着法律政策风险。

160. 农民买房也能贷款吗

农民买房也能贷款吗？这是一个大家关心的问题。要回答这个问题，首先要搞清楚什么是住房贷款，它们又都有哪些特点。

住房贷款一共分为两种：一是商业性个人住房贷款，二是住房公积金贷款。有相当一部分农民是在城里打工的，他们和城镇职工一样交纳住房公积金，所以，不但能享受正常的商业性个人住房贷款，同时也同样可以办理住房公积金贷款。

如果是上述两种对象以外的农民（既不能办理住房公积金贷款，也无法办理商业性个人住房贷款），则可以通过其他渠道（如普通商业贷款、民间借贷等）解决买房资金的缺额。

商业性个人住房贷款

商业性个人住房贷款也叫个人住房担保贷款,正规说法是个人住房自营贷款,是指银行以信贷资金为来源,向购房者个人发放的贷款。该项目在不同银行有不同的称谓,在建设银行称为个人住房贷款、在工商银行和农业银行称为个人住房担保贷款。

申请办理商业性个人住房贷款,必须同时具备以下条件:贷款人有稳定的经济收入,信用良好,有偿还贷款本息的能力;已经签订商品房预售合同、协议;有自筹资金支付购房首付款(首付比例因住房套数与面积大小不等而不同,现行一般规定是:购买首套自住房的首付比例为30%;购买第二套住房的首付比例为50%,同时贷款利率不得低于基准利率的1.1倍;购买第三套住房不予贷款);有资产抵押或其他担保人。

贷款额度最高为所购房产全部价款和评估价值(从低者)的70%;贷款期限一手房最长不超过30年,二手房最长不超过20年;贷款期限加贷款人的年龄不超过70;贷款利率按中国人民银行规定的利率标准执行。贷款期限如果在一年以上,可以选择等额本金、等额本息、双周供等还款方式。

现行利率标准(2013年上半年)是:首套房产贷款的基准利率为,贷款期限1至3年6.15%、3至5年6.40%、5年以上6.55%;第二套房产贷款基准利率在此基础上上浮10%。

银行每年发放的房贷额度是有规模控制的,并不是符合标准的就一定能贷到。所以,必须提前打听相关行情,免得到时候措手不及。事实上,各地经常会有银行暂停房贷业务的情形,但这是暂时的。归根到底,房贷对银行来说算是一项获利丰厚、风险较小的业务,除非万不得已,否则银行不会轻易放弃这块肥肉。

住房公积金贷款

住房公积金贷款也叫个人住房委托贷款,是指银行根据住房公积金管理部门的委托,以住房公积金存款为资金来源,按照规定的要求向购买普通住房的个人发放的贷款。

申请办理住房公积金贷款,必须同时符合以下条件:已经持续缴存 12 个月的住房公积金,或者已经累计缴存 24 个月以上,并且目前依然在继续缴存中;具有稳定的职业和收入,具有偿还贷款本息的能力,具有购买住房的合同和相关证明;能够提供住房资金管理中心及所属分中心、管理部门同意的担保方式。

住房公积金贷款的额度,是根据还贷能力、房价成数、住房公积金账户余额、贷款最高限额四个条件来计算的,取其最小值。

根据还贷能力计算得到的贷款额度=｛(借款人月工资总额+借款人所在单位住房公积金月缴存额)×还贷能力系数-借款人现有贷款月应还款总额｝×贷款期限(月)。如果同时使用配偶额度的,计算公式=｛(夫妻双方月工资总额+夫妻双方所在单位住房公积金月缴存额)×还贷能力系数-夫妻双方现有贷款月应还款总额｝×贷款期限(月)。其中,月工资总额=公积金月缴存额÷(单位缴存比例+个人缴存比例)。还贷能力系数为 40％,表示贷款本金占借款人当月收入的比例不能超过 40％,目的是要保证借款人每月还款后还能维持基本生活,并且不至于发生逾期还贷风险。

根据房价成数计算得到的贷款额度=房屋价格×贷款成数。其中,贷款成数是根据购买、建造、维修房屋的不同类型和住房贷款套数来确定的。

根据住房公积金账户余额计算得到的贷款额度=账户余额×10 倍。如果同时使用配偶的住房公积金申请贷款,余额可以用双方住房公积金账户余额之和计算。账户余额不足 2 万元的,按 2 万元计算。

住房公积金贷款最高限额,是指使用本人住房公积金申请贷款的,最高限额为 40 万元;申请贷款时正常缴存补充住房公积金的,最高限额可以放宽到 50 万元。如果同时使用配偶的住房公积金申请贷款的,最高限额为 60 万元;申请贷款时本人或配偶正常缴存补充住房公积金的,贷款最高限额可以放宽到 70 万元。

住房公积金贷款年限最高为 30 年,借款人的年龄与申请贷款期限之和同样不得超过 70。如果购买的是砖混结构住房,两者之和不得超过 47;如果购买的是钢筋混凝土结构住房,两者之和不得超过 57。如果同时使用配偶的住房公积金账户申请住房公积金贷款,双方的年龄以较大者为准。

首次使用公积金贷款购买住房的,建筑面积在 90 平方米以下时,首付比例为 20%,90 平方米以上的不得低于 30%;首次使用公积金贷款所购房屋建筑面积不到 120 平方米的,允许使用公积金贷款购买第二套自住房,首付比例不低于 50%,贷款利率为同期首套公积金贷款利率的 1.1 倍;购买第三套房产的,不得申请住房公积金贷款。

住房公积金贷款利率按中国人民银行规定的利率标准执行。现行利率标准(2013 年上半年)是:首套公积金住房贷款的基准利率贷款期限 5 年以上的为 4.5%、5 年以下为 4.0%。

根据上述计算得到的贷款额度以万元为单位,小数点保留到千位;千位以后采取进 1 法,即千位以后只要不是 0,千位上就都增加 1。

个人住房组合贷款

所谓个人住房组合贷款,是指以住房公积金存款和信贷资金为来源,向同一借款人发放的、用于购买自住普通住房的贷款。

容易看出,这种组合贷款实际上就是个人住房委托贷款和个人住房自营贷款两者的有机组合。

由于住房公积金贷款利率较低,所以这种贷款组合,通常是借款人在住房公积金贷款额度不足以支付购房款时,在申请住房公积金贷款的同时,向受托银行申请商业性个人住房贷款,两部分贷款一起构成组合贷款。在这其中,住房公积金贷款由住房公积金管理中心审批,商业性贷款则由受托银行审批。

从上面容易看出,农民买房能不能贷款,关键不是看你的身份是不是农民,而是看你有没有稳定的职业和收入、还贷能力、抵押物(商业性个人住房贷款),是不是正常交纳住房公积金(住房公积金贷款)。

161. 房产投资的风险在哪里

股市有"投资有风险、入市须谨慎"的提示语,其实,在房产投资中同样要注意"投资有风险、置业须谨慎"。

房产投资的风险主要表现在以下几方面:

房价不可能只涨不跌

一个最简单不过的道理是,房价不可能只涨不跌,虽然前几年房价涨得厉害,甚至上涨了若干倍,但这不表明以后会一直涨下去。即使你长期看好房地产市场,也不能排除短期内的价格下跌甚至暴跌。

尤其是这一两年来,这种风险已经开始显现出来。一些投资者看到自己买入房产后不久,同一楼盘的销售价格就大幅度下跌了,闹出了联合起来要求开发商补偿差价的举动。不用说,这些做法是徒劳无益的,也是幼稚可笑的。

道理很简单,任何投资都有风险,除非对方有欺诈行为,否则你很难用法律依据来扳倒对方。这就像买股票一样,股票下跌了你能从上市公司或证券公司那里补回差价来吗? 不可能。

无法保证抵御通货膨胀

虽然有许多人把房产投资作为抵御通货膨胀的避风港,可是房产投资能不能担当得起这样的重任,主要取决于以下两方面:

一是房产价格的上涨幅度能否超过通货膨胀。撇开房产交易费用不说,假如年通货膨胀率为3%,购房资金中的70%是住房贷款,而住房贷款的年利率为6%(另外30%的自有资金不考虑机会成本),那么这时候的房价上涨幅度至少要每年达到3%+6%×70%=7.2%才能保本。房价前几年上涨速度过快,今后的上涨速度连同租金收入还能超过7.2%吗,谁也不知道。

二是房地产市场的发展依赖于政府政策调控,而政府目前在土地政策、住房保障政策、住房信贷、物业税开征等方面的政策越来越紧,以后还会推出什么样的措施来,谁也吃不准。而每一项调控政策的出台,都会推高房产投资的成本和风险。

资金变现麻烦

房产投资与股票投资相比,资金变现很麻烦。如果是股票投资,在键盘上敲几下,只要你愿意割肉,股票买卖瞬间就能完成;可是房产买卖很麻烦,尤其是要想变现,未必一下子就能变得了。

买入房产时一会儿要交这个费、一会儿要交那个费,尤其是装修时要摊上一系列麻烦事。在出租房产时,各种各样的租房者会给你制造不同的烦恼,让你应接不暇。在出卖房产时,你要没完没了地陪人看房、一遍遍地和人家讨价还价,交易成本要比股市高得多,什么契税、印花税、营业税、个人调节税等等,许多人听了就会觉得眼花、心烦。

物业税就像一只"一直不掉下来的靴"

从对房产市场的调控看,政府的意图是既不希望它有过多的泡沫,又不希望它完全没有泡沫(否则这部分资金就要流向股市、在股市中兴风作浪)。所以你能看到,这些年来政府出台的房地产调控政策不可谓不多、干预力度也不可谓不大,但开征物业税这最致命的一招却迟迟没有出台,就是这个道理。

理论界纷纷认为,其他调控政策只会增加房产投资交易成本,这些成本在目前来看都会因为房价上涨而被完全覆盖,只有物业税的开征会对房产投资构成"灭顶之灾",因为这种物业税实际上就是财产税,其震撼力绝不会小于在证券市场上开征资本利得税。

房价和租金走势背离

这些年房产价格上涨得快是事实,可接下来的问题是:如果你买房是用于自住的,这种价格上涨实际上对你来说是纸上富贵,并不会增加现金收入;如果你买房是用于投资的(这正是本书的讨论范围),那么你的直接收入主要取决于房产租金的高低。

奇怪的是,虽然房产价格年年在涨,可是房租收入标准却多年停滞不前,让你通过赚取租金价差的想法越来越不现实。并且相反,这些租金收入从相对意义上看实际上是下跌的,有的在扣除了物业费、中介费、空置费等各种各样的成本费用后,实际年收益率还不到2%,根本谈不上有什么投资价值。

说到这里,顺便提一提房产投资回报率的计算方法,因为这涉及投资者如何来衡量这种投资方式是否合算的问题。

房产投资回报率的计算方法很多,但最有道理的是以下两种:

租金回报率法

计算公式是:

租金回报率＝(税后月租金－按揭月供款)/(首期房款＋期房时间内的按揭款)×12

容易看出,租金回报率越大,表明这处房产越值得投资。这个指标已经考虑到了房屋租金、房屋价格以及前期的主要投入、资金的投入产出比,但没有考虑资金的时间成本,所以一般用来估算资金回收期的长短。

租金收益比较法

以下是国外专业理财公司评估物业投资价值时最常用的一种简单方法,计算公式和结论为:租金年收益×15年＝房产购买价,表明该房产物有所值;租金年收益×15年＞房产购买价,表明该房产具有升值空间。

与此同时,国际上还有一种虽然不是很专业,却完全适合普通投资者用来衡量房产投资是否合理的方法,计算公式和结论为:房屋月租金＝每平方米房价×房产面积/100,表明物有所值;房屋月租金＞每平方米房价×房产面积/100,表明具有升值空间。

用上述国际通行的公式进行计算会发现,目前我国绝大多数房产租金收入的回报率是达不到要求的。

"负债经营"的风险

无论自住还是投资,房产都是家中最大的资产。即使是从事房产投资的人,也会经常犯一个错误,那就是"负债经营(投资)"。常常因为看好房产投资的增值前景,大肆举债,最终却因为投资房产而东挪西借、节衣缩食、"吃糠咽菜",严重影响全家人的正常生活,以至于老婆抱怨"为了还贷,连一件像样的新衣服都舍不得买",老公抱怨"一天到晚就想着挣钱给银行,人都变成了机器",孩子抱怨"自从家里买了新房后,肯德基、麦当劳就不知道啥滋味了"……这又何苦呢?

正确的做法是:首先算算你有多少可以用于投资的资金,其中有多少可用于房产投资,然后减去以下几项费用:购房首付款,房交付之前和之后每年的供楼款,交房时的水电煤气防盗门购置费,交房后的装修款、家具家电配套款、每年的物业费和取暖费,房产出租前的空置费,在此基础上至少要预留 3 到 5 个月的生活费用,剩余的资金才能全部用来投资房产。如果可以投资多套房产,那么只能把其中出租收入的一半作为稳定的收入来源来测算,这样才能确保到时候手中还有富余资金。

总之一句话,农民理财的目的是为了合理安排生活和生产,赚钱不是最主要的,不要颠倒了投资和理财两者之间的关系。

图书在版编目(CIP)数据

农民理财小知识/严行方著. —厦门:厦门大学出
ISBN 978-7-5615-4802-8

Ⅰ.①农… Ⅱ.①严… Ⅲ.①私人投资-基本知识 Ⅳ.①F830.59

中国版本图书馆 CIP 数据核字(2013)第 245569 号

厦门大学出版社出版发行
(地址:厦门市软件园二期望海路 39 号　邮编:361008)
http://www.xmupress.com
xmup @ xmupress.com
厦门市明亮彩印有限公司印刷
2013 年 10 月第 1 版　2013 年 10 月第 1 次印刷
开本:889×1194　1/32　印张:10.625　插页:2
字数:285 千字
定价:22.00 元
本书如有印装质量问题请直接寄承印厂调换